Frank McCourt

DIE ASCHE MEINER MUTTER

Irische Erinnerungen / Deutsch von Harry Rowohlt

LESEPROBE

Ein vollständiges Exemplar (560 Seiten, gebunden, farbiges Vorsatzpapier, Lesebändchen, voraussichtlicher Ladenpreis DM 48,–) schicken wir Ihnen ab dem 24. Juni auf Wunsch gerne zu. Wir bitten Sie, eine Rezension nicht vor dem 3. August zu veröffentlichen.

Luchterhand

Die Originalausgabe erschien 1996
unter dem Titel *Angela's Ashes*
bei Scribner, New York.

1 2 3 4 5 00 99 98 97 96

Satz: Fotosatz Amann, Aichstetten
Druck und Bindung: Mohndruck, Gütersloh

ISBN 3-630-86945-9

1

Mein Vater und meine Mutter hätten in New York bleiben sollen, wo sie sich kennengelernt und geheiratet haben und wo ich geboren wurde. Statt dessen sind sie nach Irland zurückgekehrt, als ich vier war und mein Bruder Malachy drei, und die Zwillinge Oliver und Eugene waren eben gerade ein Jahr alt, und meine Schwester Margaret war tot und weg.

Wenn ich auf meine Kindheit zurückblicke, frage ich mich, wie ich überhaupt überlebt habe. Natürlich hatte ich eine unglückliche Kindheit; eine glückliche Kindheit lohnt sich ja kaum. Schlimmer als die normale unglückliche Kindheit ist die unglückliche irische Kindheit, und noch schlimmer ist die unglückliche irische katholische Kindheit.

Überall prahlen oder winseln die Menschen ob des Jammers ihrer frühen Jahre, aber nichts läßt sich mit der irischen Version vergleichen: die Armut, der träge, redselige, trunksüchtige Vater; die fromme, vom Schicksal besiegte Mutter, die am Herdfeuer stöhnt; pompöse Priester; drangsalierende Schulmeister; die Engländer und die gräßlichen Dinge, die sie uns achthundert lange Jahre lang angetan haben.

Hauptsächlich waren wir: naß.

Draußen im Atlantischen Ozean ballten sich die Regenmassen zusammen, um langsam den Shannon hinaufzutreiben

und sich auf immer in Limerick niederzulassen. Von der Beschneidung des Herrn bis Silvester durchfeuchtete der Regen die Stadt. Er schuf eine Kakophonie aus trockenem Husten, bronchitischem Rasseln, asthmatischem Keuchfauchen, schwindsüchtigem Krächzen. Nasen verwandelte er in schleimige Quellen, Lungen in prall mit Bakterien vollgesogene Schwämme. Er regte zu einer Fülle von Heilverfahren an: Um den Katarrh zu lindern, koche man Zwiebeln in von Pfeffer geschwärzter Milch; um die verstopften Luftwege zu reinigen, bereite man eine Paste aus Mehl, mit Brennesseln gekocht, welche man in einen Lumpen wickle und das Ganze, siedend heiß, dem Patienten auf den Brustkorb klatsche.
Von Oktober bis April glänzten Limericks Mauern von der Feuchtigkeit. Kleider trockneten nie: Tweed und wollene Jacken beherbergten Lebewesen, ließen zuweilen geheimnisvolle Vegetation keimen. In Kneipen stieg Dampf von feuchten Leibern und Gewändern auf, um, zusammen mit Zigaretten- und Pfeifenrauch, mit dem schalen Dunst verschütteten Starkbiers und Whiskeys versetzt und abgeschmeckt mit einem Hauch Pisse, der aus den Außenklos hereinzog, auf welchen so mancher Mann seinen Wochenlohn auskotzte, eingeatmet zu werden.
Der Regen trieb uns in die Kirche – unsere Zuflucht, unsere Kraft, unser einziges trockenes Haus. Zu Messe, Segen und Novene drängten wir uns in dicken, feuchten Klumpen zusammen, durchdösten das Geleier des Priesters, und wieder stieg Dampf auf von unseren Gewändern, um sich mit der Süße von Weihrauch, Blumen und Kerzen zu mischen.
Limerick war für seine Frömmigkeit berühmt, aber wir wußten, es war nur der Regen.

Mein Vater, Malachy McCourt, wurde auf einem Bauernhof in Toome in der Grafschaft Antrim geboren. Wie vorher sein Vater wuchs er wild auf, in ständigen Schwierigkeiten mit den Engländern oder mit den Iren oder mit beiden. Er kämpfte in der guten alten IRA, und wegen irgendeiner ver-

zweifelten Tat wurde er zum Flüchtling, auf den ein Kopfgeld ausgesetzt war.
Als Kind sah ich oft meinen Vater an, das dünner werdende Haar, die verfaulenden Zähne, und dann fragte ich mich, wer wohl für so einen Kopf Geld ausgeben mochte. Als ich dreizehn war, erzählte mir die Mutter meines Vaters ein Geheimnis: Dein Vater ist auf den Kopf gefallen, als er noch ein ganz kleiner Kerl war. Es war ein Unfall, und danach war er nie mehr derselbe, und Menschen, das mußt du dir merken, die auf den Kopf gefallen sind, können ein wenig eigentümlich sein.
Wegen des Geldes, welches man auf den Kopf ausgesetzt hatte, auf den er gefallen war, mußte er per Frachtschiff ab Galway aus Irland geschafft werden. In New York, wo die Prohibition tobte, dachte er, er wäre tot und für seine Sünden zur Hölle gefahren. Dann entdeckte er die Flüsterkneipen und jauchzte im Herrn.
Nach Trink- und Wanderjahren in Amerika und England sehnte er sich gegen Ende seiner Tage nach Frieden. Er kehrte nach Belfast zurück, welches rings um ihn explodierte. Er sagte, die Blattern auf jedes ihrer Häuser! und schwatzte mit den Damen von Andersonstown. Sie versuchten ihn mit Köstlichkeiten, doch er tat sie ab und trank seinen Tee. Er rauchte oder trank nicht mehr, was also sollte es noch? Es war Zeit zu gehen, und er starb im Royal Victoria Hospital.
Meine Mutter, die frühere Angela Sheehan, wuchs bei ihrer Mutter und mit zwei Brüdern, Thomas und Patrick, und ihrer Schwester Agnes in einem Slum von Limerick auf. Ihren Vater hat sie nie gesehen, denn dieser war ein paar Wochen vor ihrer Geburt nach Australien durchgebrannt.
Nach einer in Limericks Kneipen porterdurchzechten Nacht wankt er die Gasse entlang und singt sein Lieblingslied.

Wer hat den Blaumann in den Suppentopf geschmissen?
Lauter! Ich höre nichts! Ich will es endlich wissen.
Es ist eine Sauerei, und ich schlag den Mann zu Brei,
Denn eine Blaumannsuppe schmeckt nun mal beschissen.

Er ist in Bestform, und er denkt, jetzt spielt er ein bißchen mit dem kleinen Patrick; Alter: ein Jahr. Ganz süßer kleiner Bengel. Liebt seinen Daddy. Lacht, wenn Daddy ihn in die Luft schmeißt. Hopsasa, kleiner Paddy, hopsasa, hoch in die Luft in der Dunkelheit, dunkle, dunkle Dunkelheit, und Jeeesus, fällt das Kind auf dem Weg nach unten doch daneben, und der arme kleine Patrick landet auf dem Kopf, gluckst ein bißchen, winselt, verstummt. Großmutter wuchtet sich aus dem Bett, schwer von dem Kind in ihrem Bauch, meiner Mutter. Kaum kann sie den kleinen Patrick vom Fußboden aufheben. Sie stöhnt einen langen Stöhner über dem Kind und richtet das Wort an Großpapa. Mach, daß du rauskommst. Raus. Wenn du nur eine Minute länger bleibst, erhebe ich das Beil gegen dich, du versoffener Irrer. Bei Jesus dem Herrn, ich werde für dich am Richtseil baumeln. Raus.
Großpapa weicht mannhaft keinen Zollbreit. Er sagt, ich habe das Recht, in meinem eigenen Haus zu bleiben.
Sie geht auf ihn los, und der heulende Derwisch mit einem beschädigten Kind auf dem Arm und einem gesunden, das sich bereits im Bauche regt, jagt ihm schreckliche Angst ein. Er stolpert aus dem Haus, die Gasse entlang, und er bleibt nicht stehen, bis er Melbourne in Australien erreicht hat.
Der kleine Pat, mein Onkel, war nachher nie mehr derselbe. Er wuchs weich im Kopf heran, mit einem linken Bein, das in die eine, und einem Körper, der in die andere Richtung ging. Nie lernte er Lesen oder Schreiben, aber Gott begabte ihn auf andere Weise. Als er im Alter von neun Jahren anfing, Zeitungen zu verkaufen, war er besser im Geldzählen als der Herr Schatzkanzler persönlich.
Niemand weiß, warum er Ab Sheehan, der Abt, genannt wurde, aber ganz Limerick liebte ihn.
Für meine Mutter fing der Ärger in der Nacht ihrer Geburt an. Da liegt meine Großmutter im Bett, krümmt sich und keucht in den Wehen und betet zu Gerhard Majella, dem Schutzheiligen der werdenden Mütter. Da steht Schwester O'Halloran, die Hebamme, ganz fein angezogen. Es ist Silve-

ster, und Mrs. O'Halloran möchte, daß dieses Kind zügig geboren wird, damit sie endlich zu den Partys und Feiern abschwirren kann. Sie sagt zu meiner Großmutter, pressen Sie doch, pressen, Sie, doch. Jesus, Maria und heiliger Joseph, wenn Sie sich mit diesem Kind nicht beeilen, wird es erst im neuen Jahr geboren, und was nützt mir das dann noch mit meinem neuen Kleid? Ihren heiligen Gerhard Majella können Sie vergessen. Was kann in dieser Lage ein Mann denn schon für eine Frau tun, selbst wenn er ein Heiliger ist? Heiliger Gerhard Majella am Arsch.

Meine Großmutter schaltet ihre Gebete zur heiligen Anna um, der Schutzheiligen für schwierige Wehen. Aber das Kind kommt nicht. Schwester O'Halloran sagt zu meiner Großmutter, beten Sie zum heiligen Judas, dem Schutzpatron für verzweifelte Fälle.

Heiliger Judas, Schutzpatron für verzweifelte Fälle, hilf mir. Ich bin verzweifelt. Sie grunzt und preßt, und der Kopf des Kindleins erscheint, nur der Kopf, meine Mutter, und es ist Schlag Mitternacht, das neue Jahr. Limerick explodiert mit Pfeifen, Tröten, Sirenen, Blaskapellen, die Menschen schreien und singen, Prost Neujahr, For Auld Lang Syne, und von allen Kirchtürmen ertönt das Angelusläuten, und Schwester O'Halloran weint, schade um das Kleid, das Kind ist immer noch da drin, und ich hab mich extra schön gemacht. Kommst du da vielleicht endlich mal raus, Kind? Oma preßt noch mal heftig, und das Kind ist auf der Welt, ein wunderschönes Mädchen mit schwarzem Lockenhaar und traurigen blauen Augen.

Ach, Gott im Himmel, sagt Schwester O'Halloran, dieses Kind ist in einer Zeitgrätsche geboren, mit dem Kopf im neuen Jahr und mit dem Arsch im alten, oder war es mit dem Kopf im alten Jahr und mit dem Arsch im neuen. Sie müssen dem Papst schreiben, Missis, damit Sie herausfinden, in welchem Jahr dieses Kind geboren wurde, und das Kleid hebe ich für nächstes Jahr auf.

Und das Kind wurde auf den Namen Angela getauft, nach dem Angelusläuten, welches die Mitternacht anzeigte und das neue Jahr, die genaue Minute ihres Kommens, und weil sie sowieso ein kleiner Engel war.

Liebe dein Mutterherz,
Solang es noch schlägt.
Später, wenn es begraben,
Ist es zu spät.

In der Schule vom Hl. Vincent de Paul lernte Angela Lesen, Schreiben und Rechnen, und als sie etwa neun wurde, war ihre Ausbildung abgeschlossen. Sie versuchte sich als Putzfrau, als Magd und als Dienstmädchen mit einer kleinen weißen Haube, das die Tür aufmacht, aber sie schaffte den kleinen Knicks nicht, der da verlangt wird, und ihre Mutter sagte, dir fehlt das gewisse Avec. Du bist völlig nutzlos. Warum gehst du nicht nach Amerika, wo Platz ist für alle Sorten von Nutzlosigkeit? Ich geb dir das Geld für die Überfahrt.

Gerade rechtzeitig zum ersten Thanksgiving der Großen Depression kam sie in New York an. Malachy lernte sie auf einer Party kennen, die Dan McAdorey und seine Frau Minnie in der Classon Avenue in Brooklyn gaben. Malachy mochte Angela, und sie mochte ihn. Er wirkte zerknirscht, was daher rührte, daß er gerade wegen einer Lastwagenentführung drei Monate im Gefängnis verbracht hatte. Er und sein Freund John McErlaine hatten geglaubt, was man ihnen in der Flüsterkneipe erzählt hatte: Der Laster sei bis obenhin beladen mit Kartons voll Schweinefleisch mit Bohnen in Dosen. Beide konnten nicht fahren, und als die Polizei sah, wie der Laster in ruckartigen Schlangenlinien durch die Myrtle Avenue holperte, hielt sie ihn an. Die Polizei durchsuchte den Lastwagen und fragte sich, warum wohl jemand einen Lastwagen entführt, dessen Ladung aus Kartons bestand, die nicht etwa Dosenfleisch mit Bohnen, sondern Knöpfe enthielten.

Da Angela sich von der zerknirschten Art angezogen fühlte und da Malachy nach den drei Monaten Gefängnis einsam

war, ließ sich absehen, daß es bald zwei Paar Zitterknie geben würde.
Zwei Paar Zitterknie nennt man den Akt als solchen, und zwar im Stehen gegen eine Hauswand ausgeführt, wobei Mann und Frau jeweils auf den Zehen stehen und vor Anstrengung und wegen der damit verbundenen Aufregung mit den Knien zittern.
Diese vier Zitterknie brachten Angela in interessante Umstände, und es gab naturgemäß Gerede. Angela hatte Cousinen, die Schwestern MacNamara, Delia und Philomena, jeweils mit Jimmy Fortune aus der Grafschaft Mayo und Tommy Flynn aus Brooklyn als solchem verheiratet.
Delia und Philomena waren große Frauen, breitbrüstig und ungestüm. Wenn sie in voller Fahrt auf Brooklyns Bürgersteigen herandampften, machten ihnen mindere Geschöpfe Platz, und Respekt wurde bekundet. Die Schwestern wußten, was richtig war, und sie wußten, was falsch war, und in Zweifelsfällen hatte die Eine, Heilige, Römische, Katholische und Apostolische Kirche das letzte Wort. Sie wußten, daß Angela, unverheiratet, nicht das Recht hatte, in interessanten Umständen zu sein, weshalb sie Schritte unternehmen mußten.
Und sie unternahmen Schritte. Mit Jimmy und Tommy im Schlepp marschierten sie zur Flüsterkneipe in der Atlantic Avenue, in welcher Malachy an Freitagen zu finden war, am Zahltag, wenn er einen Job hatte. Der Mann vom Flüster, Joey Cacciamani, wollte die Schwestern nicht reinlassen, aber Philomena sagte ihm, falls er auch weiterhin seine Nase am Gesicht und diese Tür da in den Angeln haben will, soll er lieber aufmachen, sie sind nämlich in Gottes Angelegenheiten da. Joey sagte, schone gute, schone gute, ihre Irenne. Jesusse! Ärgere, Ärgere.
Malachy, am hinteren Ende des Tresens, erbleichte, bedachte die Breitbrüstigen mit einem kränklichen Lächeln und bot ihnen was zu trinken an. Sie widerstanden dem Lächeln und verschmähten die Getränke. Delia sagte, wir wissen nicht mal, von welcher Sorte von Stamm im Norden von Irland du kommst.

Philomena sagte, es besteht der Verdacht, du könntest Presbyterianer in der Familie haben, welches erklären würde, was du unserer Cousine angetan hast.
Jimmy sagte, na na, aber aber. Ist ja nicht seine Schuld, wenn er Presbyterianer in der Familie hat.
Delia sagte, duhaltsmaul.
Tommy mußte mitziehen. Was du diesem armen unglücklichen Mädchen angetan hast, ist eine Schmach für die irische Rasse, und du solltest dich lieber was schämen.
Och, tu ich ja auch, sagte Malachy. Ehrlich wahr.
Dir hat keiner das Wort erteilt, sagte Philomena. Du hast mit deinem Gequatsche schon genug Unheil gestiftet, also mach den Mund zu.
Und wo dein Mund gerade so schön zu ist, sagte Delia, wir sind hier, um dafür zu sorgen, daß du das, was du unserer armen Cousine Angela Sheehan angetan hast, wieder in Ordnung bringst.
Malachy sagte, *och,* aber klar, aber klar. In Ordnung, ich bringe alles in Ordnung, und ich spendiere euch gern jedem ein Getränk, während wir das alles bereden.
Dein Getränk, sagte Tommy, kannst du dir in den Arsch stecken.
Philomena sagte, unsere kleine Cousine ist noch nicht ganz vom Schiff runter, da fällst du sie schon an. Wir haben nämlich Moral in Limerick, verstehst du, Moral. Wir sind keine Rammler aus Antrim, wo es vor Presbyterianern nur so wimmelt.
Jimmy sagte, er sieht gar nicht aus wie ein Presbyterianer.
Duhaltsmaul, sagte Delia.
Noch was ist uns aufgefallen, sagte Philomena. Du hast so eine komische Art.
Malachy lächelte. Eine komische Art?
Genau, sagte Delia. Ich glaube, das war so ziemlich das erste, was uns an dir aufgefallen ist, diese komische Art, und die verursacht bei uns ein ziemlich unbehagliches Gefühl.
Das ist dies verschlagene Presbyterianerlächeln, sagte Philomena.

Och, sagte Malachy, das sind nur die schlechten Zähne.
Zähne hin, Zähne her, komische Art hin, komische Art her, du wirst das Mädchen heiraten, sagte Tommy. Zum Traualtar wirst du sie führen.
Och, sagte Malachy, ich hatte gar nicht vor zu heiraten, versteht ihr. Es gibt keine Arbeit, und wie soll ich eine Familie …
Heiraten ist genau das, was du sie wirst, sagte Delia.
Zum Traualtar, sagte Jimmy.
Duhaltsmaul, sagte Delia.

Malachy sah ihnen beim Verlassen der Kneipe zu. Jetzt bin ich dran, sagte er zu Joey Cacciamani.
Wohle wahre, sagte Joey. Wenn diese Puppene wolle zu mire, icke springe ine die ’udson River.
Malachy bedachte seine verzwickte Lage. Von seinem letzten Job hatte er ein paar Dollar in der Tasche, und er hatte einen Onkel in San Francisco oder in San Sowieso, auf jeden Fall in Kalifornien. Würde er sich in Kalifornien nicht viel besser stellen, weit weg von den breitbrüstigen Schwestern MacNamara und ihren ergrimmten Ehemännern? O doch, viel besser, und darauf brauchte er ein Tröpfchen Irischen, um Absicht und Abschied zu feiern. Joey schenkte ein, und das Getränk ätzte Malachy fast die innere Beschichtung von der Speiseröhre. Irisch, was? Er sagte Joey, dies sei eine ganz üble Prohibitionsmischung aus des Teufels eigener Brennerei. Joey zuckte die Achseln. Icke nixe wisse. Icke nure schenke eine. Immerhin, es war besser als gar nichts, und Malachy bestellte noch einen, und für dich auch einen, Joey, und frag doch auch die beiden liebenswürdigen italienischen Herrn, was sie gern hätten, und was redest du denn, natürlich hab ich Geld dabei.
Er erwachte auf einer Bank in einem Bahnhof der Long-Island-Vorortbahn, weil ein Polizist ihm mit seinem Schlagstock auf die Schuhe klopfte; das Geld für seine Flucht war weg, und die Schwestern MacNamara warteten nur darauf, ihn bei lebendigem Leibe zu verspeisen. In Brooklyn.

Zum Fest des heiligen Joseph, dem zweiten Mittwoch nach Ostern mit Oktav, einem bitterkalten Tag im März, vier Monate nach den vier Zitterknien, heiratete Malachy Angela, und im August wurde das Kind geboren. Im November betrank sich Malachy und entschied, es sei an der Zeit, die Geburt des Kindes standesamtlich eintragen zu lassen. Er dachte, er wollte das Kind Malachy, nach sich selbst, benennen lassen, aber sein aus dem Norden von Irland stammender Akzent und das alkoholbedingte Nuscheln verwirrten den Beamten so sehr, daß er einfach das Wort Männlich auf das Formular schrieb.

Erst gegen Ende Dezember trugen sie Männlich in die St. Paul's Church, auf daß er dort auf den Namen des Vaters seines Vaters und jenes reizenden Heiligen aus Assisi getauft werde, nämlich Francis. Angela wollte ihm einen zweiten Vornamen geben, Munchin, nach dem Schutzheiligen von Limerick, aber Malachy sagte, nur über meine Leiche. Meine Söhne kriegen keine Namen, die aus Limerick stammen. Außerdem ist das mit dem Zwischennamen eine gräßliche Manie der Amerikaner, und man braucht keinen zweiten Vornamen, wenn man schon nach dem Manne aus Assisi heißt.

Am Tag der Taufe entstand eine Verzögerung, als John McErlaine, der als Patenonkel vorgesehen war, sich in der Flüsterkneipe betrank und seine Pflichten vergaß. Philomena sagte zu ihrem Mann Tommy, dann müsse eben er Patenonkel werden. Die Seele des Kindes ist in Gefahr, sagte sie. Tommy ließ den Kopf sinken und murrte. Na gut. Ich werde Patenonkel, aber meine Schuld ist es nicht, wenn er so wird wie sein Vater und immer nur Ärger macht und mit dieser komischen Art durchs Leben geht, denn wenn er das doch macht, dann kann er auch gleich zu John McErlaine in die Flüsterkneipe gehen. Der Priester sagte, wahr gesprochen, Tom, anständiger Mensch, der du bist, guter Mann, du, der du nie die Schwelle einer Flüsterkneipe betrittst. Malachy, selbst gerade frisch aus der Flüsterkneipe eingetroffen, fühlte sich beleidigt und wollte mit dem Priester streiten, gleich zwei Frevel auf einmal. Nimm diesen Kragen ab, und dann wollen wir doch mal sehen, wer ein Mann ist. Er mußte von den Breitbrüstigen und deren ergrimmten Männern zurückgehalten werden. Angela, noch nicht lange Mutter, aufgewühlt, vergaß, daß sie das Kind hielt, und ließ es ins Taufbecken gleiten – Taufe durch Untertauchen, wie bei den Protestanten. Der Meßdiener fischte den Säugling heraus und reichte ihn an Angela zurück, welche ihn schluchzend tropfnaß an ihren Busen drückte. Der Priester lachte und sagte, solche habe er ja noch nie gesehen, das Kind sei ja jetzt ein regelrechter kleiner Baptist und brauche kaum noch einen Priester. Dies erzürnte nun wieder Malachy, und er wollte sich auf den Priester stürzen, weil dieser das Kind als irgendeine Sorte von Protestant bezeichnet habe. Der Priester sagte, stille doch, guter Mann, du bist im Hause Gottes, und als Malachy sagte, Hause Gottes, am Arsch, wurde er rausgeschmissen, direkt auf die Court Street, weil man im Hause Gottes nicht Arsch sagt.

Nach der Taufe sagte Philomena, bei ihr zu Hause um die Ecke gebe es Tee und Schinken und Kuchen. Malachy sagte, Tee? und sie sagte, ja, Tee, oder hättest du lieber Whiskey? Er sagte, Tee sei ganz toll, aber zuerst müsse er sich noch mit John McErlaine unterhalten, der nicht den Anstand besessen habe, seinen Pflichten als Patenonkel nachzukommen. Angela sagte, du suchst ja nur nach einem Vorwand, um in die Flüsterkneipe zu rennen, und er sagte, so wahr Gott mein Zeuge ist, an etwas zu trinken zu denken käme mir ebenjetzt zuallerletzt in den Sinn. Angela begann zu weinen. Dein Sohn wird getauft, und du mußt saufen gehen. Delia sagte ihm, er sei ein ekelerregendes Exemplar, aber was konnte man sonst aus dem Norden von Irland erwarten.

Malachy blickte vom einen zum andern, trat von einem Fuß auf den andern, zog sich die Mütze tief über die Augen, rammte die Hände tief in die Hosentaschen, sagte, *och, aye,* wie sie es alle machen in den entlegenen Gebieten der Grafschaft Antrim, und eilte die Court Street entlang, der Flüsterkneipe in der Atlantic Avenue entgegen, wo man ihm, da war er ganz sicher, zu Ehren der Taufe seines Sohnes Gratisgetränke aufnötigen würde.

Bei Philomena aßen und tranken die Schwestern mit ihren Männern, während Angela in einer Ecke saß, dem Kind die Brust gab und weinte. Philomena stopfte sich den Mund mit Schinkenbrot voll und redete auf Angela ein. Das hast du nun davon, daß du so dumm bist. Noch nicht ganz vom Schiff runter, und schon fällst du auf diesen Wahnsinnigen herein. Du hättest ledig bleiben sollen, das Kind zur Adoption freigeben, dann wärst du heute ein freier Mensch. Angela weinte noch lauter, und Delia führte den Angriff fort. Hör bloß auf damit, Angela, hör bloß auf. Ist doch einzig und allein deine Schuld, wenn dich ein Trunkenbold aus dem Norden in so eine Lage bringt, ein Mann, der nicht mal katholisch aussieht, der mit seiner komischen Art. Ich würde sogar soweit gehen zu sagen, daß dieser... dieser... Malachy irgendwie was Presbyterianisches an sich hat. Duhaltsmaul, Jimmy.
Wenn ich du wäre, sagte Philomena, würde ich sichergehen, daß es bei dem einen Kind bleibt. Er hat keine Arbeit, Arbeit hat er nämlich schon mal nicht, und so, wie er säuft, kriegt er auch keine. Also: Keine weiteren Kinder, Angela. Hörst du mir überhaupt zu?
Ich höre jedes Wort, Philomena.

Ein Jahr später wurde ein zweites Kind geboren. Sie tauften ihn Malachy nach seinem Vater und gaben ihm einen zweiten Vornamen, Gerard, nach dem Bruder seines Vaters.
Die Schwestern MacNamara sagten, Angela vermehre sich wie die Karnickel, und sie wollten nichts mehr mit ihr zu tun haben, bis sie endlich zur Vernunft komme.
Ihre Männer fanden das auch.

Ich bin mit meinem Bruder Malachy auf einem Spielplatz in der Classon Avenue in Brooklyn. Er ist zwei, ich bin drei. Wir sitzen auf der Wippe.
Rauf, runter, rauf, runter.
Malachy wippt rauf.

Ich steige ab.
Malachy wippt runter. Wippe haut auf den Boden. Er schreit.
Er hat die Hand auf dem Mund. Blut.
O Gott. Blut ist schlimm. Meine Mutter bringt mich um.
Und da ist sie schon, sie trabt über den Spielplatz. Wegen ihres dicken Bauches kann sie nicht so schnell.
Sie sagt, was hast du da gemacht? Was hast du dem Kind angetan?
Ich weiß nicht, was ich sagen soll. Ich weiß nicht, was ich gemacht habe.
Sie zieht mich am Ohr. Geh nach Hause. Geh ins Bett.
Bett? Am hellichten Tag?
Sie schubst mich zum Ausgang. Geh.
Sie hebt Malachy auf und watschelt davon.

Mr. McAdorey, ein Freund meines Vaters, steht vor unserem Haus. Er steht mit seiner Frau Minnie am Rand des Bürgersteigs und betrachtet einen Hund, der im Rinnstein liegt. Am Kopf des Hundes ist überall Blut. Es hat dieselbe Farbe wie das Blut aus Malachys Mund.
Malachy hat Hundeblut, und der Hund hat Malachy-Blut.
Ich zupfe Mr. McAdorey an der Hand. Ich sage ihm, daß Malachy auch so ein Blut hat wie der Hund.
Ja, stimmt, Francis, tatsächlich, sagt er. Katzen auch. Und Eskimos. Alles das gleiche Blut.
Minnie sagt, laß das, Dan. Bring den kleinen Kerl nicht durcheinander. Sie sagt mir, der arme kleine Hund sei von einem Auto überfahren worden und hätte sich den ganzen Weg von der Mitte der Fahrbahn bis zum Rinnstein geschleppt, bevor er starb. Wollte nach Hause, die arme kleine Kreatur.

Mr. McAdorey sagt, geh lieber nach Hause, Francis. Ich weiß nicht, was du mit deinem kleinen Bruder angestellt hast, aber deine Mutter hat ihn ins Krankenhaus gebracht. Geh nach Hause, Kind.

Stirbt Malachy jetzt auch? Wie der Hund, Mr. McAdorey?
Minnie sagt, er hat sich auf die Zunge gebissen. Daran stirbt er nicht.
Warum ist der Hund gestorben?
Seine Zeit war gekommen, Francis.

Die Wohnung ist leer, und ich wandere zwischen den beiden Zimmern auf und ab, dem Schlafzimmer und der Küche. Mein Vater ist auf Arbeitsuche, und meine Mutter ist mit Malachy im Krankenhaus. Ich hätte gern etwas zu essen, aber im Eisschrank schwimmen nur ein paar Kohlblätter im geschmolzenen Eis. Mein Vater hat gesagt, iß nie etwas, was im Wasser schwimmt, wegen der Fäulnis, die im Wasser sein könnte. Ich schlafe auf dem Bett meiner Eltern ein, und als meine Mutter mich wachrüttelt, ist es schon fast dunkel. Dein kleiner Bruder wird jetzt lange schlafen. Hätte sich beinahe die Zunge abgebissen. Mußte genäht werden. Jede Menge Stiche. Geh ins andere Zimmer.
Mein Vater sitzt in der Küche und trinkt schwarzen Tee aus seiner großen weißen Emailletasse. Er hebt mich auf seinen Schoß.
Dad, erzählst du mir die Geschichte von Kuu ... Kuu ...?
Cuchulain. Sprich es mir nach: Kuu-huu-lin. Ich erzähl dir die Geschichte, wenn du den Namen richtig sagst. Ku-hu-lin.
Ich sage ihn richtig, und er erzählt mir die Geschichte von Cuchulain, der als Junge noch anders hieß: Setanta. Er wuchs in Irland auf, wo Dad auch gewohnt hat, als *er* noch ein Junge war, in der Grafschaft Antrim. Setanta hatte einen Stock und einen Ball, und eines Tages schlug er den Ball mit seinem Stock, und der Ball flog einem großen Hund, der Culain gehörte, ins Maul, und der Hund erstickte. Oh, Culain war wütend, und er sagte, was soll ich nun machen ohne meinen großen Hund, der mein Haus und meine Frau und meine zehn kleinen Kinder bewacht und beschützt hat sowie zahlreiche Schweine, Hühner und Schafe?
Setanta sagte, es tut mir leid. Ich werde dein Haus hüten, mit

meinem Stock und mit meinem Ball, und ich werde meinen Namen ändern und fortan Cuchulain heißen, der Hund des Culain. So geschah es. Er hütete das Haus und die Gebiete, die jenseits davon lagen, und wurde ein großer Held, der Hund von Ulster persönlich. Dad sagte, er war ein größerer Held als Herkules oder Achilles, mit denen die Griechen immer prahlen, und in einem fairen Kampf konnte er es sogar mit König Artus und all seinen Rittern aufnehmen, aber ein fairer Kampf ist natürlich von einem Engländer ein bißchen viel verlangt.
Das ist meine Geschichte. Malachy oder den anderen Kindern auf unserer Etage kann Dad die Geschichte nicht erzählen.
Er erzählt die Geschichte zu Ende, und ich darf einen Schluck von seinem Tee trinken. Er ist bitter, aber dort, auf seinem Schoß, bin ich glücklich.

Malachys Zunge ist noch tagelang geschwollen, und er kann kaum einen Laut von sich geben, geschweige denn sprechen. Aber selbst wenn er könnte, würde niemand zuhören, weil wir zwei neue Babys haben, die mitten in der Nacht von einem Engel vorbeigebracht worden sind. Die Nachbarn sagen, ooh, aah, das sind aber niedliche Buben, seht euch mal die großen Augen an.
Malachy steht mitten im Zimmer, sieht von unten alle Leute an, zeigt auf seine Zunge und sagt, ugk, ugk. Als die Nachbarn sagen, siehst du nicht, daß wir uns deine kleinen Brüder ansehen? weint er, bis Dad ihm den Kopf tätschelt. Zieh die Zunge ein, mein Sohn, geh vor die Tür und spiel mit Frankie. Nun mach schon.
Auf dem Spielplatz berichte ich Malachy von dem Hund, der auf der Straße gestorben ist, weil ihm jemand einen Ball ins Maul geschlagen hat. Malachy schüttelt den Kopf. Kein ugk Ball. Auto ugk Hund ügkerfahren. Er weint, weil seine Zunge weh tut und er kaum sprechen kann und es schrecklich ist, wenn man nicht sprechen kann. Er setzt sich auf die Schaukel und will nicht, daß ich ihn anschubse. Er sagt, auf der ugk

Wippe wolltest du mich ugkbringkn. Freddie Leibowitz soll ihn anschubsen, und er ist glücklich und lacht und schaukelt bis zum Himmel hoch. Freddie ist schon groß, er ist sieben, und ich bitte ihn, daß er mich auch anschubst. Er sagt, nein, du hast versucht, deinen Bruder umzubringen.
Ich versuche, die Schaukel allein in Schwung zu bringen, aber mehr als ein bißchen Auf und Ab schaffe ich nicht, und ich bin sauer, weil Freddie und Malachy darüber lachen, wie ich nicht schaukeln kann. Sie sind jetzt dicke Freunde, Freddie sieben, Malachy zwei. Sie lachen jeden Tag, und Malachys Zunge geht es von dem vielen Lachen immer besser.
Wenn er lacht, kann man sehen, wie weiß und klein und hübsch seine Zähne sind, und man kann sehen, wie seine Augen leuchten. Er hat blaue Augen wie meine Mutter. Er hat goldenes Haar und rosa Backen. Ich habe braune Augen wie Dad. Ich habe schwarze Haare, und meine Backen sind im Spiegel weiß. Meine Mutter sagt zu Mrs. Leibowitz im selben Stock, daß Malachy das glücklichste Kind von der ganzen Welt ist. Sie sagt zu Mrs. Leibowitz im selben Stock, daß Frankie diese komische Art hat, genau wie sein Vater. Ich wüßte gern, was die komische Art ist, aber ich kann nicht fragen, weil niemand wissen darf, daß ich heimlich zuhöre.

Ich würde gern bis in den Himmel hoch schaukeln, bis in die Wolken. Dann könnte ich vielleicht um die ganze Welt fliegen und müßte mir nicht mehr anhören, wie meine beiden neuen Brüder, Oliver und Eugene, mitten in der Nacht weinen. Meine Mutter sagt, sie haben immer Hunger. Sie weint auch mitten in der Nacht. Sie sagt, sie kann nicht mehr, Stillen und Füttern und Windelnwechseln und vier Jungs sind zuviel für sie. Lieber hätte sie ein kleines Mädchen ganz für sich allein. Für ein einziges kleines Mädchen würde sie alles geben.
Ich bin mit Malachy auf dem Spielplatz. Ich bin vier, er ist drei. Ich darf ihn anschubsen, weil er noch nicht gut von selber schaukeln kann und weil Freddie Leibowitz in der Schule

ist. Wir müssen auf dem Spielplatz bleiben, weil die Zwillinge schlafen und weil meine Mutter sagt, sie kann nicht mehr. Geht spielen, sagt sie, und gönnt mir ein bißchen Ruhe. Dad ist wieder unterwegs und sucht Arbeit, und manchmal riecht er nach Whiskey, wenn er nach Hause kommt und all die Lieder vom notleidenden Irland singt. Dann wird Mam wütend und sagt, Irland kann sie mal am Arsch lecken. Er sagt, das sind ja schöne Ausdrücke, und das in Gegenwart der Kinder, und sie sagt, er soll sich mal um die Ausdrücke keine Sorgen machen, sie will was zu essen auf den Tisch und kein notleidendes Irland. Sie sagt, das war ein trauriger Tag, an dem die Prohibition aufgehoben wurde, denn jetzt kommt Dad an seine Getränke, indem er die Runde durch die Kneipen macht und sagt, für einen Whiskey oder ein Bier fegt er die Gaststätte oder schleppt Fässer. Manchmal bringt er was von seinem kostenlosen Mittagessen mit nach Hause, Corned beef auf Roggenbrot, saure Gurken. Er legt das Essen auf den Tisch und trinkt selber Tee. Er sagt, Nahrung ist ein Schock für den Verdauungsapparat, und er weiß nicht, woher wir immer unseren Appetit haben. Mam sagt, ihren Appetit haben sie daher, daß sie fast immer am Verhungern sind.

Wenn Dad Arbeit findet, ist Mam fröhlich, und dann singt sie:

> Von deinem Mund wollte ich einen Kuß.
> Aus gutem Grund sagte ich mir: Ich muß!
> Denn ich trau mir nicht zu,
> Daß jemand wie du
> Mich lieben könnte, mich lieben ...

Wenn Dad den ersten Wochenlohn nach Hause bringt, ist Mam entzückt, weil sie den reizenden italienischen Mann im Lebensmittelladen bezahlen kann, und sie kann wieder erhobenen Hauptes vor die Tür gehen, denn es gibt nichts Schlim-

meres auf der Welt, als jemandem etwas schuldig zu bleiben und für etwas verpflichtet zu sein. Sie macht die Küche sauber, wäscht Tassen und Teller, wischt Krümel und Essensreste vom Tisch, reinigt den Eisschrank und bestellt einen frischen Eisblock bei einem anderen Italiener. Sie kauft Klopapier, welches wir mitnehmen können aufs Etagenklo und welches, sagt sie, besser ist, als sich von den Schlagzeilen der Daily News einen schwarzen Arsch zu holen. Sie kocht Wasser auf dem Herd und verbringt einen ganzen Tag am großen Blechbottich, in dem sie unsere Hemden und Socken wäscht, Windeln für die Zwillinge, unsere zwei Laken, unsere drei Handtücher. Sie hängt alles auf die Wäscheleine hinter dem Mietshaus, und wir können zusehen, wie unsere Klamotten in Wind und Sonne tanzen. Sie sagt, man will zwar nicht, daß die Nachbarn sehen, was man für Wäsche hat, aber es geht eben doch nichts über den Duft von Wäsche, die an der Sonne getrocknet ist.
Wenn Dad freitagabends den ersten Wochenlohn nach Hause bringt, wissen wir, daß das Wochenende wunderbar wird. Am Samstagabend wird Mam auf dem Herd Wasser kochen und uns in der großen Blechwanne waschen, und Dad wird uns abtrocknen. Malachy wird sich umdrehen und seinen Hintern zeigen. Dad wird so tun, als wäre er schockiert, und wir werden alle lachen. Mam wird heißen Kakao machen, und wir werden lange aufbleiben dürfen, während Dad uns eine Geschichte aus seinem Kopf erzählt. Wir müssen nur einen Namen sagen, Mr. McAdorey oder Mr. Leibowitz auf derselben Etage, und schon erzählt Dad, wie die beiden in Brasilien einen Fluß hinaufrudern und dabei von Indianern mit grünen Nasen und rotbraunen Schultern gejagt werden. An so einem Abend können wir ganz allmählich in den Schlaf hinüberschlittern, und beim Einschlafen wissen wir, daß es ein Frühstück geben wird, mit Eiern, gebratenen Tomaten und geröstetem Brot, Tee mit massenhaft Zucker und Milch, und später am Tage ein großes Mittagessen mit Kartoffelbrei und Erbsen und Schinken und einer Nachspeise, die nur Mam machen kann: ein Trifle mit Schichten aus Obst

und warmer, köstlicher Vanillesauce auf einem Tortenboden, der mit Sherry getränkt ist.
Wenn Dad den ersten Wochenlohn nach Hause bringt und das Wetter schön ist, geht Mam mit uns auf den Spielplatz. Sie sitzt auf einer Bank und unterhält sich mit Minnie McAdorey. Sie erzählt Minnie Geschichten über Leute in Limerick, und Minnie erzählt ihr Geschichten über Leute in Belfast, und dann lachen sie, denn es wohnen komische Menschen in Irland, im Norden wie im Süden. Dann bringen sie sich gegenseitig traurige Lieder bei, und Malachy und ich steigen von der Wippe oder der Schaukel herunter, um bei ihnen auf der Bank zu sitzen und zu singen:

> Ein Zug Rekruten im Felde bei Nacht
> Sprach über das Liebste, was man so hat.
> Guter Dinge ein jeder, nur ein junger Soldat
> Schien ihnen traurig und matt.
> Komm und schließ dich uns an, sagte einer der Jungs,
> Erzähl schon und zier dich nicht so.
> Doch Ned schüttelt den Kopf und sagt nur ganz glatt:
> Ich lieb nämlich zwo, wie eine Mutter mir lieb,
> Und für keine gibt es Ersatz.
> Meine Mutter die eine, Gott geb' ihr das Seine,
> Die andere aber mein Schatz.

Malachy und ich singen dieses Lied, und Mam und Minnie lachen, bis sie weinen müssen, weil Malachy am Schluß eine tiefe Verbeugung macht und Mam seine Arme entgegenstreckt. Dan McAdorey kommt auf dem Weg von der Arbeit vorbei und sagt, Rudy Vallee soll schon mal anfangen, sich Sorgen zu machen, bei der Konkurrenz.
Wenn wir wieder zu Hause sind, macht Mam Tee und Marmeladenbrot oder Kartoffelbrei mit Butter und Salz. Dad trinkt den Tee und ißt nichts. Mam sagt, Gott in der Höhe, wie kannst du den ganzen Tag arbeiten und dann nichts essen? Er sagt, der Tee ist völlig ausreichend. Sie sagt, du wirst dir deine Gesundheit ruinieren, und er sagt ihr wieder, Nah-

rung sei ein Schock für den Verdauungsapparat. Er trinkt seinen Tee und erzählt uns Geschichten und zeigt uns Buchstaben und Wörter in der Daily News, oder er raucht eine Zigarette, leckt sich die Lippen und starrt die Wand an.
Wenn Dads Arbeit in die dritte Woche geht, bringt er den Lohn nicht mehr nach Hause. Am Freitagabend warten wir auf ihn, und Mam gibt uns Brot und Tee. Die Dunkelheit senkt sich herab, und auf der Classon Avenue gehen die Lichter an. Andere Männer, die Arbeit haben, sind schon zu Hause, und es gibt Eier zum Abendessen, weil man freitags kein Fleisch essen darf. Man hört, wie die Familien ein Stockwerk höher und ein Stockwerk tiefer und auf derselben Etage reden, und im Radio singt Bing Crosby Brother, Can You Spare a Dime?
Malachy und ich spielen mit den Zwillingen. Wir wissen, daß Mam nicht Von deinem Mund wollte ich einen Kuß singen wird. Sie sitzt am Küchentisch und spricht mit sich selbst, was soll ich bloß machen? bis es schon spät ist und Daddy die Treppe heraufwankt und Roddy McCorley singt. Er stößt die Tür auf und ruft nach uns, wo sind meine Truppen? Wo sind meine vier Krieger?
Mam sagt, laß diese Jungs zufrieden. Sie sind halbhungrig ins Bett gegangen, weil du dir den Bauch mit Whiskey füllen mußt.
Er kommt an die Schlafzimmertür. Auf, Jungens, auf. Fünf Cent für jeden, der verspricht, daß er für Irland sterben will. Wir sind zwar vielleicht in Amerika, aber unser Herz ist in Irland.

> Nach Kanada, wo man die Baumriesen sägt,
> Von einer strahlenden Insel geflohn –
> Hier ist es zwar schön, doch das Herz, ach, es schlägt
> Für Irland trotz Hunger und Fron.

Auf, Jungens, auf. Francis, Malachy, Oliver, Eugene. Die Ritter vom Roten Zweig, die wackeren Gälen, die IRA. Sie leben hoch, steht auf, steht auf.
Mam steht am Küchentisch und zittert, das Haar hängt ihr

feucht ins Gesicht, das Gesicht ist naß. Kannst du sie nicht zufrieden lassen? sagt sie. Jesus, Maria und Joseph, ist es denn nicht genug, daß du ohne einen Penny in der Tasche nach Hause kommst, mußt du da auch noch die Kinder veralbern?
Sie kommt zu uns. Geht zurück ins Bett, sagt sie.
Ich will, daß sie auf sind, sagt er. Ich will, daß sie bereit sind für den Tag, da Irland frei ist von aller Tyrannei.
Wag dich bloß nicht an mir vorbei, sagt sie, denn wenn du dich an mir vorbeiwagst, wird das ein trauriger Tag im Hause deiner Mutter sein.
Er zieht sich die Mütze ins Gesicht und und jammert, meine arme Mutter. Armes Irland. *Och*, was sollen wir bloß tun?
Mam sagt, du bist ganz einfach stockverrückt, und wieder sagt sie uns, wir sollen ins Bett gehen.
Am Morgen des vierten Freitags von Dads Arbeit fragt Mam ihn, ob er heute abend mit seinem Lohn nach Hause kommt oder ob er ihn wieder komplett vertrunken haben wird. Er sieht uns an, dann sieht er Mam an und schüttelt den Kopf, als wollte er sagen, *och*, so spricht man aber nicht in Gegenwart der Kinder.
Mam bleibt an ihm dran. Ich frage dich, kommst du nach Hause, so daß wir ein bißchen zum Abendessen haben, oder wird es Mitternacht ohne Geld in der Tasche und du singst Kevin Barry und die übrigen traurigen Lieder?
Er setzt die Mütze auf, rammt die Hände in die Hosentaschen, seufzt und blickt zur Zimmerdecke. Ich habe dir doch schon gesagt, daß ich nach Hause komme, sagt er.
Später am Tag zieht Mam uns an. Sie stopft die Zwillinge in den Kinderwagen, und wir brechen auf, marschieren durch die langen Straßen von Brooklyn. Manchmal darf Malachy im Kinderwagen sitzen, wenn er nicht mehr neben ihr hertraben will. Zu mir sagt sie, ich bin zu groß für den Kinderwagen. Ich könnte ihr sagen, daß mir, wenn ich immer mit ihr Schritt halten muß, die Beine weh tun, aber sie singt nicht, und ich weiß, heute ist nicht der Tag, an dem ich über meine Schmerzen sprechen kann.
Wir kommen an ein großes Tor, wo ein Mann in einem Ka-

sten steht, der an allen vier Seiten Fenster hat. Mam spricht mit dem Mann. Sie will wissen, ob sie hinein darf, dahin, wo die Männer bezahlt werden, und vielleicht könnten sie ihr etwas von Dads Lohn geben, damit er ihn nicht in den Kneipen ausgeben kann. Der Mann schüttelt den Kopf. Tut mir leid, Lady, aber wenn wir das machen, stürmt die Hälfte der weiblichen Bevölkerung von Brooklyn den Laden. Viele Männer haben das Alkoholproblem, aber da gibt es nichts nichts nichts, was wir dagegen unternehmen können, solang sie hier nüchtern erscheinen und ihre Arbeit machen.
Wir warten auf der anderen Straßenseite. Ich darf mich auf den Bürgersteig setzen, den Rücken gegen die Mauer gelehnt. Den Zwillingen gibt sie ihre Flaschen mit Zuckerwasser, aber Malachy und ich müssen warten, bis sie von Dad Geld kriegt, damit wir zum Italiener gehen können, um Tee und Brot und Eier zu kaufen.
Als um halb sechs die Fabrikpfeife ertönt, schwärmen Männer mit Mütze und Blaumann durch das Tor, Gesichter und Hände schwarz von der Arbeit. Mam sagt uns, paßt genau auf, wann Dad kommt, weil sie kaum bis über die Straße sehen kann, so schlecht sind ihre Augen. Erst kommen Dutzende von Männern, dann noch ein paar, dann keiner mehr. Mam weint, warum habt ihr ihn nicht gesehen? Seid ihr blind oder was?
Sie geht wieder zu dem Mann im Kasten. Ist auch bestimmt keiner mehr drin?
Nein, Lady, sagt er. Alle draußen. Ich weiß auch nicht, wie er sich an Ihnen vorbeigedrückt hat.
Wir gehen zurück, durch die langen Straßen von Brooklyn. Die Zwillinge halten ihre Flaschen in die Luft und brüllen nach mehr Zuckerwasser. Malachy sagt, er hat Hunger, und Mam sagt, warte noch ein bißchen, dann gibt Dad uns Geld, und dann gibt es für uns alle ein schönes Abendessen.
Wir werden zu dem Italiener gehen und Eier holen und mit den Flammen auf dem Herd Toast machen, und da kommt dann Marmelade drauf. Genauso werden wir es machen, und wir werden es warm und gemütlich haben.

Auf der Atlantic Avenue ist es dunkel, und alle Kneipen um den Bahnhof der Long Island Railroad herum sind hell und laut. Wir gehen von einer Kneipe zur anderen und suchen Dad. Mam läßt uns mit dem Kinderwagen draußen stehen, wenn sie hineingeht, oder sie schickt mich hinein. Dort sind Massen lärmender Männer und abgestandene Gerüche, die mich an Dad erinnern, wenn er nach Hause kommt und den Geruch des Whiskeys an sich hat.
Der Mann hinterm Tresen sagt, na, Kleiner, was willst du? Du darfst hier gar nicht rein, weißt du das?
Ich suche meinen Vater. Ist mein Vater da?
Nee, Kleiner, woher soll ich das denn wissen? Wer ist denn dein Vater?
Er heißt Malachy, und er singt Kevin Barry.
Malarkey?
Nein, Malachy.
Malachy? Und er singt Kevin Barry?
Er ruft den Männern in der Kneipe zu, he, ihr da, kennt ihr einen Malachy, der Kevin Barry singt?
Männer schütteln den Kopf. Einer sagt, er kannte mal einen Michael, der Kevin Barry gesungen hat, aber der ist an den Getränken gestorben, die er wegen seiner Kriegsverletzungen zu sich nehmen mußte.
Der Barmann sagt, Mensch, Pete, du solltest mir ja nicht die ganze Geschichte der Welt erzählen oder wie. Nein, Kleiner, wir lassen hier keinen singen. Macht nur Ärger. Besonders bei den Iren. Kaum singen sie, schon fliegen die Fäuste. Außerdem hab ich hier noch nie von einem Malachy gehört. Nein, Kleiner, hier gibt es keinen Malachy.
Der Mann, der Pete heißt, hält mir sein Glas hin. Hier, Kleiner, trink mal, aber der Barmann sagt, was soll das denn, Pete? Versuchst das Gör besoffen zu machen? Noch einmal, und ich reiß dir den Arsch auf, Pete.
Mam versucht es in allen Kneipen um den Bahnhof herum, bevor sie aufgibt. Sie lehnt sich gegen eine Mauer und weint. Jesus, jetzt müssen wir noch den ganzen Weg bis zur Classon Avenue gehen, und ich habe vier hungerleidende Kinder. Sie

schickt mich zurück in die Bar, in der Pete mir einen Schluck angeboten hat, damit ich den Barmann frage, ob er vielleicht die Flaschen der Zwillinge mit Wasser füllen kann und vielleicht noch in jede ein bißchen Zucker geben. Die Männer in der Bar finden es sehr komisch, daß der Barmann in Babyflaschen einschenken soll, aber er ist groß und sagt ihnen, sie sollen die Backe halten. Er sagt zu mir, Babys sollten Milch trinken, kein Wasser, und als ich ihm sage, Mam hat kein Geld für Milch, gießt er die Babyflaschen aus und füllt sie mit Milch. Er sagt, sag deiner Mutter, das brauchen sie für die Zähne und die Knochen. Von Zuckerwasser kriegt man nur Rachitis. Sag das deiner Mutter.
Mam freut sich über die Milch. Sie sagt, sie weiß alles über Zähne und Knochen und Rachitis, aber in der Not frißt der Teufel Fliegen.
Als wir die Classon Avenue erreichen, geht sie direkt in den italienischen Laden. Sie sagt dem Italiener, ihr Mann kommt heute später, wahrscheinlich macht er Überstunden, und ob es wohl irgendwie möglich ist, ein paar Kleinigkeiten zu bekommen, und morgen kommt sie ganz bestimmt?
Der Italiener sagt, Missus, früher oder später zahlen Sie immer, und Sie können alles haben, was es in diesem Laden gibt.
Ich will ja gar nicht viel, sagt sie.
Alles, was Sie wollen, Missus, denn ich weiß, daß Sie eine ehrliche Frau sind und einen Haufen liebe Kinderchen haben.
Es gibt Eier und Toast und Marmelade, und wir kriegen die Zähne kaum noch zum Kauen auseinander, so müde haben uns die langen Straßen von Brooklyn gemacht. Die Zwillinge schlafen sofort nach dem Essen ein, und Mam legt sie aufs Bett, um die Windeln zu wechseln. Sie schickt mich zum Klo am Ende des Ganges, wo ich die Windeln ausspüle, damit sie aufgehängt werden können und am Morgen trocken sind und wieder benutzt werden können. Malachy hilft ihr, den Zwillingen den Po zu waschen, obwohl er auch zum Umfallen müde ist.

Ich krieche zu Malachy und den Zwillingen ins Bett. Bevor ich einschlafe, höre ich Mam am Küchentisch; sie raucht eine Zigarette, trinkt Tee und weint. Am liebsten würde ich aufstehen und ihr sagen, daß ich bald ein Mann bin und in der Fabrik mit dem großen Tor Arbeit kriege und jeden Freitagabend mit Geld für Eier und Toast und Marmelade nach Hause komme, so daß sie wieder Von deinem Mund wollte ich einen Kuß singen kann.

In der nächsten Woche verliert Dad seinen Job. Am Freitag abend kommt er nach Hause, schmeißt seinen Lohn auf den Tisch und sagt zu Mam, bist du jetzt glücklich? Du stehst vor dem Tor rum und jammerst und machst mich schlecht, und schon feuern sie mich. Die haben nur nach einem Vorwand gesucht, und du hast ihn ihnen geliefert.

Er nimmt ein paar Dollar von seinem Lohn und geht weg. Spät in der Nacht kommt er wieder nach Hause, mit Gesang und Gebrüll. Die Zwillinge weinen, und Mam beruhigt sie und weint dann längere Zeit selber.

Wir verbringen viele Stunden auf dem Spielplatz, wenn die Zwillinge schlafen, wenn Mam müde ist und wenn Dad mit dem Whiskeygeruch nach Hause kommt und grölt, daß Kevin Barry an einem Montagmorgen gehängt wird, oder das Lied über Roddy McCorley:

> So kommt er die Straße heran ohne Eil',
> Jung, lächelnd und ohne zu quengeln.
> Stolz trägt um den Hals er das hanfene Seil,
> Wo die goldenen Locken sich schlängeln.
> Keine Träne den Glanz seines Auges je trubt,
> Denn blau kündet es von Irlands Ruhm,
> Als sich Roddy McCorley zum Sterben begibt,
> Heute noch, auf der Brücke von Toome.

Wenn er singt, marschiert er um den Tisch herum, und Mam weint, und die Zwillinge heulen mit ihr. Sie sagt, geh an die

Luft, Frankie, geh an die Luft, Malachy. Ihr sollt euern Vater nicht so sehen. Bleibt schön auf dem Spielplatz.

Wir gehen gern auf den Spielplatz. Wir können mit den Blättern spielen, die dick den Boden bedecken, und wir können uns gegenseitig auf der Schaukel anschubsen, aber dann kommt der Winter in die Classon Avenue, und die Schaukeln frieren ein, und man kann sie nicht mal mehr bewegen. Minnie McAdorey sagt, Gott helfe diesen armen kleinwinzigen Buben. Keinen einzigen Handschuh haben sie insgesamt. Da muß ich lachen, weil ich weiß, daß Malachy und ich insgesamt vier Hände haben, weswegen ein Handschuh dumm wäre. Malachy weiß nicht, worüber ich lache; er weiß überhaupt nicht viel; das kommt erst, wenn er vier ist. Oder schon fast fünf.

Minnie nimmt uns mit zu sich nach Hause und gibt uns Tee und Haferbrei mit Marmelade drin. Mr. McAdorey sitzt mit Maisie, dem neuen Baby, auf einem Sessel und singt. Er hält ihre Flasche und singt:

> Klatscht in die Hände, klatscht in die Hände,
> Unser Dad kommt heim.
> Hat die Taschen voll Gebäck
> Für Maisie ganz allein.
> Klatscht in die Hände, klatscht in die Hände,
> Unser Dad kommt heim.
> Hat die Taschen voller Geld,
> Und Mammy, die hat keins.

Malachy versucht, das Lied zu singen, aber ich sage zu ihm, er soll das lassen, das Lied gehört Maisie. Er fängt an zu weinen, und Minnie sagt, na na na, du kannst das Lied gern singen, es gehört allen Kindern. Mr. McAdorey lächelt Malachy an, und ich frage mich, was das für eine Welt ist, wo jeder die Lieder anderer Leute singen kann, wie es ihm gerade paßt.

Minnie sagt, zieh die Stirn nicht so in Falten, Frankie. Davon kriegst du nur ein finsteres Gesicht, und es ist weiß Gott so schon finster genug. Eines Tages hast du eine kleine Schwester, und dann kannst du ihr das Lied vorsingen. *Och, aye*. Bestimmt kriegst du noch eine kleine Schwester.

Minnie hat recht, und Mams Wunsch geht in Erfüllung. Bald gibt es ein neues Baby, ein Mädchen, und sie nennen es Margaret. Wir alle lieben Margaret. Sie hat schwarzes lockiges Haar und blaue Augen wie Mam, und sie winkt mit ihren kleinen Händen und zwitschert wie alle kleinen Vögel auf den Bäumen entlang der Classon Avenue. Minnie sagt, der Tag, an dem Margaret gemacht wurde, war ein Festtag im Himmel. Mrs. Leibowitz sagt, nie hat die Welt solche Augen gesehen, so ein Lachen, so ein Glück. Ich muß tanzen, wenn ich sie sehe, sagt Mrs. Leibowitz.
Als Dad von der Arbeitsuche nach Hause kommt, packt er sich Margaret auf den Arm und singt ihr was vor:

> Der Winkel war schattig, die Nacht war mondhell,
> Als den Wichtelmann ich fand.
> Die Mütze so rot und die Joppe so grün,
> Und ein Krüglein neben ihm stand.
> Und sein Hammer machte tackeditack
> Auf einem winzigen Schuh.
> Ich muß lachen, wenn ich denk, sie haben ihn erwischt,
> Doch auch der Wichtelmann lachte dazu.

Er spaziert mit ihr in der Küche herum und spricht mit ihr. Er sagt ihr, wie hübsch sie ist mit ihren schwarzen Locken und den blauen Augen von ihrer Mutter. Er sagt ihr, er nimmt sie mit nach Irland, und sie werden durch die Schluchten von Antrim wandern und im Lough Neagh schwimmen. Bald bekommt er Arbeit, ganz bestimmt, und dann kriegt sie Kleider aus Seide und Schuhe mit Schnallen aus eitel Silber.
Je mehr Dad Margaret vorsingt, desto weniger weint sie, und wie so die Tage vergehen, fängt sie sogar an zu lachen. Mam sagt, seht euch an, wie er mit diesem Kind auf dem Arm zu

tanzen versucht, der mit seinen zwei linken Füßen. Sie lacht, und dann lachen wir alle.
Die Zwillinge haben geweint, als sie noch klein waren, und Dad und Mam sagten pscht und whscht und hscht und fütterten sie und gingen wieder ins Bett. Aber wenn Margaret weint, ist so ein hochnoteinsames Gefühl in der Luft, und Dad ist in Sekundenschnelle aus dem Bett, drückt sie an sich, tanzt langsam mit ihr um den Tisch, singt ihr vor, macht Geräusche wie eine Mutter. Wenn er am Fenster vorbeikommt, wo die Straßenlaternen hereinscheinen, kann man Tränen auf seinen Wangen sehen, und das ist merkwürdig, weil er nie um jemanden weint, außer wenn er die Getränke zu sich genommen hat und das Lied über Kevin Barry und das Lied über Roddy McCorley singt. Jetzt weint er wegen Margaret, und er riecht gar nicht nach Getränk dabei.
Mam sagt zu Minnie McAdorey, seit diesem Kind ist er im siebten Himmel. Seit sie geboren ist, hat er keinen Tropfen angerührt. Ich hätte schon viel früher ein kleines Mädchen kriegen sollen.
Och, sie ist ja aber auch *zu* süß, sagt Minnie. Die kleinen Jungs sind zwar auch eine Pracht, aber für dich selbst brauchst du ein kleines Mädchen.
Meine Mutter lacht. Für mich selbst? Herr im Himmel, wenn ich sie nicht stillen müßte, käme ich nicht mal in ihre Nähe, so wie er sie Tag und Nacht an sich preßt.
Minnie sagt, trotzdem ist es wunderschön, wenn man sieht, wie verzaubert ein Mann von seiner kleinen Tochter ist. Ist ja aber auch kein Wunder, ist denn etwa nicht jeder von ihr verzaubert?
Jeder.

Die Zwillinge können stehen und gehen und haben ständig Unfälle. Ihr Po ist wund, weil sie immer naß und vollgeschissen sind. Sie stopfen sich schmutzige Sachen in den Mund, Papierschnipsel, Federn, Schuhsenkel, und dann ist ihnen schlecht. Mam sagt, wir treiben sie alle in den Wahnsinn. Sie zieht die Zwillinge an, steckt sie in den Kinderwagen, und Malachy und ich gehen mit ihnen auf den Spielplatz. Das kalte Wetter ist vorbei, und die Classon Avenue rauf und runter sind grüne Blätter an den Bäumen.

Wir schieben den Kinderwagen in rasender Fahrt über den Spielplatz, und die Zwillinge lachen und machen guu-guu, bis sie Hunger kriegen und anfangen zu weinen. Im Kinderwagen sind zwei Flaschen mit Zuckerwasser, und das stellt sie erst mal ruhig, bis sie wieder Hunger haben und so schlimm weinen, daß ich nicht weiß, was ich machen soll, weil sie so klein sind, und ich würde ihnen so gern alles mögliche zu essen geben, damit sie wieder lachen und die Babygeräusche machen. Sie lieben das Matschessen, das Mam ihnen in einem Topf macht: Brot, in Milch und Wasser und Zucker aufgeweicht. Mam nennt das Brot mit Lecker drauf.

Wenn ich die Zwillinge nach Hause bringe, schreit Mam mich an, weil ich ihr keine Ruhe gönne oder weil ich Margaret wecke. Wir müssen auf dem Spielplatz bleiben, bis Mam den Kopf aus dem Fenster steckt und uns ruft. Ich schneide den Zwillingen Grimassen, damit sie aufhören zu weinen, und ich schiebe den Kinderwagen durch die Gegend, während Malachy mit Freddie Leibowitz an den Schaukeln spielt. Malachy versucht, Freddie alles darüber zu erzählen, wie Setanta zu Cuchulain wurde. Ich sage ihm, er soll aufhören, diese Geschichte zu erzählen; das ist meine Geschichte. Er hört aber nicht auf. Ich schubse ihn, und er weint, waah, waah. Das sag ich Mam. Freddie schubst mich, und alles wird dunkel in meinem Kopf, und ich stürze mich auf ihn, mit Fäusten und Knien und Füßen, bis er schreit, he, aufhören, aufhören, und ich höre nicht auf, weil ich nicht aufhören kann, ich weiß nicht, wie, und wenn ich aufhöre, nimmt mir Malachy meine Geschichte weg. Freddie befreit sich von mir und rennt weg und brüllt, Frankie wollte mich umbringen, Frankie wollte mich umbringen. Ich weiß nicht, was ich machen soll, weil ich vorher noch nie jemanden umbringen wollte, und jetzt weint Malachy auf der Schaukel. Bring mich nicht um, Frankie, und er sieht so hilflos aus, daß ich ihn in die Arme nehme und ihm von der Schaukel runterhelfe. Er umarmt mich. Ich erzähl deine Geschichte auch bestimmt nie mehr. Ich sag Freddie nichts über Kuu ... Kuu ... Ich möchte lachen, aber ich kann nicht, weil im Kinderwagen die Zwillinge weinen, und auf dem Spielplatz ist es dunkel, und was nützt es schon, wenn man im Dunkeln Grimassen schneidet?

Der italienische Lebensmittelladen ist auf der anderen Straßenseite, und ich sehe Bananen, Äpfel, Apfelsinen. Ich weiß, daß die Zwillinge Bananen essen können. Malachy liebt Bananen, und ich mag sie auch. Aber man braucht Geld. Italiener sind nicht dafür bekannt, daß sie Bananen verschenken, und schon gar nicht an die McCourts, die ihnen bereits Geld für Lebensmittel schulden.

Meine Mutter sagt mir ständig, geht nie, nie, nie vom Spielplatz runter, außer wenn ihr nach Hause geht. Aber was soll ich tun, wenn doch die Zwillinge im Kinderwagen vor Hunger plärren? Ich sage Malachy, ich bin gleich wieder da. Ich vergewissere mich, daß niemand kuckt, schnappe mir ein Büschel Bananen von der Auslage vor dem italienischen Lebensmittelladen und renne über die Myrtle Avenue – vom Spielplatz weg, einmal um den Block und auf der entgegengesetzten Seite zurück, wo ein Loch im Zaun ist. Wir schieben den Kinderwagen in eine dunkle Ecke und schälen die Bananen für die Zwillinge. Fünf große Bananen habe ich erwischt, und in der dunklen Ecke fressen wir sie genüßlich in uns hinein. Die Zwillinge mampfen und kauen und sauen sich Gesicht und Haare und Klamotten mit Banane ein. Da wird mir klar, daß man mir Fragen stellen wird. Mam wird wissen wollen, warum die Zwillinge über und über mit Banane vollgeschmiert sind. Wo habt ihr die her? Ich kann ihr nicht sagen, von dem italienischen Laden auf der anderen Straßenseite. Ich werde sagen müssen, ein Mann.

Das werde ich sagen.

Dann passiert das Seltsame. Ein Mann steht am Tor vom Spielplatz. Er ruft mich. O Gott, es ist der Italiener. He, Kleiner, komm mal her. He, ich sprech mit dir. Komm her.

Ich gehe zu ihm hin.
Bist du der mit den kleinen Brüdern? Zwillinge?
Ja, Sir.
Hier. Eine Tüte Obst. Wenn ich's euch nicht gebe, schmeiß ich's weg. Stimmt's? Also ... Nimm die Tüte. Da habt ihr Äpfel, Apfelsinen, Bananen. Ihr mögt doch Bananen, oder? Nehm ich doch an, daß ihr Bananen mögt, was? Haha. Hier, nimm die Tüte. Eine nette Mutter hast du. Dein Vater? Na ja, er hat da dies Problem, diese irische Sache. Gib diesen Zwillingen eine Banane. Damit sie das Maul halten. Die sind ja bis in mein Geschäft zu hören.
Vielen Dank, Sir.
Mannomann. Höfliches Kind, was? Wo hast du das gelernt?
Mein Vater hat gesagt, ich soll mich immer bedanken, Sir.
Dein Vater? Sosoo, na jaa ...

Dad sitzt am Tisch und liest Zeitung. Er sagt, daß Präsident Roosevelt ein guter Mann ist und daß bald alle in Amerika Arbeit haben werden. Mam sitzt ihm gegenüber und gibt Margaret die Flasche. Sie hat diesen strengen Ausdruck im Gesicht, vor dem ich Angst habe.
Wo hast du das Obst her?
Der Mann.
Was für ein Mann?
Der italienische Mann hat es mir geschenkt.
Hast du dieses Obst gestohlen?
Malachy sagt, der Mann. Der Mann hat Frankie die Tüte geschenkt.
Und was hast du mit Freddie Leibowitz gemacht? Seine Mutter war da. So eine nette Frau. Ich weiß nicht, was wir ohne sie und Minnie McAdorey anfangen würden. Und du mußtest den armen Freddie angreifen.
Malachy hüpft auf der Stelle. Gar nicht wahr. Gar nicht wahr. Er wollte Freddie gar nicht umbringen. Und mich auch nicht.
Dad sagt, whscht, Malachy, whscht. Komm her zu mir. Und er schnappt sich Malachy und packt ihn sich auf den Schoß.

Meine Mutter sagt, geh über den Flur und sag Freddie, es tut dir leid.
Aber Dad sagt, *möchtest* du Freddie denn sagen, daß es dir leid tut?
Nein.
Meine Eltern sehen sich an. Dad sagt, Freddie ist ein guter Junge. Er hat deinen kleinen Bruder doch nur auf der Schaukel angeschubst. Stimmt doch, oder?
Er hat versucht, mir meine Cuchulain-Geschichte zu stehlen.
Och, na na. Freddie ist deine Cuchulain-Geschichte doch ganz egal. Er hat seine eigene Geschichte. Hunderte von Geschichten. Er ist Jude.
Was ist ein Jude?
Dad lacht. Juden sind ... Juden sind Leute mit ihren eigenen Geschichten. Sie brauchen Cuchulain nicht. Sie haben Moses. Sie haben Samson.
Was ist Samson?
Wenn du jetzt hingehst und mit Freddie sprichst, erzähl ich dir später von Samson. Du kannst Freddie sagen, daß es dir leid tut und daß du das nie wieder machst, und du kannst ihn sogar nach Samson fragen. Alles, was du willst, solang du nur mit Freddie sprichst. Meinst du, du machst das mal?
Das Baby stößt in den Armen meiner Mutter einen kleinen Schrei aus, und Dad springt auf, und Malachy fällt auf den Fußboden. Was ist mit ihr? Geht's ihr gut? Meine Mutter sagt, natürlich geht es ihr gut. Sie kriegt doch gerade die Flasche. Gott in der Höhe, du bist ein richtiges Nervenbündel.

Jetzt sprechen sie über Margaret, und ich bin vergessen. Ist mir auch recht. Ich gehe über den Flur, um Freddie wegen Samson zu befragen, um zu erfahren, ob Samson auch so gut ist wie Cuchulain, um zu erfahren, ob Freddie seine eigene Geschichte hat oder ob er immer noch Cuchulain klauen will. Malachy will mit, weil mein Vater jetzt steht und keinen Schoß mehr hat.
Mrs. Leibowitz sagt, o Frankie, Frankie, kum arain, kum

arain. Und der kleine Malachy. Nu sug mir, Frankie, wus hast du angetan dem Freddie? Hast ihn versucht umzubringen? Asoj a gites Jingalach ist der Freddie, Frankie. Liest sein Buch. Hört Radio mit seinem Papa. Schaukelt deinen Bruder auf der Schaukel. Und du versuchst ihn umzubringen. O Frankie, Frankie. Und dann deine arme Mutter und ihr krankes Baby.

Sie ist nicht krank, Mrs. Leibowitz.

Doch, Gottenju, krank ist das Kind. Ich kenn mich aus in kranken Kindern. Ich arbeite im Hostipel. Erzähl mir nichts, Frankie. Kum arain, kum arain. Freddie, Frankie ist da. Kum arojs. Frankie will dich nicht mehr umbringen. Dich und den kleinen Malachy. Asoj a schejner jiddischer Name, Schtickl Kuchen, nu? Far wus haben sie dir gegeben an jiddischen Namen, nu? So ... Glas Milch, Schtickl Kuchen. So dünne Jingalach, keine guten Esser, die Iren.

Wir sitzen mit Freddie am Tisch, essen Kuchen, trinken Milch. Mr. Leibowitz sitzt auf einem Sessel, liest Zeitung, hört Radio. Manchmal spricht er mit Mrs. Leibowitz, und ich verstehe nichts, weil seltsame Laute aus seinem Mund kommen. Freddie versteht es. Mr. Leibowitz macht komische Geräusche, und Freddie bringt ihm ein Stück Kuchen. Mr. Leibowitz lächelt Freddie an und tätschelt ihm den Kopf, und Freddie lächelt zurück und macht die merkwürdigen Geräusche.

Mrs. Leibowitz sieht Malachy an, schüttelt den Kopf und sagt, oy, so dünn. Sie sagt so oft oy, daß Malachy lacht und oy sagt, und die Leibowitzens lachen, und Mr. Leibowitz sagt Wörter, die wir verstehen können: *When Irish oyes are smiling*. Mrs. Leibowitz lacht so heftig, daß ihr ganzer Körper wackelt und sie sich den Bauch halten muß, und Malachy sagt wieder oy, weil er weiß, daß dann alle lachen. Ich sage auch oy, aber niemand lacht,und ich weiß, daß das Oy Malachy gehört, so wie Cuchulain mir gehört, und Malachy kann sein Oy behalten.

Ich sage, Mrs. Leibowitz, mein Vater sagt, Freddie hat eine Lieblingsgeschichte.

Malachy sagt, Sam ... Sam ... oy. Wieder lachen alle, aber ich lache nicht, weil ich nicht darauf komme, was nach Sam kommt. Samson, murmelt Freddie durch seinen Kuchen hindurch, und Mrs. Leibowitz sagt, mer redt sach nischt mit fullem Mojl, und ich muß lachen, weil sie als Erwachsene Maul sagt und nicht Mund. Malachy lacht, weil ich lache, und die Leibowitzens sehen sich an und lächeln. Freddie sagt, nicht Samson. Meine Lieblingsgeschichte ist David und der Riese Goliath. David hat ihn mit einer Schleuder totgeschossen, einen Stein in den Kopf. Und sein ganzer Hirn fiel auf den Fußboden.

Sein ganz*es* Hirn, sagt Mr. Leibowitz.

Ja, Papa.

Papa. So nennt Freddie seinen Vater, und ich nenne meinen Vater Dad.

Das Geflüster meiner Mutter weckt mich auf. Was ist mit dem Kind los? Es ist noch früh, und im Zimmer ist noch nicht viel Morgen, aber man kann Dad am Fenster sehen, mit Margaret auf dem Arm. Er wiegt sie und seufzt, *och*.

Mam sagt, ist sie ... Ist sie krank?

Och, sie ist ein bißchen still und ein bißchen kalt, sagt Dad.

Schon ist meine Mutter aus dem Bett und nimmt das Kind. Geh zum Doktor. Geh um Himmels willen, und mein Vater zieht sich die Hose übers Hemd, keine Jacke, nur Schuhe, ohne Socken an diesem bitteren Tag.

Wir warten im Zimmer, die Zwillinge schlafen ganz unten im Bett, Malachy wird neben mir wach. Frankie, ich will einen Schluck Wasser. Mam wälzt sich im Bett mit dem Baby in den Armen. O Margaret, Margaret, meine liebste kleine Liebe. Mach deine schönen blauen Augen auf, mein kleines *leanbh*.

Ich lasse Wasser in eine Tasse laufen, für Malachy und mich, und meine Mutter jammert, ach ja, Wasser für euch, was? Und nichts für eure Schwester. Eure arme kleine Schwester. Habt ihr gefragt, ob sie vielleicht auch einen Mund im Kopf

hat? Habt ihr gefragt, ob sie vielleicht auch einen Tropfen Wasser möchte? Keineswegs. Los, trinkt ihr ruhig euer Wasser, du und dein Bruder, als wäre nichts geschehen. Für euch ist das ein ganz normaler Tag, stimmt's? Und die Zwillinge schlafen, als gäbe es keine Sorgen auf der Welt, und hier liegt ihre arme kleine Schwester krank in meinen Armen. Krank in meinen Armen. Ach, süßer Jesus, der Du bist im Himmel. Warum spricht sie so? Heute spricht sie gar nicht wie meine Mutter. Ich will meinen Vater. Wo ist mein Vater?
Ich gehe wieder ins Bett und fange an zu weinen. Malachy sagt, warum weinst du? Warum weinst du? bis Mam wieder auf mich losgeht. Deine Schwester liegt krank in meinen Armen, und du plärrst und flennst. Wenn ich zu dem Bett da gehe, dann geb ich dir Grund zum Plärren.
Dad ist mit dem Doktor zurück. Dad hat den Whiskeygeruch an sich. Der Doktor untersucht das Baby, er gibt Margaret einen Stups, hebt ihre Augenlider an, befühlt Hals, Arme, Beine. Er richtet sich auf und schüttelt den Kopf: Es ist vorbei. Mam greift nach ihr, umarmt sie, wendet sich ab. Der Doktor will wissen, hat es einen Unfall gegeben? Hat jemand das Baby fallen lassen? Haben die Jungs zu wild mit ihr gespielt? Irgendwas?
Mein Vater schüttelt den Kopf. Der Doktor sagt, er muß sie mitnehmen und untersuchen, und Dad unterschreibt ein Stück Papier. Meine Mutter bettelt, nur noch ein paar Minuten mit ihrem Baby, aber der Doktor sagt, er hat nicht den ganzen Tag Zeit. Als Dad Margaret nehmen will, dreht sie sich wieder mit dem Baby zur Wand. Sie hat diesen wilden Ausdruck: Die schwarzen Locken liegen feucht auf ihrer Stirn, und auf ihrem Gesicht ist überall Schweiß, ihre Augen sind weit offen, und ihr Gesicht glänzt von Tränen; sie schüttelt nur den Kopf und sagt, bitte nicht, bitte nicht, bis Dad ihr das Baby behutsam aus den Armen nimmt. Der Doktor wickelt Margaret komplett in eine Decke ein, und meine Mutter schreit, o Jesus, Sie werden sie ersticken. Jesus, Maria und Joseph, so helft mir doch. Der Doktor geht. Meine Mutter dreht sich zur Wand und bewegt sich nicht und sagt nichts. Die

Zwillinge sind wach, weinen vor Hunger, aber Dad steht mitten im Zimmer und starrt die Zimmerdecke an. Sein Gesicht ist weiß, und er schlägt sich mit den Fäusten auf die Oberschenkel. Er kommt ans Bett, legt mir die Hand auf den Kopf. Seine Hand zittert. Francis, ich geh mal Zigaretten holen.

Mam bleibt den ganzen Tag im Bett und bewegt sich kaum. Malachy und ich füllen die Flaschen der Zwillinge mit Wasser und Zucker. In der Küche finden wir einen halben Laib altbackenes Brot und zwei kalte Würste. Wir können keinen Tee machen, weil die Milch im Eisschrank sauer ist, wo wieder das Eis geschmolzen ist, und jedermann weiß, daß man Tee nicht ohne Milch trinken kann, es sei denn, der Vater läßt einen aus seiner Tasse trinken, während er einem von Cuchulain erzählt.

Die Zwillinge haben schon wieder Hunger, aber ich weiß, daß ich ihnen nicht den ganzen Tag und die ganze Nacht Zuckerwasser geben kann. Ich koche saure Milch in einem Topf, mansche etwas von dem altbackenen Brot hinein und versuche, sie aus einer Tasse zu füttern, Brot mit Lecker. Sie schneiden Grimassen und weinen und laufen zu Mam ans Bett. Sie wollen das Brot mit Lecker nicht essen, bis ich den Geschmack der sauren Milch mit Zucker abtöte. Jetzt essen und lächeln sie und schmieren sich das Lecker übers ganze Gesicht. Malachy will auch was, und wenn er das essen kann, kann ich es auch. Wir sitzen alle auf dem Fußboden, essen das Lecker und kauen kalte Wurst und trinken Wasser, das meine Mutter in einer Milchflasche im Eisschrank aufbewahrt.

Nachdem wir gegessen und getrunken haben, gehen wir ans Ende des Ganges zum Klo, aber wir können nicht hinein, weil Mrs. Leibowitz schon drin ist und summt und singt. Sie sagt, wartet, Kinderlach, wartet, Darlinks, nur noch anderthalb Sekunden. Malachy klatscht in die Hände und tanzt und singt, wartet Kinderlach wartet Darlinks. Mrs. Leibowitz macht die Klotür auf. Seht ihn an. Schojn itzt a kleiner Versteller. So, Kinder, wie geht's eurer Mutter?

Sie ist im Bett, Mrs. Leibowitz. Der Doktor hat Margaret

mitgenommen, und mein Vater ist Zigaretten holen gegangen.
Ach, Frankie, Frankie. Ich hab doch gesagt, das Kind ist krank.
Malachy hält es nicht mehr aus. Muß mal klein, muß mal klein.
Nu, so pisch doch. Ihr Jingalach pischt, und dann werden wir sehen nach eurer Mutter.
Nachdem wir gepischt haben, kommt Mrs. Leibowitz, um nach Mam zu sehen. Oh, Mrs. McCourt. Oy wäj, Darlink. Seht euch das an. Seht euch an diese Zwillinge. Nackt. Mrs. McCourt, was ist denn los, nu? Das Baby, ist es krank? Reden Sie mit mir. Arme Frau. Hier, drehnse sach um, Missis. Oy, asoj a Schlimasl. Reden Sie mit mir, Mrs. McCourt.
Sie hilft meiner Mutter, daß sie sich aufsetzt und gegen die Wand lehnen kann. Mam wirkt viel kleiner als sonst. Mrs. Leibowitz sagt, sie wird etwas Suppe bringen, und mir sagt sie, ich soll Wasser holen, um meiner Mutter das Gesicht zu waschen. Ich tunke ein Handtuch in kaltes Wasser und betupfe ihr die Stirn. Sie preßt meine Hand gegen ihre Wangen, mal die eine, mal die andere. O Jesus, Frankie. O Jesus. Sie läßt meine Hand nicht wieder los, und ich habe Angst, weil ich sie noch nie so gesehen habe. Sie sagt nur Frankie, weil sie gerade meine Hand hält, aber in Gedanken ist sie bei Margaret und nicht bei mir. Deine wunderschöne kleine Schwester ist tot, Frankie. Tot. Und wo ist dein Vater? Sie läßt meine Hand fallen. Wo ist dein Vater? habe ich gesagt. Säuft. Da ist er nämlich. Kein Penny ist im Haus. Er kriegt keine Arbeit, aber er findet Geld für Getränke, Geld für Getränke, Geld für Getränke. Sie bäumt sich auf, knallt den Kopf gegen die Wand und schreit, wo ist sie? Wo ist sie? Wo ist mein kleines Mädchen? O Jesus, Maria und Joseph, steht mir bei in dieser Nacht, sonst werd ich noch ganz verrückt.
Mrs. Leibowitz kommt hereingerauscht. Missis, Missis, was ist denn? Das kleine Mäjdelach? Wo ist es?
Wieder schreit meine Mutter, tot, Mrs. Leibowitz. Tot. Ihr Kopf sinkt vornüber, und sie wiegt sich auf und ab. Mitten in

der Nacht, Mrs. Leibowitz. In ihrem Kinderwagen. Ich hätte auf sie aufpassen sollen. Sieben Wochen waren ihr vergönnt auf dieser Welt, dann stirbt sie mitten in der Nacht, allein, Mrs. Leibowitz, ganz allein in diesem Kinderwagen.
Mrs. Leibowitz hält meine Mutter in den Armen. Nu scha, nu scha. So gehen Babys eben. Es geschieht, Missis. Gott nimmt sie.
Im Kinderwagen, Mrs. Leibowitz. Ganz nah an meinem Bett. Ich hätte sie nehmen können, und sie hätte nicht sterben müssen, stimmt's? Gott will keine kleinen Babys. Was soll Gott denn mit kleinen Babys anfangen?
Ich weiß es nicht, Missis. Ich weiß nichts von Gott. Nehmen Sie Suppe. Gute Suppe. Wird Sie machen stark. Ihr, Jingalach! Holt euch tiefe Teller. Ich geb euch Suppe.
Was sind tiefe Teller, Mrs. Leibowitz?
O Frankie! Du kennst keinen tiefen Teller? Für die Suppe, Darlink! Ihr habt keinen tiefen Teller? Dann hol Tassen für die Suppe. Ich hab gemischte Erbsen- und Linsensuppe. Ohne Schinken. Iren mögen den Schinken. Kein Schinken, Frankie. Trinken Sie, Missis. Trinken Sie Ihre Suppe.
Sie löffelt meiner Mutter die Suppe in den Mund, wischt ihr das Gekleckerte vom Kinn. Malachy und ich sitzen auf dem Boden und trinken aus den großen Teetassen. Wir löffeln den Zwillingen die Suppe in den Mund. Sie ist wunderbar und heiß und schmeckt nach was. Meine Mutter macht nie solche Suppe, und ich frage mich, ob Mrs. Leibowitz je meine Mutter werden könnte. Dafür könnte dann Freddie meine Mutter und meinen Vater kriegen, und Malachy und die Zwillinge könnte er zu Brüdern haben. Margaret kann er nicht mehr haben, denn die ist wie der Hund auf der Straße, den sie weggeschafft haben. Ich weiß nicht, warum sie weggeschafft wurde. Meine Mutter hat gesagt, sie ist in ihrem Kinderwagen gestorben, und das ist wohl so, als würde man vom Auto überfahren, denn hinterher schaffen sie einen weg.
Ich wünsche mir, daß Margaret wieder da ist, wegen der Suppe. Ich könnte sie mit einem Löffel füttern, so wie Mrs. Leibowitz meine Mutter füttert, und sie würde glucksen und

lachen wie bei Dad. Sie würde nicht mehr weinen, und meine Mutter würde nicht mehr Tag und Nacht im Bett liegen, und Dad würde mir Cuchulain-Geschichten erzählen, und ich würde nicht mehr wollen, daß Mrs. Leibowitz meine Mutter ist. Mrs. Leibowitz ist nett, aber lieber wäre es mir, daß mein Vater mir Cuchulain-Geschichten erzählt und daß Margaret zwitschert und daß Mam lacht, wenn Dad mit seinen zwei linken Füßen tanzt.

Minnie McAdorey kommt, um zu helfen. Heilige Muttergottes, Mrs. Leibowitz, diese Zwillinge stinken zum Himmel.
Ob Gott eine Mamme hat, weiß ich nicht, Minnie, aber diese Zwillinge brauchen ein Bad. Sie brauchen saubere Windeln. Frankie, wo sind die sauberen Windeln?
Weiß ich nicht.
Minnie sagt, als Windeln tragen sie immer Lumpen. Ich hol uns welche von Maisie. Frankie, du ziehst ihnen diese Lumpen aus und schmeißt sie weg.
Malachy entfernt Olivers Lumpen, und ich kämpfe mit Eugene. Die Sicherheitsnadel klemmt, und als er zappelt, geht sie ab, sticht ihm in die Hüfte, und sofort plärrt er nach Mam. Aber Minnie ist schon wieder da, mit einem Handtuch und Seife und heißem Wasser. Ich helfe ihr, die verkrustete Scheiße abzuwaschen, und darf dafür den Zwillingen die wunde Haut pudern. Sie sagt, sie sind liebe kleine Jungs, und sie hat eine große Überraschung für sie. Sie geht über den Korridor und bringt einen Topf Kartoffelbrei für alle mit. Der Kartoffelbrei ist mit ganz viel Salz und Butter, und ich frage mich, ob vielleicht die Möglichkeit besteht, daß Minnie meine Mutter wird, damit ich immer so was essen kann. Wenn ich beide gleichzeitig als Mutter haben könnte, Mrs. Leibowitz und Minnie, dann hätte ich Suppe und Kartoffelbrei für immer und ewig.
Minnie und Mrs. Leibowitz sitzen am Tisch. Mrs. Leibowitz sagt, es muß etwas geschehen. Diese Kinder verwildern, und

wo ist der Vater? Ich höre Minnie flüstern, er ergibt sich dem Trunk. Mrs. Leibowitz sagt, schrecklich, schrecklich, wie die Iren trinken. Minnie sagt, ihr Dan trinkt nicht. Rührt das Zeug nicht an, und Dan hat ihr gesagt, als das Baby gestorben war, ist dieser arme Mann, Malachy McCourt, wie ein Wahnsinniger durch die Flatbush Avenue und die Atlantic Avenue gestürmt und aus allen Kneipen um den Bahnhof von Long Island herum rausgeschmissen worden, und die Polizei hätte ihn glatt ins Gefängnis gesteckt, wenn es was anderes gewesen wäre, als daß dies wunderschöne kleine Baby gestorben ist.
Hier hat er vier wunderschöne kleine Buben, sagt Minnie, aber das ist ihm kein Trost. Dieses kleine Mädchen hat etwas in ihm zum Vorschein gebracht. Sie wissen ja, nachdem sie geboren war, hat er nicht mal mehr getrunken, und das war ein Wunder.
Mrs. Leibowitz will wissen, wo Mams Cousinen sind, die großen Frauen mit den stillen Männern. Minnie wird sie finden und ihnen sagen, daß die Kinder vernachlässigt werden, daß sie verwildern, daß ihr Arsch wund ist und alles.

Zwei Tage später kehrt Dad von seiner Zigarettenjagd zurück. Es ist mitten in der Nacht, aber er holt Malachy und mich aus dem Bett. Er riecht nach Getränken. In der Küche müssen wir Stillgestanden machen. Wir sind Soldaten. Er sagt uns, wir müssen versprechen, daß wir für Irland sterben.
Machen wir, Dad, machen wir.
Alle zusammen singen wir Kevin Barry.

In Mountjoy, am Montagmorgen,
Oben an dem Galgenbaum
Schwand Kevin Barrys junges Leben
Für der Freiheit süßen Traum.
Ein Bursche nur von achtzehn Sommern –
Es zu bestreiten wär nicht klug:
Als er in den Tod marschierte,
Daß er den Kopf erhoben trug.

Es wird an die Tür geklopft – Mr. McAdorey. Malachy, um Gottes willen, es ist drei Uhr früh. Du hast mit dem Gesang das ganze Haus geweckt.
Och, Dan, ich bring doch nur den Jungs bei, daß sie für Irland sterben.
Daß sie für Irland sterben, kannst du ihnen auch tagsüber beibringen, Malachy.
's eilt aber, Dan, 's eilt.
Ich weiß, Malachy, aber sie sind doch noch Kinder. Babys. Du geh jetzt ins Bett wie ein anständiger Mensch.
Ins Bett, Dan? Was soll ich denn im Bett? Bei Tag und Nacht ist dort immer nur ihr kleines Gesicht, die schwarzen Locken, die wunderschönen blauen Augen. Jesus, Maria und Joseph, nein, Dan, was werd ich nur tun? Hat sie der Hunger umgebracht, Dan?
Natürlich nicht. Deine Missis hat sie doch gestillt, da kann sie keinen Hunger gelitten haben. Gott hat sie zu Sich genommen. Er hat Seine Gründe.
Nur noch ein Lied, Dan, bevor wir ins Bett gehen.
Gute Nacht, Malachy.
Los, Jungs. Singt.

Weil er das Heimatland geliebt
Und seiner Fahne Grün,
Schickt er sich in sein Schicksal drein
Mit freudig stolzer Mien';
Treu bis zuletzt, oh! treu bis zuletzt,
Durch Tod empor zum Ruhm:
Roddy McCorley opfert sich jetzt
Heute noch, auf der Brücke von Toome.

Ihr werdet für Irland sterben, oder etwa nicht, Jungs?
Doch, wir werden für Irland sterben, Dad.
Und im Himmel sehen wir dann alle eure kleine Schwester wieder, oder etwa nicht, Jungs?
Doch, wir werden sie wiedersehen, Dad.
Mein Bruder drückt sein Gesicht gegen ein Tischbein und

schläft im Stehen. Dad hebt ihn hoch, schwankt durch das Zimmer und legt ihn zu meiner Mutter ins Bett. Ich klettere ins Bett, und mein Vater, immer noch angezogen, legt sich neben mich. Ich hoffe, daß er seine Arme um mich legen wird, aber er singt weiter über Roddy McCorley und spricht mit Margaret. Oh, mein kleiner Lockenkopf, meine kleine Liebe mit den blauen Augen, ich würde dich in Seide kleiden und zum Lough Neagh mitnehmen, bis der Tag am Fenster ist und ich einschlafe.

In der Nacht kommt Cuchulain zu mir. Ein großer grüner Vogel sitzt auf seiner Schulter, und der singt in einer Tour von Kevin Barry und Roddy McCorley, und ich mag diesen Vogel nicht, weil ihm Blut aus dem Schnabel tropft, wenn er singt. In einer Hand trägt Cuchulain den *gae bolga*, den Speer, der so mächtig ist, daß nur er ihn werfen kann. In der anderen Hand trägt er eine Banane, die er immer wieder dem Vogel anbietet, aber der gackert nur heiser und bespuckt ihn mit Blut. Man fragt sich, warum Cuchulain sich das von so einem Vogel bieten läßt. Wenn ich den Zwillingen eine Banane anbiete, und sie spucken mich mit Blut an, dann haue ich ihnen aber, glaube ich, die Banane an den Kopf.
Am Morgen sitzt mein Vater am Küchentisch, und ich erzähle ihm meinen Traum. Er sagt, in den alten Zeiten gab es in Irland noch keine Bananen, und selbst wenn es welche gegeben hätte, hätte Cuchulain diesem Vogel nie eine angeboten, denn das war genau der Vogel, der für den Sommer aus England herübergekommen ist und sich auf seine Schulter gesetzt hat, als er im Sterben lag, das heißt, er saß aufrecht gegen einen Felsen gelehnt, und als die Männer von Erin, das bedeutet Irland, ihn töten wollten, hatten sie Angst, bis sie sahen, daß der Vogel Cuchulains Blut trank, und da wußten sie, daß es ungefährlich war, ihn anzugreifen, die feigen Mistkerle. Nimm dich also vor Vögeln in acht, Francis, vor Vögeln und Engländern.

Die längste Zeit des Tages liegt Mam mit dem Gesicht zur Wand im Bett. Wenn sie Tee trinkt oder etwas ißt, bricht sie es in den Eimer unter dem Bett, und ich muß ihn auf dem Klo am anderen Ende des Ganges ausleeren und ausspülen. Mrs. Leibowitz bringt ihre Suppe und komisches verbogenes Brot. Mam versucht, es in Scheiben zu schneiden, aber Mrs. Leibowitz lacht und sagt, ziehnse einfach dran. Malachy nennt es Ziehbrot, aber Mrs. Leibowitz sagt, nein, das ist Challah, und bringt uns bei, wie man es spricht. Sie schüttelt den Kopf und sagt, oy, ihr Iren. Und wenn ihr ewig lebt, Challah werdet ihr nie sagen können wie ein Jude.

Minnie McAdorey bringt Kartoffeln mit Kohl, und manchmal ist ein Stück Fleisch dabei. Die Zeiten sind hart, Angela, aber dieser wunderbare Mann, Mr. Roosevelt, wird für jeden Arbeit finden, und dann hat dein Mann auch Arbeit. Der arme Mann, ist ja nicht seine Schuld, wenn Depression ist. Bei Tag und bei Nacht sucht er Arbeit. Mein Dan hat Glück; vier Jahre bei der Stadt, und er trinkt nicht. Er ist zusammen mit deinem Mann in Toome aufgewachsen. Manche trinken. Manche nicht. Der Fluch, der auf den Iren lastet. Jetzt iß, Angela. Bau dich auf nach dem Verlust.

Mr. McAdorey sagt Dad, durch die Arbeitsbeschaffungsmaßnahmen der Regierung gibt es jetzt Arbeit, und als er die Arbeit kriegt, ist Geld für Essen da, und Mam verläßt das Bett, um die Zwillinge sauberzumachen und uns zu essen zu geben. Wenn Dad nach Hause kommt und nach Getränken riecht, gibt es kein Geld, und Mam schreit ihn an, bis die Zwillinge weinen, und Malachy und ich rennen raus auf den Spielplatz. In diesen Nächten kriecht Mam zurück ins Bett, und Dad singt die traurigen Lieder über Irland. Warum drückt er sie nicht und hilft ihr schlafen, wie er das bei meiner kleinen Schwester gemacht hat, die gestorben ist? Warum singt er kein Margaret-Lied oder ein Lied, das Mams Tränen trocknet? Immer noch holt er Malachy und mich aus dem Bett, und wir müssen uns im Hemd hinstellen und versprechen, daß wir für Irland sterben. Eines Nachts wollte er die Zwillinge dazu bringen, daß sie versprechen, für Irland zu

sterben, aber sie können noch gar nicht sprechen, und Mam hat ihn angeschrien, du wahnsinniger alter Bastard, kannst du nicht die Kinder zufrieden lassen?
Er will uns fünf Cent für ein Eis geben, wenn wir versprechen, daß wir für Irland sterben, und wir versprechen es, aber die fünf Cent kriegen wir nie.

Wir kriegen Suppe von Mrs. Leibowitz und Kartoffelbrei von Minnie McAdorey, und sie zeigen uns, wie man die Zwillinge versorgt, wie man ihnen den Po wäscht und wie man die Lumpenwindeln wäscht, wenn sie sie vollgeschissen haben. Mrs. Leibowitz nennt sie Windeln, und Minnie nennt sie Binden, aber das ist egal, denn vollscheißen tun die Zwillinge sie sowieso. Wenn Mam im Bett bleibt und Dad Arbeit suchen geht, können wir den ganzen Tag lang tun, was wir wollen. Wir können die Zwillinge auf die kleinen Schaukeln im Park setzen und sie schaukeln, bis sie Hunger haben und weinen.
Der italienische Mann ruft mir von der anderen Straßenseite zu, he, Frankie, komm her. Paß auf, wenn du über die Straße gehst. Haben die Zwillinge wieder Hunger? Er gibt uns ein paar Stücke Käse und Schinken und ein paar Bananen, aber ich kann keine Bananen mehr sehen, nachdem der Vogel Cuchulain so mit Blut angespuckt hat.
Der Mann sagt, er heißt Mr. Dimino, und das hinter dem Ladentisch ist seine Frau Angela. Ich sage ihm, so heißt meine Mutter. Tatsache, Kleiner? Deine Mutter heißt Angela? Wußte gar nicht, daß die Iren Angelas haben. He, Angela, seine Mutter heißt Angela. Sie lächelt. Sie sagt, dasse iste ja nette.
Mr. Dimino fragt mich nach Mam und Dad und wer für uns kocht. Ich sage ihm, wir kriegen von Mrs. Leibowitz und Minnie McAdorey was zu essen. Ich erzähle ihm alles über die Windeln und die Binden und wie sie trotzdem vollgeschissen werden, und er lacht. Angela, hörst du das? Danke Gott, daß du Italienerin bist, Angela. Er sagt, Kleiner, ich muß mal mit Mrs. Leibowitz reden. Ihr müßt doch Ver-

wandte haben, die sich um euch kümmern können. Wenn du Minnie McAdorey siehst, sag ihr, sie soll mal herkommen und mit mir reden. Ihr verwildert ja.

Zwei große Frauen sind an der Tür. Sie sagen, wer bist *du* denn?
Ich bin Frank.
Frank! Wie alt bist du?
Ich bin vier, werd aber fünf.
Da bist du aber nicht groß für dein Alter, stimmt's?
Weiß ich nicht.
Ist deine Mutter da?
Die ist im Bett.
Was macht sie an so einem schönen Tag und am hellichten Tag im Bett?
Sie schläft.
Also, wir kommen erst mal rein. Wir müssen mit deiner Mutter reden.
Sie rauschen an mir vorbei ins Zimmer. Jesus, Maria und Joseph, wie das hier riecht. Und wer sind diese Kinder.
Malachy läuft zu den großen Frauen hin und lächelt. Wenn er lächelt, kann man sehen, wie weiß und gerade und hübsch seine Zähne sind, und man kann das glänzende Blau seiner Augen sehen, das Rosa seiner Wangen.
Die großen Frauen sehen sich das alles an und lächeln, und ich frage mich, warum sie nicht gelächelt haben, als sie mit mir sprachen.
Malachy sagt, ich bin Malachy, und das ist Oliver, und das ist Eugene, die beiden sind Zwillinge, und das da hinten ist Frankie.
Die große Frau mit den braunen Haaren sagt, du bist ja wohl kein bißchen schüchtern, stimmt's? Ich bin die Cousine deiner Mutter, Philomena, und das ist die Cousine deiner Mutter, Delia. Ich bin Mrs. Flynn, und das ist Mrs. Fortune, und so nennst du uns auch. Wo ist deine Mutter?
Sie ist drin, im Bett.

Guter Gott, sagt Philomena. Diese Zwillinge sind nackt. Habt ihr denn keine Anziehsachen für die?
Malachy sagt, alles vollgeschissen.
Delia bellt. Na bitte. So was kommt dann dabei raus. Ein Mundwerk wie eine Kloake; auch kein Wunder bei einem Vater aus dem Norden. Das Wort sagt man nicht. Das ist ein schlimmes Wort, ein gottloser Ausdruck. Dafür kannst du in die Hölle kommen, wenn du so ein Wort gebrauchst.
Was ist die Hölle? fragt Malachy.
Das erfährst du früh genug, sagt Delia.
Die großen Frauen sitzen mit Mrs. Leibowitz und Minnie McAdorey am Tisch. Philomena sagt, es ist schrecklich, was mit Angelas kleinem Baby passiert ist. Sie haben alles darüber gehört, und da fragt man sich doch, oder etwa nicht, was sie mit der kleinen Leiche angestellt haben. Da fragt man sich doch, und da frage ich mich doch auch, aber Tommy Flynn hat sich nicht gefragt, Tommy Flynn hat es gleich gewußt. Tommy hat gesagt, daß dieser Malachy aus dem Norden Geld für das Baby gekriegt hat.
Geld? sagt Mrs. Leibowitz.
Das ist richtig, sagt Philomena. Geld. Sie nehmen Leichen jeden Alters und führen Experimente damit durch, und da bleibt nicht viel übrig, was man zurückkriegen könnte oder möchte, denn was soll man mit Stücken von einem Baby, wenn man sie in dem Zustand nicht mal in geweihter Erde bestatten kann.
Das ist ja schrecklich, sagt Mrs. Leibowitz. Ein Vater oder eine Mutter würden das Baby doch niemals für so was hergeben.
O doch, sagt Delia, wenn das Verlangen nach Getränken sie packt, dann schon. Die eigene Mutter würden sie hergeben, wenn sie das Verlangen haben, da kommt's bei einem Baby, das sowieso schon tot ist und hinüber, gar nicht mehr so drauf an, oder?
Mrs. Leibowitz schüttelt den Kopf und wiegt sich auf ihrem Stuhl. Oy, sagt sie, oy, oy, oy. Das arme Baby. Die arme Mutter. Ich danke Gott, daß mein Mann nicht so ein – wie nennen

Sie das? Verlangen? Richtig, Verlangen. Hat. So ein Verlangen haben nur die Iren.
Mein Mann nicht, sagt Philomena. Ich würde ihm das Gesicht brechen, wenn er mit dem Verlangen nach Hause käme. Allerdings, Delia ihr Jimmy, der hat das Verlangen. Jeden Freitagabend kann man sehen, wie er sich in den Saloon schleicht.
Du brauchst gar nicht erst anzufangen und meinen Jimmy zu beleidigen, sagt Delia. Er arbeitet. Er bringt seinen Lohn nach Hause.
Man sollte ein Auge auf ihn haben, sagt Philomena. Wenn er sich vom Verlangen unterkriegen laßt, haben wir es mit einem zweiten Malachy aus dem Norden zu tun.
Kümmer du dich verdammtnochmal um deinen eigenen Kram, sagt Delia. Immerhin ist Jimmy Ire und nicht in Brooklyn geboren wie dein Tommy.
Und darauf hat Philomena keine Antwort parat.
Minnie hält ihr Baby im Arm, und die großen Frauen sagen, sie ist ein süßes Baby, sauber, nicht wie diese Bande da, von Angela die, die hier rumläuft. Philomena sagt, sie weiß nicht, woher Angela ihre unsaubere Art hat, denn Angelas Mutter war makellos, so sauber, daß man bei ihr vom Fußboden essen konnte.
Ich frage mich, warum man vom Fußboden essen möchte, wenn man einen Tisch und einen Stuhl hat.
Delia sagt, es muß etwas mit Angela und diesen Kindern geschehen, denn die sind ja eine Schande, aber ja, da schämt man sich ja, verwandt zu sein. Man muß Angelas Mutter einen Brief schreiben. Philomena wird ihn schreiben, weil ein Lehrer in Limerick ihr mal gesagt hat, sie hätte keine Klaue. Delia muß Mrs. Leibowitz erklären, daß keine Klaue eine gute Handschrift bedeutet.
Mrs. Leibowitz geht ans andere Ende des Ganges, um von ihrem Mann den Füllfederhalter und Papier und einen Umschlag auszuborgen. Die vier Frauen sitzen am Tisch und entwerfen einen Brief, den sie der Mutter meiner Mutter schicken wollen:

Liebe Tante Margaret,
Ich ergreife die Feder um Dir diesen Brief zu schreiben und hoffe dies trifft Dich an wie es uns verlest in allerbester Gesundheit. Mein Mann Tommy ist in Hochform und arbeitet in einem fort und Delias Mann Jimmy ist in Hochform und arbeitet in einem fort und wir hoffen dies trifft Dich in Hochform an. Es tut mir sehr leid Dir mitzuteilen das Angela nicht in Hochform ist weil das Baby gestorben ist das kleine Mädchen, Margaret hat es geheisen nach Dir selber und Angela ist seitdem nicht mehr die selbe und liegt im Bett mit dem Gesicht zur Wand. Um es noch mehr schlimmer zu machen glauben wir sie ist schon wieder guter Hofnung und das geht denn doch zu weit. Ein Kind verliert sie und in der selben Minute ist schon wieder eins unterwegs. Wir wissen nicht wie sie das macht. Vier Jahre verheiratet fünf Kinder und eins unterwegs. Das zeigt Dir was passieren kann wenn man einen aus dem Norden heiratet denn sie haben sich nicht unter Kontrolle die Protestanden einer wie der andere. Er geht jeden Tag arbeiten aber wir wissen das er seine ganze Zeit in den Salloons verbringt und ein Paar Dollar kriegt für ausfegen und Fässer schleppen und das gibt er an Ort u. Stelle wieder für Getränk aus. Es ist schlimm Tante Margaret und wir finden alle das es Angela u. den Kindern im Lande ihrer Geburt besser gehen würde. Wir haben nicht das Geld um die Überfahrt zu bezahlen weil die Zeiten schwer sind aber vielleicht findest Du eine Möglichkeit. In der Hofnung das Dich dies in Hochform antrifft wie es uns verlest Gott u. Seiner Allerh. Mutter der Jungfr. Maria sei dank.

Verbleibe ich Deine Dich liebende Nichte
Philomena Flynn (vormals
MacNamara)
und nicht zuletzt Deine Nichte
Delia Fortune (ebenfalls vormals
MacNamara, hahaha)

Großmutter Sheehan schickte Philomena und Delia Geld. Sie kauften die Schiffskarten, fanden einen Überseekoffer in

der Gesellschaft des Hl. Vincent de Paul, mieteten einen Kleinlaster, der uns nach Manhattan an die Pier brachte, setzten uns aufs Schiff, sagten gute Fahrt und guten Wind und kommt bloß nicht wieder her, und gingen weg.
Das Schiff legte ab und fuhr übers Wasser. Mam sagte, das da ist die Freiheitsstatue, und das da ist Ellis Island, wo alle Immigranten reingekommen sind. Dann beugte sie sich seitlich vornüber und erbrach sich, und der Wind vom Atlantik wehte alles über uns und andere frohgestimmte Menschen, die die Aussicht genossen. Möwen schossen heran, um etwas von der Gabe abzubekommen, während Passagiere kreischend und gottlose Ausdrücke äußernd flohen und Mam schlaff und bleich an der Reling hing.

2

Nach einer Woche kamen wir in Moville in der Grafschaft Donegal an, wo wir einen Bus nach Belfast nahmen und von dort einen zweiten Bus noch Toome in der Grafschaft Antrim. Wir ließen den Überseekoffer in einem Laden und machten uns zu Fuß auf den zwei Meilen langen Weg über die Landstraße zum Haus von Großvater McCourt. Es war dunkel auf der Straße, die Morgendämmerung auf den Hügeln im Osten hatte noch kaum begonnen. Dad trug die Zwillinge auf den Armen, und sie plärrten abwechselnd vor Hunger. Mam blieb alle paar Minuten stehen, um sich auf die Mauer aus Feldsteinen neben der Straße zu setzen und auszuruhen. Wir setzten uns zu ihr und beobachteten, wie der Himmel erst rot und dann blau wurde. Auf den Bäumen fingen Vögel an zu zwitschern und zu singen, und als dann die Morgendämmerung kam, sahen wir seltsame Geschöpfe auf den Feldern, die so dastanden und uns ansahen. Malachy sagte, was sindn das, Dad?
Kühe, mein Sohn.
Was sindn Kühe, Dad?
Kühe sind Kühe, mein Sohn.
Wir gingen weiter die immer heller werdende Straße entlang, und dann standen da andere Geschöpfe auf dem Feld, weiße, pelzige Geschöpfe.

Malachy sagte, was sindn das, Dad?
Schafe, mein Sohn.
Was sindn Schafe, Dad?
Mein Vater bellte ihn an, hört das denn nie auf mit deinen Fragen? Schafe sind Schafe, Kühe sind Kühe, und das da drüben ist eine Ziege. Eine Ziege ist eine Ziege. Die Ziege gibt Milch, das Schaf gibt Wolle, die Kuh gibt alles. Was willst du in Gottes Namen denn noch alles wissen?
Und Malachy jaulte vor Angst, weil Dad sonst nie so sprach, nie barsch zu uns war. Er mochte uns mitten in der Nacht aus dem Bett holen, und wir mußten versprechen, daß wir für Irland sterben, aber so gebellt hatte er noch nie. Malachy rannte zu Mam, und sie sagte, na na, wein doch nicht. Dad ist nur erschöpft, weil er die Zwillinge tragen muß, und es ist nicht leicht, all diese Fragen zu beantworten, wenn man Zwillinge durch die Welt schleppt.
Dad setzte die Zwillinge auf die Straße und machte: Wer kommt in meine Arme? für Malachy. Jetzt fingen die Zwillinge an zu weinen, und Malachy klammerte sich an Mam und schluchzte. Die Kühe muhten, die Schafe mähten, die Ziege ähähäte, die Vögel schlugen auf den Bäumen Krawall, und das Ööötöööt eines Automobils übertönte alles. Ein Mann rief uns aus dem Automobil zu, grundgütiger Herrgott, was macht ihr Leute denn zu dieser Stunde an einem Ostersonntagmorgen auf der Landstraße?
Dad sagte, guten Morgen, Vater Prior.
Vater? sagte ich. Dad, ist das dein Vater?
Mam sagte, stell ihm bloß keine Fragen.
Dad sagte, nein, nein, das ist ein Priester.
Malachy sagte, was istn ein ...? aber Mam hielt ihm den Mund zu.
Der Priester hatte weißes Haar und einen weißen Kragen. Er sagte, wohin wollt ihr denn?
Dad sagte, immer geradeaus zu den McCourts aus Moneyglass, und der Priester lud uns in sein Automobil ein. Er sagte, er kennt die McCourts, eine angesehene Familie, gute Katholiken, einige kommen täglich zur Kommunion, und er

hofft, er sieht uns alle in der Messe, besonders die kleinen Yankees, die nicht wissen, was ein Priester ist, der Herr steh uns bei.
Vor dem Haus greift meine Mutter nach dem Riegel am Tor. Dad sagt, nein, nein, so nicht. Nicht durch das vordere Tor. Durch das vordere Tor geht nur der Priester, wenn er zu Besuch kommt – oder der Sarg.
Wir gehen um das Haus herum zur Küchentür. Dad drückt die Tür auf, und da sitzt Großvater McCourt und trinkt Tee aus einer großen Tasse, und Großmutter McCourt brät irgendwas.
Och, sagt Großvater, da seid ihr ja.
Dad gibt es zu. Er zeigt auf meine Mutter. Das ist Angela, sagt er. Großvater sagt, *och*, du mußt erschöpft sein, Angela. Großmutter sagt nichts; sie dreht sich wieder zu ihrer Bratpfanne um. Großvater führt uns durch die Küche in ein großes Zimmer mit einem langen Tisch und Stühlen. Setzt euch, es gibt Tee. Wollt ihr Boxty?
Malachy sagt, was istn Boxty?
Dad lacht. Pfannkuchen, mein Sohn. Pfannkuchen aus Kartoffeln.
Großvater sagt, wir haben Eier. Es ist Ostersonntag, und ihr könnt so viele Eier haben, wie ihr bei euch behalten könnt.
Wir trinken Tee und essen Boxty und hartgekochte Eier, und dann schlafen wir alle ein. Ich wache in einem Bett mit Malachy und den Zwillingen auf. Meine Eltern liegen in einem anderen Bett am Fenster. Wo bin ich? Es wird dunkel. Wir sind nicht auf dem Schiff. Mam schnarcht hink, Dad schnarcht honk. Ich stehe auf und pikse Dad mit dem Zeigefinger. Ich muß mal klein. Er sagt, nimm das Nachtgeschirr.
Was?
Unterm Bett, mein Sohn. Das Nachtgeschirr. Da sind Rosen drauf und Mägdelein, die in der Schlucht herumtollen. Da kannst du reinpinkeln, mein Sohn.
Ich will ihn fragen, wovon er überhaupt spricht, denn selbst wenn ich platze, kommt es mir komisch vor, in einen Topf mit Rosen und herumtollenden Mägdelein zu pinkeln, egal was

Mägdelein sind. In der Classon Avenue hatten wir so was nicht. Da sang Mrs. Leibowitz auf dem Klo, während wir auf dem Gang standen und uns alles verkniffen.
Jetzt muß Malachy das Nachtgeschirr benutzen, aber er will sich draufsetzen. Dad sagt, nein, das darfst du nicht, mein Sohn. Du mußt vor die Tür gehen. Als er das sagt, muß ich auch – mich hinsetzen. Er führt uns die Treppe hinunter und durch das große Zimmer, in dem Großvater vor dem Kamin sitzt und liest und Großmutter auf ihrem Sessel sitzt und döst. Draußen ist es dunkel, aber der Mond ist so hell, daß wir sehen können, wohin wir gehen. Dad öffnet die Tür eines kleinen Hauses, in dem ein Sitz mit einem Loch drin ist. Er zeigt Malachy und mir, wie man auf dem Loch sitzt und sich mit Zeitungspapier abputzt, welches auf einen Nagel gesteckt ist. Dann sagt er, wir sollen warten, und geht hinein, macht die Tür zu und grunzt. Der Mond scheint so hell, daß ich das Feld überblicken kann, auf dem die Dinger namens Kühe und Schafe stehen, und ich frage mich, warum die nicht nach Hause gehen.
Im Haus sind noch andere Leute in dem Zimmer bei meinen Großeltern. Dad sagt, das sind deine Tanten: Emily, Nora, Maggie, Vera. Deine Tante Eva hat selbst Kinder und wohnt in Ballymena. Meine Tanten sind nicht wie Mrs. Leibowitz und Minnie McAdorey; sie nicken uns zu, aber sie umarmen uns nicht und lächeln nicht. Mam kommt mit den Zwillingen ins Zimmer, und als Dad seinen Schwestern sagt, das ist Angela, und das sind die Zwillinge, nicken sie wieder nur.
Großmutter geht in die Küche, und bald gibt es Brot und Würste und Tee. Der einzige, der bei Tische spricht, ist Malachy. Er zeigt mit dem Löffel auf die Tanten und fragt noch einmal, wie sie heißen. Als Mam ihm sagt, er soll seine Wurst essen und still sein, kriegt er Tränen in die Augen, und Tante Nora streichelt ihn und sagt, na na, und ich frage mich, warum jeder na na sagt, wenn Malachy weint. Ich frage mich, was na na bedeutet.
Am Tisch ist alles still, bis Dad sagt, in Amerika ist es schlimm. Großmutter sagt, *och, aye*, das hab ich in der Zei-

tung gelesen. Aber sie sagen doch, Mr. Roosevelt ist ein guter Mann, und wenn du dageblieben wärst, hättest du inzwischen auch Arbeit gefunden.
Dad schüttelt den Kopf, und Großmutter sagt, ich weiß nicht, was du machen sollst, Malachy. Hier ist es schlimmer als in Amerika. Hier gibt es keine Arbeit, und Gott weiß es, wir haben hier keinen Platz für sechs Leute mehr.
Dad sagt, ich dachte, ich könnte auf einem Bauernhof Arbeit finden. Dann könnten wir uns ein Häuschen zulegen.
Und wo wollt ihr bis dahin unterkommen? sagt Großmutter. Und wie willst du dich und deine Familie ernähren?
Och, ich könnte doch wohl vermutlich stempeln gehen.
Du kannst nicht frisch vom Schiff aus Amerika kommen und gleich stempeln gehen, sagt Großvater. Da muß man erst mal warten, und was machst du, während du wartest?
Dad sagt nichts, und Mam sieht die Wand an.
Im Freistaat würdest du dich besser stellen, sagt Großmutter. Dublin ist groß, und da oder auf den Bauernhöfen ringsum findest du bestimmt Arbeit.
Von der IRA steht dir doch auch Geld zu, sagt Großvater. Du hast deinen Beitrag geleistet, und im gesamten Freistaat verteilen sie Geld. Du könntest nach Dublin fahren und um Hilfe bitten. Die Busfahrt nach Dublin können wir dir vorstrecken. Die Zwillinge könnt ihr auf den Schoß nehmen, dann können sie umsonst mit.
Dad sagt, *och, aye*, und Mam starrt die Wand an und hat Tränen in den Augen.

Nach dem Essen gingen wir wieder ins Bett, und am nächsten Morgen saßen alle Erwachsenen um den Tisch herum und kuckten traurig. Bald kam ein Mann in einem Auto und fuhr uns zurück zu dem Laden, in dem unser Überseekoffer war. Sie hoben den Koffer auf das Dach eines Busses, und wir stiegen in den Bus. Dad sagte, wir fahren nach Dublin. Malachy sagte, was istn Dublin? aber niemand antwortete ihm. Dad hatte Eugene auf dem Schoß und Mam Oliver. Dad sah aus

dem Fenster auf die Felder und sagte mir, hier sei Cuchulain gern spazierengegangen. Ich fragte ihn, wo Cuchulain dem Hund den Ball ins Maul geschlagen hat, und er sagte, ein paar Meilen von hier.
Malachy sagte, kucktma kucktma, und wir kuckten: Es war eine große silbrige Wasserfläche, und Dad sagte, das ist der Lough Neagh, der größte See von ganz Irland, der See, in dem Cuchulain nach seinen großen Schlachten zu schwimmen pflegte. Cuchulain wurde es immer so heiß, daß der Lough Neagh, wenn er hineinsprang, überkochte und tagelang die ganze Gegend heizte. Eines Tages würden wir alle zurückkommen und wie Cuchulain persönlich schwimmen gehen. Wir würden Aale fangen und sie in der Pfanne braten, anders als Cuchulain, der sie mit der Hand aus dem See fischte und lebendig runterschluckte, weil ein Aal große Macht besitzt.
Stimmt's, Dad?
Stimmt.
Mam sah nicht aus dem Fenster auf den Lough Neagh. Ihr Kinn lag auf Olivers Kopf, und sie starrte den Fußboden des Busses an.

Bald rollt der Bus in eine Stadt mit großen Häusern, Autos, Pferden, die Wagen ziehen, Menschen auf Fahrrädern und Hunderten von Fußgängern. Malachy ist aufgeregt. Dad, Dad, wo istn der Spielplatz, wo sindn die Schaukeln? Ich will zu Freddie Leibowitz.
Och, mein Sohn, du bist doch jetzt in Dublin, weit weg von der Classon Avenue. Du bist jetzt in Irland, ganz weit weg von New York.
Als der Bus anhält, wird der Überseekoffer vom Dach gewuchtet und auf den Fußboden vom Busbahnhof gestellt. Dad sagt zu Mam, sie kann sich auf eine Bank im Busbahnhof setzen, während er sich mit dem Mann von der IRA an einem Ort namens Terenure trifft. Er sagt, für die Jungens gibt es Toiletten im Busbahnhof, er bleibt nicht lange fort, wenn er

wiederkommt, hat er das Geld, und dann gibt es für uns alle was zu essen. Er sagt, ich soll mitkommen, und Mam sagt, nein, ich brauche ihn hier, er muß mir helfen. Aber als Dad sagt, er muß mir doch das viele Geld tragen helfen, lacht sie und sagt, na gut, geh mit deinem Ollen.

Mit deinem Ollen. Das heißt, sie hat gute Laune. Wenn sie sagt, mit deinem Vater, heißt das, sie hat schlechte Laune.

Dad nimmt mich an die Hand, und ich trabe neben ihm her. Er kann schnell gehen, der Weg nach Terenure ist weit, und ich hoffe, daß er anhält und mich trägt, so wie er die Zwillinge in Toome getragen hat. Aber er stiefelt weiter und sagt nichts, außer daß er Leute fragt, wo Terenure ist. Später sagt er, jetzt sind wir in Terenure und müssen nur noch Mr. Charles Heggarty von der IRA finden. Ein Mann mit einem rosa Flicken auf dem Auge sagt uns, daß wir in der richtigen Straße sind, Charlie Heggarty wohnt Nummer vierzehn, Gott strafe ihn. Der Mann sagt zu Dad, wie ich sehe, sind Sie ein Mann, der seinen Beitrag geleistet hat. Dad sagt, *och*, ich habe meinen Beitrag geleistet, und der Mann sagt, ich habe meinen Beitrag ebenfalls geleistet, und was hab ich davon? Ein Auge weniger und eine Pension, von der man keinen Kanarienvogel ernähren könnte.

Aber Irland ist frei, sagt Dad, und das ist etwas Großartiges.

Frei am Arsch, sagt der Mann. Ich glaube, unter den Engländern ging's uns besser. Immerhin viel Glück, Mister, ich glaube nämlich, ich weiß, weshalb Sie hier sind.

Eine Frau macht in Nummer vierzehn die Tür auf. Ich fürchte, sagt sie, Mr. Heggarty hat zu tun. Dad sagt ihr, er ist gerade den ganzen Weg von Dublin Stadtmitte bis hierher mit seinem kleinen Sohn zu Fuß gegangen, am Busbahnhof warten Frau und drei Kinder auf ihn, und wenn Mr. Heggarty soviel zu tun hat, warten wir eben hier an der Türschwelle auf ihn.

Eine Minute später ist die Frau wieder da, um zu sagen, Mr. Heggarty hat nur ganz wenig Zeit, bitte hier entlang. Mr. Heggarty sitzt in der Nähe eines Kamins mit glühendem Torf an einem Schreibtisch. Er sagt, was kann ich für Sie tun? Dad

steht vor dem Schreibtisch und sagt, ich bin gerade mit Frau und vier Kindern aus Amerika zurückgekommen. Wir haben nichts. Ich habe während der Unruhen in einer Speziellen Einsatzbrigade gekämpft, und ich hoffe, Sie können mir jetzt in Zeiten der Not helfen.
Mr. Heggarty schreibt sich Dads Namen auf und blättert in einem großen Buch auf seinem Schreibtisch. Er schüttelt den Kopf, nein, nein, wir haben hier keine Eintragung über Ihre Dienstzeit.
Dad hält eine lange Rede. Er sagt Mr. Heggarty, wie er gekämpft hat, wo, wann und wie er aus Irland hinausgeschmuggelt werden mußte, weil ein Preis auf seinen Kopf ausgesetzt war, wie er seine Söhne in der Liebe zu Irland großzog.
Mr. Heggarty sagt, tut ihm leid, aber er kann nicht an jeden Geld verteilen, der reinkommt und behauptet, er hat seinen Beitrag geleistet. Dad sagt zu mir, vergiß das nie, Francis. Dies ist das neue Irland. Kleine Männer auf kleinen Stühlen mit kleinen Zetteln Papier. Dies ist das Irland, für das Männer gestorben sind.
Mr. Heggarty sagt, er wird sich Dads Antrag mal ansehen, und er sagt ihm ganz bestimmt Bescheid, wenn sich was ergibt. Er wird uns Geld für den Bus zurück in die Stadt geben. Dad sieht sich die Münzen in Mr. Heggartys Hand an und sagt, stocken Sie den Betrag doch auf, damit ich mir eine Pint leisten kann.
Ach, Sie wollen das Geld für Alkohol ausgeben, stimmt's?
Eine Pint ist ja wohl kaum Alkohol.
Sie würden meilenweit zu Fuß zurückgehen und den Jungen ebenfalls zu Fuß gehen lassen, weil Sie eine Pint wollen, sehe ich das richtig?
Ein kleiner Gang hat noch keinen umgebracht.
Ich möchte, daß Sie dieses Haus verlassen, sagt Mr. Heggarty, oder ich werde einen *gárda* rufen, und Sie können sicher sein, daß Sie nie wieder von mir hören. Wir verteilen schließlich kein Geld, um die Familie Guinness zu unterstützen.
Die Nacht senkt sich auf Dublins Straßen. Kinder lachen und

spielen unter Straßenlaternen, Mütter rufen aus Haustüren heraus, von allen Seiten riecht es nach Kochen, durch die Fenster sehen wir Menschen, die an Tischen sitzen und essen. Ich bin müde und hungrig, und ich möchte, daß Dad mich trägt, aber ich weiß, es hat jetzt keinen Sinn, ihn zu fragen, wenn er so ein mürrisches, verschlossenes Gesicht macht. Ich lasse meine Hand in seiner Hand, und ich renne, um mit ihm Schritt zu halten, bis wir die Haltestelle erreichen, wo Mam mit meinen Brüdern wartet.

Sie sind alle auf der Bank eingeschlafen – meine Mutter und drei Brüder. Als Dad Mam berichtet, daß es kein Geld gibt, schüttelt sie den Kopf und schluchzt, ach Jesus, was sollen wir bloß tun? Ein Mann in einer blauen Uniform kommt herüber und fragt sie, was ist denn los, Missis? Dad sagt ihm, wir sitzen hier im Busbahnhof fest, wir haben kein Geld und keine Bleibe, und die Kinder haben Hunger. Der Mann sagt, er hat gleich dienstfrei, er nimmt uns mit auf die Polizeiwache, wo er sich sowieso melden muß, und die werden dann sehen, was man machen kann.

Der Mann in Uniform sagt, wir können *gárda* zu ihm sagen. So nennt man Polizisten in Irland. Er fragt uns, wie man die Polizisten in Amerika nennt, und Malachy sagt: Cop. Der *gárda* tätschelt Malachy den Kopf und sagt ihm, er ist ein schlauer kleiner Yankee.

Auf der Polizeiwache sagt uns der Sergeant, wir können dort die Nacht verbringen. Es tut ihm leid, aber er kann uns nur den Fußboden anbieten. Es ist Donnerstag, und die Zellen sind voller Männer, die ihr Stempelgeld vertrunken und sich geweigert haben, die Kneipen zu verlassen.

Die *gárdaí* geben uns heißen süßen Tee und dicke Scheiben Brot, mit Butter und Marmelade beschmiert, und wir sind so froh, daß wir in der Wachstube herumrennen und spielen. Die *gárdaí* sagen, wir kleinen Yanks sind eine ganz prima Truppe, und sie würden uns gern mit nach Hause nehmen, aber ich sage nein, Malachy sagt nein, die Zwillinge sagen nein, nein, und alle *gárdaí* lachen. Männer in Zellen strecken die Arme aus und tätscheln uns den Kopf. Sie riechen wie

Dad, wenn er nach Hause kommt und von Kevin Barry und von Roddy McCorley singt, die sich zum Sterben begeben. Die Männer sagen, lieber Herr Jesus, hört euch die an. Die hören sich ja an wie gottverdammte Filmstars oder sonstwas. Seid ihr vom Himmel gefallen oder sonstwas? Eine Frau spricht mit mir. Komm her, Süßer, willst du was zu naschen? Ich nicke, und sie sagt, gut, dann streck deine Hand aus. Sie pult sich etwas Klebriges aus dem Mund und legt es mir auf die Hand. Bitte sehr, sagt sie, ein leckres Karamelbonbon. Steck's dir in den Mund. Ich will es mir nicht in den Mund stecken, weil es klebt und naß ist von ihrem Mund, aber ich weiß nicht, was man macht, wenn eine Frau in einer Zelle einem ein klebriges Karamelbonbon anbietet, und ich will es mir schon in den Mund stecken, als ein *gárda* kommt, das Karamelbonbon nimmt und es der Frau an den Kopf schmeißt. Du versoffene Hure, sagt er, laß das Kind zufrieden, und alle Frauen lachen.
Der Sergeant gibt meiner Mutter eine Decke, und sie legt sich auf eine Bank und schläft. Wir anderen liegen auf dem Fußboden. Dad sitzt mit dem Rücken an die Wand gelehnt, die Augen unter seinem Mützenschirm offen, und er raucht, wenn die *gárdaí* ihm Zigaretten geben. Der *gárda,* der der Frau das Karamelbonbon an den Kopf geschmissen hat, sagt, er ist aus Ballymena im Norden, und er redet mit Dad über Leute, die sie da kennen, und über Leute in anderen Städten wie Cushendall und Toome. Der *gárda* sagt, eines Tages wird er Pension kriegen, und dann wird er an den Ufern des Lough Neagh leben und den lieben langen Tag angeln. Aale, sagt er, jede Menge Aale. Lieber Herr Jesus, für einen gebratenen Aal vergeß ich mich doch glatt. Ich frage Dad, ist das Cuchulain? und der *gárda* lacht, bis er rot im Gesicht ist. Heilige Muttergottes, habt ihr das gehört? Der Bursche will wissen, ob ich Cuchulain bin. Ein kleiner Yank, und weiß alles über Cuchulain.
Dad sagt, nein, er ist nicht Cuchulain, aber er ist ein guter Mann, der an den Ufern des Lough Neagh leben und den lieben langen Tag angeln wird.

Dad schüttelt mich. Auf, Francis, auf. Es ist laut auf der Wache. Ein Junge wischt den Fußboden und singt:

> Von deinem Mund wollte ich einen Kuß.
> Aus gutem Grund sagte ich mir: Ich muß!
> Denn ich trau mir nicht zu,
> Daß jemand wie du
> Mich lieben könnte, mich lieben ...

Ich sage ihm, das ist das Lied meiner Mutter und er soll aufhören zu singen, aber er pafft nur den Rauch von seiner Zigarette in die Luft und geht weiter, und ich frage mich, warum jemand die Lieder von anderen Leuten singen muß. Männer und Frauen kommen aus den Zellen und gähnen und grunzen. Die Frau, die mir das Karamelbonbon geschenkt hat, bleibt stehen und sagt, ich hatte einen Tropfen getrunken, Kind. Tut mir leid, daß ich dich angepflaumt habe, aber der *gárda* aus Ballymena sagt ihr, geh bloß weiter, du alte Hure, sonst sperr ich dich gleich wieder ein.
Kannst mich gern einsperren, sagt sie. Rein, raus. Ist doch mir so wurscht, du blauärschiger Schweinehund.
Mam setzt sich auf der Bank auf, die Decke hat sie um sich gewickelt. Eine Frau mit grauen Haaren bringt ihr eine große Tasse Tee und sagt, schon gut, ich bin die Frau vom Sergeant, und er hat gesagt, ihr braucht vielleicht Hilfe. Möchten Sie vielleicht ein schönes weichgekochtes Ei, Missis?
Mam schüttelt den Kopf, nein.
Na na, Missis, in Ihrem Zustand kommt aber doch ein schönes kleines Ei wie gerufen.
Aber Mam schüttelt den Kopf, und ich frage mich, wie sie zu einem weichgekochten Ei nein sagen kann, wo es doch auf der Welt nichts Schöneres gibt.
Na gut, Ma'am, sagt die Frau des Sergeants, dann eben ein bißchen Toast und etwas für die Kinder und Ihren armen Mann.
Sie geht in ein anderes Zimmer zurück, und bald gibt es Tee und Brot. Dad trinkt seinen Tee, aber sein Brot gibt er uns,

und Mam sagt, willst du wohl dein Brot essen, um Gottes willen. Du wirst uns nicht viel nützen, wenn du uns vor Hunger umkippst. Er schüttelt den Kopf und fragt die Frau des Sergeants, besteht wohl die Möglichkeit, eine Zigarette zu kriegen. Sie bringt ihm die Zigarette, und zu Mam sagt sie, die Männer auf dem Revier haben für uns gesammelt, damit wir mit dem Zug nach Limerick fahren können. Ein Auto wird unseren Überseekoffer und uns abholen und zum Bahnhof Kingsbridge fahren, und in drei bis vier Stunden seid ihr dann in Limerick.
Mam hebt die Arme und fällt der Frau des Sergeants um den Hals. Gott segne Sie und Ihren Mann und alle anderen auch, sagt Mam. Ich weiß nicht, was wir ohne Sie gemacht hätten. Gott weiß, es ist was Wunderschönes, wieder unter seinesgleichen zu sein.
Das ist doch das mindeste, was wir tun konnten, sagt die Frau des Sergeants. So liebe Kinder haben Sie, und ich selbst stamme aus Cork, und ich weiß, wie es ist, in Dublin zu sein, ohne auch nur zwei Pennies zu haben, die man gegeneinanderreiben kann.
Dad sitzt am anderen Ende der Bank, raucht seine Zigarette, trinkt seinen Tee. So bleibt er sitzen, bis das Auto kommt, um uns durch die Straßen von Dublin zu fahren. Dad fragt den Fahrer, ob es ihm was ausmacht, am Hauptpostamt vorbeizufahren, und der Fahrer sagt, brauchen Sie eine Briefmarke oder was? Nein, sagt Dad. Ich habe gehört, sie haben da eine neue Statue von Cuchulain aufgestellt, um die Männer zu ehren, die neunzehn-sechzehn gestorben sind, und die würde ich gern meinem Sohn zeigen, der eine große Bewunderung für Cuchulain hegt.
Der Fahrer sagt, er hat auch nicht den Schimmer einer Ahnung, wer dieser Cuchulain ist, aber es macht ihm nicht die Bohne aus, dort vorbeizufahren und anzuhalten. Vielleicht schaut er auch selbst mit rein und sieht sich den Grund für all die Aufregung an, denn er war, seit er ein kleiner Junge war, nicht mehr auf dem Hauptpostamt, und die Engländer hätten es mit ihren großen Kanonen von der Liffey her fast kleinge-

kriegt. Er sagt, die Einschüsse sieht man überall an der Vorderfront, und man sollte die da drinlassen, um die Iren stets an die englische Perfidie zu erinnern. Ich frage den Mann, was Perfidie ist, und er sagt, frag deinen Vater, was ich gerade tun will, aber da halten wir vor einem großen Gebäude mit Säulen, und das ist das Hauptpostamt.
Mam bleibt im Auto, während wir dem Fahrer in die Hauptpost folgen. Da ist er, sagt er. Da ist euer Mann Cuchulain.
Und ich spüre, wie mir die Tränen kommen, weil ich ihn endlich ansehen kann – Cuchulain auf seinem Sockel im Hauptpostamt. Er ist golden, und er hat langes Haar, er läßt den Kopf hängen, und auf seiner Schulter hockt ein großer Vogel.
Der Fahrer sagt, worum geht es hier denn überhaupt in Gottes Namen? Was macht der Bursche da mit den langen Haaren und dem Vogel auf der Schulter? Und könnten Sie mir freundlichst erklären, Mister, was das mit den Männern von neunzehn-sechzehn zu tun hat?
Dad sagt, Cuchulain hat bis ans Ende gekämpft, wie die Männer der Osterwoche. Seine Feinde hatten Angst davor, sich ihm zu nähern, bis sie sicher waren, daß er tot war, und als der Vogel auf ihm landete und von seinem Blut trank, wußten sie es.
Na, sagt der Fahrer, das ist ein trauriger Tag für die Männer von Irland, wenn sie einen Vogel brauchen, damit er ihnen sagt, daß ein Mann tot ist. Ich glaube, wir gehen jetzt lieber, sonst verpassen wir noch diesen Zug nach Limerick.

Die Frau des Sergeants hatte gesagt, sie schickt Oma ein Telegramm, damit sie uns in Limerick abholt, und da stand sie auf dem Bahnsteig, Oma, mit weißem Haar, verdrießlichem Blick, einem schwarzen Umhang und keinem Lächeln für meine Mutter oder irgendeinen von uns, nicht mal meinen Bruder Malachy, den mit dem strahlenden Lächeln und den hübschen weißen Zähnen. Mam zeigte auf Dad. Das ist Malachy, sagte sie, und Oma nickte und sah woandershin. Sie rief zwei Jungens, die am Bahnhof herumlungerten, und gab ihnen Geld, damit sie den Überseekoffer trugen. Die Jungens hatten den Kopf rasiert und Rotznasen und keine Schuhe, und wir folgten ihnen durch die Straßen von Limerick. Ich fragte Mam, warum sie keine Haare auf dem Kopf haben, und sie sagte, sie haben den Kopf wegen der Läuse kahlgeschoren. Malachy sagte, was istn der Läuse? und Mam sagte, nicht Läuse. Eine nennt man Laus. Oma sagte, hörts endlich auf damit! Was sind denn das für Reden? Die Jungens pfiffen und lachten und trabten weiter, als hätten sie Schuhe an, und Oma sagte zu ihnen, hörts auf zu lachen, sonst laßts noch den Koffer fallen, und dann ist er hin. Sie hörten auf zu pfeifen und zu lachen, und wir folgten ihnen in einen Park mit einer hohen Säule und einer Statue obendrauf, und ringsum war Gras, das war so grün, daß es einen blendete.

Dad trug die Zwillinge, Mam trug in der einen Hand eine Tasche, und an der anderen Hand hatte sie Malachy. Sie blieb alle paar Minuten stehen, um Atem zu schöpfen, und Oma sagte, rauchst du etwa immer noch? Das Rauchen ist noch mal dein Tod. In Limerick hat's schon genug Schwindsucht, ohne daß man obendrein auch noch raucht, was ohnehin eine Narretei des reichen Mannes ist.

Links und rechts neben dem Pfad durch den Park waren Hunderte von Blumen in verschiedenen Farben, und die Zwillinge wurden ganz aufgeregt. Sie zeigten auf die Blumen und quiekten, und wir lachten, alle außer Oma, die zog sich den Umhang über den Kopf. Dad blieb stehen und stellte die Zwillinge ab, damit sie näher an den Blumen waren. Er sagte, Blumen, und sie liefen auf und ab und versuchten, es auch zu sagen, Blumen. Einer der Jungens mit dem Koffer sagte, Gott, sind das Amerikaner? und Mam sagte, ja, sind sie. In New York geboren. Alle meine Buben sind in New York geboren. Der Junge sagte zu dem anderen Jungen, Gott, das sind Amerikaner. Sie stellten den Koffer ab und starrten uns an, und wir starrten zurück, bis Oma sagte, wollts hier den ganzen Tag herumstehen und schauts die Blumen an und starrts euch gegenseitig an? Und wir gingen alle weiter, aus

dem Park hinaus, durch eine enge Gasse und in eine andere Gasse bis zum Haus von Oma.
Auf beiden Seiten der Gasse steht eine Reihe kleiner Häuser, und Oma wohnt in einem der kleinen Häuser. In ihrer Küche steht ein glänzender polierter eiserner Herd, und hinter dem Rost glimmt ein Feuer. An der Wand unter dem Fenster steht ein Tisch und gegenüber ein Wandschrank mit Tassen und Untertassen und Vasen. Dieser Wandschrank ist immer abgeschlossen, und sie bewahrt den Schlüssel immer im Portemonnaie auf, weil man nichts aus dem Schrank benutzen darf, außer jemand stirbt oder kommt aus ausländischen Gegenden zurück, oder ein Priester kommt zu Besuch.
An der Wand mit dem Herd hängt ein Bild von einem Mann mit langen braunen Haaren und traurigen Augen. Er zeigt auf seine Brust, wo sich ein großes Herz befindet, aus dem Flammen kommen. Mam sagt, das ist ein Bild vom Allerheiligsten Herzen Jesu, und ich will wissen, warum das Herz des Mannes in Flammen steht, und warum gießt er dann kein Wasser drauf? Oma sagt, wissen diese Kinder denn gar nichts über ihre Religion? und Mam sagt ihr, daß es in Amerika anders ist. Oma sagt, das Allerheiligste Herz Jesu ist allgegenwärtig, und für diese Art Unwissenheit gibt es keine Entschuldigung.
Unter dem Bild von dem Mann mit dem brennenden Herzen ist ein Bord mit einem roten Glas, in dem eine flackernde Kerze steht, und daneben eine kleine Statue. Mam sagt uns, das ist das Jesuskindlein von Prag, und wenn ihr je was braucht, betet zu Ihm.
Malachy sagt, Mam, könntest du diesem Ihm sagen, daß ich Hunger hab, und Mam legt den Finger auf die Lippen.
Oma macht Tee und murrt in der Küche herum und sagt Mam, sie soll den Laib Brot schneiden, und schneide bloß die Scheiben nicht zu dick. Mam sitzt am Tisch und atmet schwer, aber sie sagt, gleich, sie schneidet das Brot sofort. Dad nimmt das Messer und beginnt, das Brot zu schneiden, und man kann sehen, daß Oma das gar nicht paßt. Sie sieht ihn an und runzelt die Stirn, aber sie sagt nichts, obwohl er dicke Scheiben abschneidet.

Es gibt nicht genug Stühle für alle, also sitze ich mit meinen Brüdern auf der Treppe, und es gibt Brot und Tee. Dad und Mam sitzen am Tisch, und Oma sitzt mit ihrer großen Tasse Tee unter dem Allerheiligsten Herzen. Sie sagt, ich weiß beim besten Willen nicht, was ihr hier wollts. In diesem Haus habts doch gar keinen Platz.
Malachy sagt, wollts wollts, habts habts, und fängt an zu kichern, und ich sage, wollts wollts, habts habts, und wir müssen so lachen, daß wir kaum unser Brot essen können.
Großmutter funkelt uns zornig an. Worüber lachts ihr denn. In diesem Haus hat's nichts zum Lachen. Benehmts euch lieber, sonst komm ich gleich mal zu euch.
Sie hört einfach nicht damit auf und sagt lachts und benehmts, und Malachy kann gar nicht mehr vor Lachen und spuckt sein Brot und seinen Tee wieder aus und wird ganz rot im Gesicht.
Dad sagt, Malachy, und du auch, Frank, hört sofort auf damit. Malachy kann aber nicht; er lacht weiter, bis Dad sagt, komm hierher. Er krempelt Malachy den Ärmel auf und hebt die Hand, um ihm auf den nackten Arm zu hauen.
Wirst du dich jetzt benehmen?
Malachys Augen füllen sich mit Tränen, und er nickt, ja, weil Dad noch nie so die Hand gegen ihn erhoben hat. Dad sagt, sei ein lieber Junge und setz dich zu deinen Brüdern, und er krempelt den Ärmel wieder herunter und tätschelt Malachy den Kopf.

An dem Abend kam Mams Schwester, Tante Aggie, von ihrer Arbeit in der Kleiderfabrik nach Hause. Sie war groß, wie die Schwestern MacNamara, und sie hatte flammendrote Haare. Sie schob ein großes Fahrrad in den kleinen Raum hinter der Küche und setzte sich an den Tisch, um Abendbrot zu essen. Sie wohnte bei Oma, weil sie Krach mit ihrem Mann Pa Keating hatte, der ihr, als er Getränke zu sich genommen hatte, sagte, du bist eine dicke, fette, alte Kuh, geh doch zurück zu deiner Mutter. Das erzählte Oma Mam, und deshalb war

kein Platz für uns in Omas Haus. Bei ihr wohnten nun schon sie selbst, Tante Aggie und ihr Sohn Pat, der mein Onkel und gerade unterwegs war, Zeitungen verkaufen.
Tante Aggie beschwerte sich, als Oma ihr sagte, daß Mam in dieser Nacht bei ihr schlafen mußte. Oma sagte, nun mach doch bloß den Mund zu. Nur die eine Nacht, das bringt dich doch nicht um, und wenn's dir nicht paßt, kannst du zu deinem Mann zurück, wo du auch hingehörst, anstatt zu mir ins Haus gerannt zu kommen. Jesus, Maria und heiliger Joseph, sehts euch dieses Haus an – du und Pat und Angela und ihre amerikanische Rasselbande. Wird mir wohl am hinteren Ende meines Lebens ein wenig Friede beschieden sein?
Sie breitete Mäntel und Lumpen auf dem Fußboden des kleinen Hinterzimmers aus, und da schliefen wir dann beim Fahrrad. Dad blieb auf einem Stuhl in der Küche, brachte uns aufs Klo im Hinterhof, wenn wir's brauchten, und in der Nacht beruhigte er die Zwillinge, wenn sie vor Kälte weinten.
Am Morgen kam Tante Aggie, um ihr Fahrrad zu holen, und sagte, paßts doch mal auf, gehts mir doch mal aus dem Weg.
Als sie weg war, sagte Malachy immer wieder, paßts doch mal auf, und ich konnte hören, wie Dad in der Küche lachte, bis Oma herunterkam und er Malachy sagen mußte, er soll ruhig sein.
An dem Tag gingen Oma und Mam weg und fanden ein möbliertes Zimmer in der Windmill Street, wo Tante Aggie mit ihrem Mann Pa Keating eine Wohnung hatte. Oma zahlte die Miete, zehn Shilling für zwei Wochen. Sie gab Mam Geld für Essen, lieh uns einen Kessel, einen Topf, eine Bratpfanne, Messer und Löffel, Marmeladengläser, die wir als Tassen benutzen sollten, eine Decke und ein Kissen. Sie sagte, mehr kann sie sich nicht leisten, Dad soll mal seinen Arsch lüften, sich Arbeit suchen, stempeln gehen, bei der Gesellschaft des Hl. Vincent de Paul um Unterstützung bitten, von der Fürsorge leben.
Das Zimmer hatte eine Feuerstelle, wo wir Wasser für unseren Tee kochen konnten oder ein Ei, falls wir je zu Geld kommen sollten. Wir hatten einen Tisch und drei Stühle und ein

Bett, und Mam sagte, so ein großes Bett hat sie ja noch nie gesehen. Wir waren froh über das Bett, endlich, nach den Nächten auf dem Fußboden in Dublin und bei Oma. Es war nicht schlimm, daß wir zu sechst in dem Bett waren; wir waren beieinander, weg von Großmüttern und *gárdaí*, Malachy konnte paßts-doch-mal-auf sagen, sooft er wollte, und wir konnten lachen, wenn uns danach war.

Dad und Mam lagen am Kopfende, Malachy und ich am Fußende, die Zwillinge, wo es ihnen gerade am besten gefiel. Malachy brachte uns noch mal zum Lachen. Schlafts, schlafts, schlafts, sagte er, dann sagte er oy, und dann schlief er ein. Mam machte das leise Hink-hink-Geräusch, an dem man merkte, daß sie schlief. Im Licht des Mondes konnte ich die ganze Länge des Betts überblicken und sah, daß Dad noch wach war, und als Oliver im Schlaf weinte, griff Dad nach ihm und hielt ihn. Whscht, sagte er. Whscht.

Dann fuhr Eugene auf und kreischte und zerrte an sich herum. Ah, ah, Mammy, Mammy. Dad setzte sich auf. Was? Was ist los, mein Sohn? Eugene weinte weiter, und als Dad aus dem Bett sprang und die Gaslampe anmachte, sahen wir die Flöhe – sie hüpften, sprangen, verbissen sich in unserem Fleisch. Wir hauten auf sie drauf, aber sie hüpften einfach weiter von Körper zu Körper, sie hüpften und bissen. Wir kratzten an den Bissen, bis sie bluteten. Wir sprangen aus dem Bett, die Zwillinge weinten, Mam stöhnte, o Jesus, kommen wir denn nie zur Ruhe! Dad goß Wasser und Salz in ein Marmeladenglas und betupfte unsere Bisse. Das Salz brannte, aber er sagte, bald würden wir uns besser fühlen.

Mam saß mit den Zwillingen auf dem Schoß bei der Feuerstelle. Dad zog sich seine Hose an und zerrte die Matratze vom Bett und auf die Straße hinaus. Er goß Wasser in den Kessel und in den Topf, stellte die Matratze gegen die Hauswand, drosch mit einem Schuh auf sie ein, sagte mir, ich soll ständig Wasser auf die Erde schütten, damit die Flöhe ertrinken, die hineinfallen. Der Mond von Limerick war so hell, daß ich Stücke davon im Wasser schimmern sah, und ich

hätte gern die Mondstücke aufgeschöpft, aber wie konnte ich das mit den Flöhen, die mir an die Beine sprangen. Dad drosch weiter mit dem Schuh, und ich mußte durchs Haus zurückrennen, zum Wasserhahn auf dem Hinterhof, um immer noch mehr Wasser für den Kessel und den Topf zu holen. Mam sagte, sieh dich an. Deine Schuhe sind pitschnaß, und du wirst dir den Tod holen, und dein Vater wird sich bestimmt die Lungenentzündung holen ohne seinen Schuh am Fuß.
Ein Mann auf einem Fahrrad hielt an und wollte wissen, warum Dad diese Matratze schlug. Muttergottes, sagte er, von so einer Kur gegen Flöhe habe ich noch nie gehört. Wußten Sie, daß, wenn ein Mann so springen könnte wie ein Floh, ein Sprung ihn halbwegs bis zum Mond tragen würde? Was man machen muß, ist folgendes: Wenn ihr mit dieser Matratze zurück ins Haus geht, legt sie verkehrt rum auf das Bett, und das wird die kleinen Scheißkerle verwirren. Sie werden nicht wissen, wo sie sind, und dann beißen sie die Matratze oder sich gegenseitig, und das ist die beste Kur von allen. Nachdem sie das menschliche Wesen gebissen haben, sind sie im Rausch, versteht ihr, denn um sie herum sind andere Flöhe, die ebenfalls das menschliche Wesen gebissen haben, und der Geruch des Blutes ist zuviel für sie, und sie verlieren den Verstand. Sie sind eine rechte gottverdammte Qual, und ich weiß, wovon ich rede, oder bin ich etwa nicht in Limerick aufgewachsen, unten in Irishtown, und die dortigen Flöhe waren so zahlreich und dreist, daß sie sich einem auf die Schuhspitze setzten und Irlands jammervolle Geschichte mit einem diskutierten. Es heißt, im alten Irland habe es keine Flöhe gegeben, die Engländer sollen sie eingeschleppt haben, damit wir endgültig überschnappen, und ich muß sagen, zuzutrauen wäre es ihnen. Und ist es nicht überaus seltsam, daß Sankt Patrick die Schlangen aus Irland vertrieben hat, und die Engländer haben uns die Flöhe gebracht. Jahrhundertelang war Irland ein herrlicher, friedlicher Ort, die Schlangen weg und keine Spur von einem Floh. Man konnte über die vier grünen Felder von Irland schlendern,

ohne Angst vor Schlangen zu haben, und anschließend erwartete einen eine erquickende Nachtruhe ohne Flöhe, die einen behelligen konnten. Diese Schlangen haben ohnehin keinen Schaden angerichtet, sie haben einen nicht belästigt, wenn sie nicht in die Enge getrieben wurden, und sie haben sich von anderen Geschöpfen ernährt, die sich unter Büschen und ähnlichen Orten bewegten, wohingegen der Floh Ihnen das Blut am Morgen, zu Mittag, gegen Abend und in der Nacht aussaugt, denn das liegt in seiner Natur begründet, und er kann nichts dagegen unternehmen. Ich habe zuverlässig gehört, daß Orte, an denen es von Schlangen wimmelt, keine Flöhe haben. Arizona zum Beispiel. Ständig hört man von den Schlangen in Arizona, aber haben Sie je von den Flöhen in Arizona gehört? Ich wünsche euch viel Glück. Ich muß mich vorsehen, wenn ich hier stehe, denn wenn einer von ihnen auf meine Kleidung gelangt, kann ich auch gleich seine ganze Familie zu mir nach Hause einladen. Die vermehren sich schneller als die Hindus.
Dad sagte, Sie haben wohl nicht zufällig eine Zigarette?
Eine Zigarette? Doch, klar, natürlich. Bittesehr. Haben die Kippen mich etwa nicht auch schon so gut wie auf dem Gewissen, na bitte. Der gute alte trockene Husten, wissen Sie. So kraftvoll, daß er mich fast vom Fahrrad haut. Ich kann spüren, wie sich dieser Husten in meiner Magengrube regt und sich seinen Weg durch meine Eingeweide nach oben bahnt, bis er mir als nächstes die Schädeldecke wegsprengt.
Er riß ein Streichholz an der Streichholzschachtel an, zündete sich eine Zigarette an und hielt Dad das Streichholz hin. Natürlich, sagte er, kriegt man zwangsläufig den Husten, wenn man in Limerick wohnt, denn dies ist die Hauptstadt des schwachen Brustkorbs, und der schwache Brustkorb führt zur Schwindsucht. Wenn alle Menschen in Limerick, welche die Schwindsucht haben, stürben, wäre dies eine Geisterstadt, obwohl ich persönlich die Schwindsucht nicht habe. Nein, dieser Husten war ein Geschenk der Deutschen. Er legte eine Pause ein, zog an seiner Zigarette und kämpfte mit einem Hustenanfall. Jesus aber auch, entschuldigen Sie

die Formulierung, aber die Scheißkippen werden mich letztendlich noch mal umbringen. Na ja, ich werde Sie jetzt Ihrer Matratze überlassen, und vergessen Sie nicht, was ich Ihnen gesagt habe: Verwirren Sie die kleinen Scheißkerle.
Er eierte auf seinem Fahrrad davon, die Zigarette baumelte ihm aus dem Mund, der Husten erschütterte seinen Körper. Dad sagte, die Männer von Limerick reden zuviel. Komm, wir bringen die Matratze zurück und sehen, ob es in dieser Nacht noch Schlaf für uns gibt.
Mam saß vor der Feuerstelle, die Zwillinge schliefen auf ihrem Schoß, und Malachy hatte sich zu ihren Füßen auf dem Boden zusammengerollt. Sie sagte, mit wem habt ihr da gesprochen? Es hat sich sehr nach Pa Keating angehört, Aggies Mann. Das hab ich an dem Husten gemerkt. Den Husten hat er sich in Frankreich geholt, im Krieg, als er das Gas geschluckt hat.
Den Rest der Nacht verbrachten wir schlafend, und am Morgen sahen wir, wo sich die Flöhe gütlich getan hatten: Rosa war unser Fleisch von Flohstriemen und rot von Blut, wo wir uns gekratzt hatten.
Mam machte Tee und gebratenes Brot, und Dad betupfte noch mal unsere Bisse mit dem salzigen Wasser. Dann schleppte er die Matratze wieder nach draußen, auf den Hinterhof. An so einem kalten Tag erfrieren die Flöhe ganz bestimmt, und wir können heute nacht in Frieden durchschlafen.

Ein paar Tage später, als wir es uns gerade im Zimmer gemütlich gemacht haben, schüttelt Dad mich aus meinen Träumen. Auf, Francis, auf. Zieh dich an und lauf zu deiner Tante Aggie. Deine Mutter braucht sie. Lauf.
Mam stöhnt im Bett, ihr Gesicht ist reines Weiß. Dad holt Malachy und die Zwillinge aus dem Bett und setzt sie auf den Fußboden vor das tote Feuer. Ich laufe über die Straße und klopfe an Tante Aggies Tür. Sie wohnt jetzt wieder bei Onkel Pa Keating, das war tatsächlich der mit der Kur gegen Flöhe. Er hat ihr gesagt, sie ist doch keine fette Kuh, und sie ist von

Oma aus- und in ihr Haus in unserer Straße eingezogen. Onkel Pa Keating kommt und hustet und grummelt, was ist denn los? Was ist denn los?
Meine Mutter liegt im Bett und stöhnt, Onkel Pa, und ich glaube, ihr ist schlecht.
Jetzt kommt Tante Aggie und grummelt, seit ihr aus Amerika gekommen seids, machts ihr nichts als Ärger.
Laß ihn zufrieden, Aggie, er ist doch nur ein Kind, das tut, was man ihm gesagt hat.
Sie sagt Onkel Pa, er soll wieder ins Bett gehen, er muß morgen früh zur Arbeit, im Gegensatz zu gewissen Leuten aus dem Norden, die sie lieber nicht erwähnen möchte. Er sagt, nein, ich komm mit, da stimmt was nicht mit Angela.
Dad sagt mir, ich soll mich zu meinen Brüdern setzen. Ich weiß nicht, was mit Mam los ist, weil alle flüstern, und ich kann kaum hören, wie Tante Aggie zu Onkel Pa sagt, das Kind hat sie verloren, lauf, hol einen Krankenwagen, und schon ist Onkel Pa zur Tür hinaus, und Tante Aggie sagt zu Mam, über Limerick kannst du sagen, was du willst, aber die Krankenwagen kommen immer schnell. Mit meinem Vater spricht sie nicht, sieht ihn nicht mal an.
Malachy sagt, Dad, ist Mammy krank?
Och, das wird schon wieder werden, mein Sohn. Sie muß zum Arzt.
Ich frage mich, welches Kind sie verloren hat, denn wir sind alle da, eins zwei drei vier, nirgends eine Spur von einem verlorenen Kind, und warum können sie mir nicht sagen, was mit meiner Mutter nicht stimmt. Onkel Pa kommt zurück, und draußen wartet der Krankenwagen. Ein Mann kommt mit einer Tragbahre herein, und nachdem sie Mam weggetragen haben, sind Blutflecken auf dem Fußboden beim Bett. Malachy hat sich auf die Zunge gebissen, und es hat geblutet, und der Hund auf der Straße hat geblutet, und sie haben uns meine Schwester Margaret weggenommen, und ich frage mich, ob Mam nun auch für alle Zeiten weg ist, aber Tante Aggie zu fragen hat keinen Sinn, ich habe Angst, sie beißt mir nur den Kopf ab.

Sie wischt die Blutflecken auf und sagt uns, marsch, zurück ins Bett und bleibts drin, bis Dad nach Hause kommt.
Es ist mitten in der Nacht, und wir vier haben es warm im Bett, und wir schlafen ein, bis Dad wieder da ist und uns sagt, Mam geht es gut, und im Krankenhaus ist es schön, und ganz bald ist sie wieder da.

Dad geht zum Arbeitsamt, um Stempelgeld zu beantragen. Für einen Hilfsarbeiter mit einem Akzent aus dem Norden von Irland gibt es in Limerick keine Hoffnung auf Arbeit.
Als er zurückkommt, sagt er Mam, wir werden neunzehn Shilling die Woche kriegen. Sie sagt, das reicht gerade, daß wir alle davon verhungern können. Neunzehn Shilling für uns sechs? Das ist weniger als vier Dollar in amerikanischem Geld, und wie sollen wir davon leben? Was sollen wir tun, wenn wir in vierzehn Tagen Miete zahlen müssen? Wenn die Miete für das Zimmer fünf Shilling die Woche beträgt, haben wir vierzehn Shilling für Essen und Kleidung und Kohle, um das Wasser für den Tee zu kochen.
Dad schüttelt den Kopf, trinkt in kleinen Schlucken seinen Tee aus einem Marmeladenglas und pfeift The Boys of Wexford. Malachy und Oliver klatschen in die Hände und tanzen durch das Zimmer, und Dad weiß nicht, ob er pfeifen oder lächeln soll, denn beides geht nicht, und jetzt weiß er nicht weiter. Er muß aufhören und lächeln und Oliver den Kopf tätscheln und kann erst danach weiterpfeifen. Mam lächelt auch, aber es ist ein sehr schnelles Lächeln, und als sie ins kalte Feuer blickt, kann man die Sorge sehen, wo sich ihre Mundwinkel nach unten senken.
Am nächsten Tag sagt sie zu Dad, er soll auf die Zwillinge aufpassen, und nimmt Malachy und mich mit zur Gesellschaft des Hl. Vincent de Paul. Wir stehen zusammen mit Frauen, die schwarze Umhänge tragen, in der Schlange. Sie fragen, wie wir heißen, und lächeln, als wir es sagen. Sie sagen, Gott in der Höhe, hört euch diese kleinen Yankees an, und sie wundern sich, daß Mam mit ihrem amerikanischen

Mantel Almosen will, wo doch kaum genug für die armen Menschen von Limerick da ist, ohne daß Yanks herüberkommen und ihnen das Brot aus dem Mund nehmen.
Mam sagt ihnen, daß ihr eine Cousine den Mantel in Brooklyn geschenkt hat, daß ihr Mann keine Arbeit hat, daß sie noch zwei andere Kinder zu Hause hat, Zwillinge, beides Buben. Die Frauen schniefen und ziehen sich ihre Umhänge enger um den Körper, sie haben ihre eigenen Sorgen. Mam sagt ihnen, sie mußte Amerika verlassen, weil sie es nicht ertragen konnte, nachdem ihr kleines Mädchen gestorben war. Wieder schniefen die Frauen, aber diesmal, weil Mam weint. Einige sagen, sie haben ebenfalls was Kleines eingebüßt, und es gibt nichts Schlimmeres auf der Welt, man könnte so alt werden wie Methusalems Frau, ohne drüber wegzukommen. Kein Mann kann je ermessen, was es heißt, eine Mutter zu sein, die ein Kind verloren hat, auch nicht, wenn er länger lebt als zwei Methusalems.
Sie weinen sich alle ordentlich aus, bis eine rothaarige Frau eine kleine rote Schachtel herumreicht. Die Frauen nehmen mit zwei Fingern etwas aus der Schachtel und stecken es sich in die Nase. Eine junge Frau niest, und die rothaarige Frau lacht. Na klar, Biddy, dieser Knaster ist noch zu stark für dich. Kommt her, ihr kleinen Yankees, hier habt ihr eine Prise. Sie stopft uns das braune Zeug in die Nasenlöcher, und wir niesen so laut, daß die Frauen aufhören zu weinen und statt dessen lachen, bis sie sich die Tränen mit den Umhängen abwischen müssen. Mam sagt uns, das tut euch gut, das macht den Kopf frei.
Die junge Frau, Biddy, sagt Mam, wir sind zwei ganz süße Buben. Sie zeigt auf Malachy. Der kleine Bursche mit den goldenen Korkenzieherlocken, ist er nicht zum Anbeißen? Filmstar könnte er werden und mit Shirley Temple spielen. Und Malachy lächelt und wärmt damit die ganze Schlange.
Die Frau mit dem Schnupftabak sagt zu Mam, Missis, ich will ja nicht vorlaut sein, aber Sie sind weiß wie die Wand, und ich finde, Sie sollten sich hinsetzen, wissen Sie.
Eine andere macht sich Sorgen, ah, nein, das mögen die nicht.

Wer mag was nicht?
Mensch, Nora Molloy, das haben sie doch nicht gern, wenn wir auf der Treppe sitzen. Sie wollen, daß wir mit dem Rücken zur Wand stehen.
Am Arsch können die mich lecken, sagt Nora, die rothaarige Frau. Setzen Sie sich hierhin, Missis, auf die Stufe da, und ich setz mich neben Sie, und wenn wir auch nur ein einziges Wort aus der Gesellschaft vom Hl. Vincent de Paul dagegen hören, demoliere ich den Laden, aber ehrlich. Rauchen Sie, Missis?
Ja, sagt Mam, ich hab aber keine.
Nora nimmt eine Zigarette aus ihrer Schürzentasche, bricht sie durch und bietet Mam die Hälfte an.
Die besorgte Frau sagt, das mögen sie auch nicht. Sie sagen, jede Kippe, die man raucht, bedeutet, daß man Nahrung aus dem Munde seines Kindes stiehlt. Mr. Quinlivan da drin kann es auf den Tod nicht ausstehen. Er sagt, wenn man Geld für die Kippen hat, hat man auch Geld für Essen.
Quinlivan kann mich ebenfalls am Arsch lecken, der alte Schweinehund mit seinem ewigen Grinsen. Wird er uns einen Zug aus einer Kippe mißgönnen, den einzigen Trost, der uns auf dieser Welt noch bleibt?
Am Ende des Korridors geht eine Tür auf, und ein Mann erscheint. Wartets vielleicht auf Kinderschuhe?
Frauen heben die Hand. Ja, ich. Ja, ich.
Also, Schuhe gibt es nicht mehr. Ihr müßts nächsten Monat wiederkommen.
Aber mein Mikey braucht Schuhe für die Schule.
Es gibt keine mehr, ich hab's euch doch gesagt.
Aber draußen ist es kalt, Mr. Quinlivan.
Schuhe könnts vergessen. Da kann ich auch nichts machen ... Was ist das denn? Wer raucht denn da?
Nora winkt mit ihrer Zigarette. Ich, sagt sie, und ich genieße es bis zur allerletzten Asche.
Er sagt, jeder Zug aus einer Kippe ...
Ich weiß, sagt sie. Bedeutet, daß ich Nahrung aus dem Munde meiner Kinder stehle.

Sie sind unverschämt, Frau. Sie werden hier keine Unterstützung erfahren.
Tatsache? Na, Mr. Quinlivan, wenn ich hier keine kriege, weiß ich, wo ich welche kriege.
Wovon sprechen Sie überhaupt?
Ich gehe zu den Quäkern. Die werden mir zeigen, wie barmherzig sie sind.
Mr. Quinlivan tritt auf Nora zu und zeigt mit dem Finger auf sie. Wißt ihr, was wir hier haben? Wir haben eine Suppenseele in unserer Mitte. Die Suppenseelen hatten wir schon während der Großen Kartoffelhungersnot. Die Protestanten sind herumgegangen und haben guten Katholiken erzählt, wenn sie ihren Glauben aufgeben und Protestanten werden, bekommen sie mehr Suppe, als in ihre Mägen paßt, und, Gott helfe uns, einige wenige Katholiken nahmen die Suppe an, verloren ihre unsterbliche Seele und sind seitdem und immerdar als Suppenseelen bekannt. Und Sie, wenn Sie zu den Quäkern gehen, werden Sie Ihre unsterbliche Seele verlieren und die Seelen Ihrer Kinder gleich noch obendrein.
Dann, Mr. Quinlivan, werden Sie uns retten müssen, stimmt's?
Er starrt sie an, und sie starrt zurück. Sein Blick wandert zu den anderen Frauen. Eine legt sich die Hand vor den Mund, um ein Lachen zu unterdrücken.
Was gibt's denn da zu kichern? bellt er.
Äh, gar nichts, Mr. Quinlivan. Nichts, bei Gott.
Ich sag's euch noch einmal: keine Schuhe. Und er knallt die Tür hinter sich zu.
Eine nach der anderen werden die Frauen in die Stube gerufen. Als Nora herauskommt, lächelt sie und wedelt mit einem Zettel. Schuhe, sagt sie. Drei Paar krieg ich für meine Kinder. Man muß den Männern da drin nur mit den Quäkern drohen, schon zerren sie sich die Unterhose vom Arsch und geben sie einem.
Als Mam aufgerufen wird, nimmt sie Malachy und mich mit hinein. Wir stehen vor einem Tisch, an dem drei Männer sitzen und Fragen stellen. Mr. Quinlivan will etwas sagen, aber

der Mann in der Mitte sagt, Sie hatten bereits das Wort, Mr. Quinlivan. Wenn wir Sie ganz allein reden ließen, würden wir die armen Leute von Limerick in Scharen den Protestanten in die Arme treiben.
Er wendet sich Mam zu; er will wissen, woher sie diesen feinen Mantel hat. Sie wiederholt, was sie den Frauen draußen erzählt hat, und als sie an die Stelle mit Margarets Tod kommt, schüttelt es sie, und sie fängt an zu schluchzen. Sie sagt den Männern, es tut ihr sehr leid, daß sie so weint, aber es ist erst ein paar Monate her, und sie ist noch nicht drüber weg, wo sie doch nicht mal weiß, wo ihr Baby beerdigt ist, falls es überhaupt beerdigt ist, und sie nicht mal weiß, ob es überhaupt getauft ist, weil sie von den vier Buben her so schwach war, daß sie nicht die Energie hatte, wegen der Taufe in die Kirche zu gehen, und es verbrüht einem das Herz, wenn man daran denkt, daß Margaret vielleicht die Ewigkeit in der Vorhölle verbringen muß, ohne jede Hoffnung, uns je wiederzusehen, sei dies nun im Himmel oder, Gott helfe uns, in der Hölle als solcher.
Mr. Quinlivan bringt ihr seinen Stuhl. Na na na, Missis. Na na na. Setzen Sie sich doch. Na na na.
Die anderen Männer sehen den Tisch an, sehen die Zimmerdecke an. Der Mann in der Mitte sagt, er gibt Mam eine Bescheinigung, damit kann sie im Laden von McGrath in der Parnell Street für eine Woche Lebensmittel beziehen, dafür gibt es Tee, Zucker, Mehl, Butter, sowie eine separate Bescheinigung für einen Sack Kohlen von Sutton's Kohlenhandlung in der Dock Road.
Der dritte Mann sagt, das bekommen Sie natürlich nicht jede Woche, Missis. Wir werden Sie zu Hause besuchen, um zu sehen, ob echte Bedürftigkeit vorliegt. Das müssen wir, Missis, um Ihren Antrag befürworten zu können.
Mam wischt sich das Gesicht am Ärmel ab und nimmt die Bescheinigung. Sie sagt zu den Männern, Gott segne Sie für Ihre Freundlichkeit. Sie nicken und sehen auf den Tisch und an die Decke und sagen ihr, sie soll die nächste Frau reinschicken.

Die Frauen draußen sagen Mam, wenn Sie zu McGrath gehen, behalten Sie die alte Schlampe im Auge, die betrügt nämlich beim Wiegen. Sie tut Zeug auf ein Stück Papier, das auf der Waage liegt, und auf ihrer Seite vom Ladentisch, wo sie glaubt, daß man es nicht sehen kann, hängt das Papier herunter. Dann zieht sie an dem Papier, und man hat noch Glück gehabt, wenn man halb soviel kriegt, wie einem zusteht. Und im ganzen Laden hat sie Bilder von der Jungfrau Maria und vom Allerheiligsten Herzen Jesu, und ständig rutscht sie außerhalb des Ladens in der Kapelle zum heiligen Joseph auf den Knien herum und klackert mit ihrem Rosenkranz und schnauft wie eine jungfräuliche Märtyrerin, die alte Schlampe.
Nora sagt, ich komme mit, Missis. Ich bin derselben Mrs. McGrath zugeteilt, und ich merke, wenn sie Sie betrügt.
Sie führt uns zu dem Geschäft in der Parnell Street. Die Frau hinterm Ladentisch ist nett zu Mam mit ihrem amerikanischen Mantel, bis Mam ihr die Bescheinigung vom Hl. Vincent de Paul zeigt. Die Frau sagt, ich weiß nicht, was Sie zu dieser Stunde des Tages hier zu suchen haben. Die Wohltätigkeitsfälle bediene ich erst nach sechs Uhr abends. Aber das ist jetzt bei Ihnen das erste Mal, und da mache ich eine Ausnahme.
Sie sagt zu Nora, haben Sie auch eine Bescheinigung?
Nein. Ich bin eine Bekannte, und ich helfe dieser armen Familie beim Einlösen ihres ersten Gutscheins der Gesellschaft vom Hl. Vincent de Paul.
Die Frau legt ein Blatt Zeitungspapier auf die Waage und schüttet aus einer großen Tüte Mehl darauf. Als sie mit Schütten aufhört, sagt sie, bitte, ein Pfund Mehl.
Glaub ich nicht, sagt Nora. Das ist aber ein sehr kleines Pfund Mehl.
Die Frau wird rot und kuckt böse. Wollen Sie mir etwas unterstellen?
Aber nein, Mrs. McGrath, sagt Nora. Ich glaube, da ist ein kleines Mißgeschick passiert, und Ihre Hüfte wurde gegen das Papier gedrückt, und Sie haben gar nicht gemerkt, daß

dabei das Papier ein bißchen heruntergezogen wurde. Mein Gott, nein. Eine Frau wie Sie, beständig vor der Jungfrau Maria auf den Knien zugange, ist uns allen doch Vorbild und Inspiration, und ist das da unten vielleicht Ihr Geld auf dem Fußboden?
Mrs. McGrath tritt eilig einen Schritt zurück, und die Nadel von der Waage hüpft und zittert. Was für ein Geld? sagt sie, dann sieht sie Nora an – und weiß Bescheid. Nora strahlt. Muß eine Täuschung sein, ein Schatten, der auf die Waage fiel, sagt sie und lächelt die Waage an. Ein Fehler liegt allerdings vor, denn nun zeigt die Waage kaum ein halbes Pfund Mehl an.
Immer Ärger mit dieser Waage, sagt Mrs. McGrath.
Davon bin ich überzeugt, sagt Nora.
Aber mein Gewissen ist rein vor Gott, sagt Mrs. McGrath.
Davon bin ich überzeugt, sagt Nora, und in der Gesellschaft vom Hl. Vincent de Paul sind Sie Gegenstand allgemeiner Bewunderung.
Ich versuche, eine gute Katholikin zu sein.
Sie versuchen es? Gott weiß, daß Sie es nicht nur auf einen Versuch ankommen lassen, denn Ihr mildtätiges Herz ist wohlbekannt, und ich habe mich gerade gefragt, ob Sie wohl ein paar Bonbons für die kleinen Buben übrig haben.
Tja, nun, ich bin zwar keine Millionärin, aber hier, bitte …
Gott segne Sie, Mrs. McGrath, und ich weiß, daß es ein bißchen viel verlangt ist, aber könnten Sie mir unter Umständen ein paar Zigaretten borgen?
Tja, nun, sie stehen nicht auf dem Bezugsschein. Ich bin schließlich nicht dazu da, Sie mit Luxusgütern zu versorgen.
Wenn Sie es doch ermöglichen könnten, Missis, würde ich Ihre Freundlichkeit ganz bestimmt gegenüber der Gesellschaft vom Hl. Vincent de Paul erwähnen.
Na gut, na schön, sagt Mrs. McGrath. Hier. Einmal Zigaretten und nie wieder.
Gott segne Sie, sagt Nora, und es tut mir leid, daß Ihnen diese Waage soviel Ärger gemacht hat.

Auf dem Weg nach Hause kamen wir durch den Volkspark und setzten uns auf eine Bank, und Malachy und ich lutschten unsere Bonbons, und Mam und Nora rauchten ihre Zigaretten. Als Nora rauchte, hustete sie und sagte Mam, die Zigaretten würden sie letztendlich noch mal umbringen, und eine leichte Anlage zur Schwindsucht liege bei ihr in der Familie, und niemand lebe je lange genug, um ein reifes Greisenalter zu erreichen, aber wer wolle denn schon an einem Ort wie Limerick lange leben, einer Stadt, in der einem als erstes auffalle, wie selten man graue Haare sieht, da alle Grauhaarigen sich entweder auf dem Friedhof oder jenseits des Atlantiks befänden, wo sie bei der Eisenbahn arbeiteten oder in Polizeiuniformen herumstrolchten.

Sie haben Glück, Missis, daß Sie ein bißchen was von der Welt gesehen haben. O Gott, ich würde alles geben, wenn ich mal New York sehen könnte, all die Menschen, wie sie unbeschwert den Broadway rauf und runter tanzen. Nein, ich mußte ja auf den Weltmeister der Pintstrinker hereinfallen, auf Peter Molloy, der den Charme hatte und mich erst ins Bett und dann vor den Traualtar getrieben hat, als ich eben siebzehn war. Ich war unwissend, Missis. Wir sind unwissend herangewachsen in Limerick, und das ist nur die Wahrheit, keinen Schimmer hatten wir von gar nichts und woran man was merkt; wir sind Mütter, bevor wir Frauen sind. Und nichts gibt es hier, nur Regen und Hutzelweiblein, die den Rosenkranz beten. Meine Zähne würde ich dafür eintauschen, um hier rauszukommen, nach Amerika zu gehen oder meinetwegen sogar nach England als solchem. Der Weltmeister der Pintstrinker bringt nie mehr nach Hause als sein Stempelgeld, und manchmal versäuft er auch das noch; er treibt mich noch so in den Wahnsinn, daß ich im Irrenhaus lande.

Sie zog an ihrer Zigarette und erstickte fast daran, sie hustete, bis es ihren ganzen Körper schüttelte, und zwischen den Hustern wimmerte sie, Jesus, Jesus. Als der Husten abgeklungen war, sagte sie, sie muß nach Hause und ihre Medizin nehmen. Sie sagte, dann bis nächste Woche, Missis, beim

Hl. Vincent de Paul. Wenn Sie irgendwas brauchen, lassen Sie mir eine Nachricht zukommen, ich wohne in Vize's Field. Fragen Sie einfach nach der Frau von Peter Molloy, dem Weltmeister der Pintstrinker.
Eugene schläft unter einem Mantel auf dem Bett. Dad sitzt vor der Feuerstelle und hat Oliver auf dem Schoß. Ich frage mich, warum Dad Oliver eine Cuchulain-Geschichte erzählt. Er weiß, daß die Cuchulain-Geschichten mir gehören, aber als ich Oliver ansehe, macht es mir nichts mehr aus. Seine Backen sind leuchtend rot, er starrt ins ausgebrannte Feuer, und man kann sehen, daß er sich nicht für Cuchulain interessiert. Mam legt ihm die Hand auf die Stirn. Ich glaube, er hat Fieber, sagt sie. Ich wünschte, ich hätte eine Zwiebel, dann würde ich sie in Milch mit Pfeffer kochen. Das ist gut bei Fieber. Aber selbst wenn ich eine Zwiebel hätte – worauf würde ich die Milch kochen? Wir brauchen Kohle für das Feuer.
Sie gibt Dad die Bescheinigung für die Kohlen aus der Dock Road. Er nimmt mich mit, aber es ist schon dunkel, und alle Kohlenhandlungen sind geschlossen.
Was machen wir jetzt, Dad?
Ich weiß es nicht, mein Sohn.
Vor uns sind Frauen mit Umhängen und kleine Kinder, die entlang der Straße Kohlen aufsammeln.
Da, Dad, da ist Kohle.
Och, nein, mein Sohn. Wir sammeln keine Kohle von der Straße auf. Wir sind doch keine Bettler.
Er sagt Mam, die Kohlenhandlungen sind zu, und heute abend werden wir Milch trinken und Brot essen müssen, aber als ich ihr von den Frauen berichte, gibt sie ihm Eugene. Wenn du zu fein bist, Kohle aufzusammeln, ziehe ich meinen Mantel an und gehe in die Dock Road.
Sie holt sich eine Tasche und nimmt Malachy und mich mit. Hinter der Dock Road ist etwas Weites und Dunkles, in dem Lichter blinken. Mam sagt, das ist ein Fluß, der Shannon. Sie sagt, das hat sie am allermeisten in Amerika vermißt, den Shannon. Der Hudson war nicht schlecht, aber der Shannon singt. Ich kann das Lied nicht hören, aber meine Mutter hört

es, und das macht sie froh. Die anderen Frauen sind schon weg, aber wir suchen nach den Kohlestückchen, die von Lastwagen fallen. Mam sagt, wir sollen alles suchen, was brennt, Kohle, Holz, Pappe, Papier. Sie sagt, es gibt auch Leute, die Pferdeäpfel verbrennen, aber so tief sind wir noch nicht gesunken. Als ihre Tasche fast voll ist, sagt sie, jetzt müssen wir für Oliver eine Zwiebel finden. Malachy sagt, er wird eine finden, aber sie sagt ihm, nein, Zwiebeln findet man nicht auf der Straße. Die kriegt man im Geschäft.
Als wir an einem Laden vorbeikommen, schreit er, da ist ein Geschäft, und rennt sofort hinein.
Zwiiie-Bell, sagt er. Zwiiie-Bell für Oliver.
Mam läuft in den Laden und sagt zu der Frau hinter dem Ladentisch, entschuldigen Sie, tut mir leid. Die Frau sagt, Gott, ist der niedlich. Ist er Amerikaner oder so was?
Mam sagt, ja, ist er. Die Frau lächelt und zeigt zwei Zähne, einen oben links und einen oben rechts. Der ist aber auch zu niedlich, sagt sie, und sehen Sie sich diese hinreißenden goldenen Locken an. Und was will er? Irgendwas Süßes?
Nein, nein, sagt Mam. Eine Zwiebel.
Die Frau lacht. Eine Zwiebel? So was hab ich ja noch nie gehört. Ein Kind, das eine Zwiebel will. Mögen das die Kinder in Amerika?
Mam sagt, ich hab nur erwähnt, daß ich eine Zwiebel für mein anderes Kind brauche, welches krank ist. Die Zwiebel in Milch kochen, wissen Sie.
Wie recht Sie haben, Missis. Es geht doch nichts über die in Milch gekochte Zwiebel. Und sieh mal, kleiner Junge, hier hast du ein Bonbon für dich und hier noch eins für den anderen kleinen Jungen, den Bruder, nehme ich mal an.
Mam sagt, aber aber, das sollen Sie doch nicht. Sagt schön danke.
Die Frau sagt, hier ist eine schöne Zwiebel für das kranke Kind, Missis.
Mam sagt, ach, ich kann die Zwiebel aber jetzt nicht kaufen. Ich habe keinen einzigen Penny dabei.
Ich schenke Ihnen die Zwiebel, Missis. Soll nie einer sagen,

in Limerick ist ein Kind krank geblieben, weil keine Zwiebel da war. Und vergessen Sie nicht, ein bißchen Pfeffer reinzustreuen. Pfeffer haben Sie doch, Missis?
Ach, nein, aber den kann ich mir schon besorgen, irgendwie.
Bitte, hier, Missis. Pfeffer und ein bißchen Salz. Tun Sie dem Kind was Gutes.
Mam sagt, Gott segne Sie, und ihre Augen sind wäßrig.
Dad geht mit Oliver auf den Armen auf und ab. Eugene sitzt auf dem Boden und spielt mit einem Topf und einem Löffel. Dad sagt, habt ihr die Zwiebel gekriegt?
Ich hab eine besorgt, sagt Mam, und noch mehr. Ich hab auch noch Kohle und Zeug zum Anmachen besorgt.
Ich hab's gewußt. Ich habe zum heiligen Judas gebetet. Er ist mein Lieblingsheiliger, Schutzpatron für verzweifelte Fälle.
Ich hab die Kohle besorgt. Ich hab die Zwiebel besorgt. Ohne Hilfe vom heiligen Judas.
Dad sagt, du solltest keine Kohle von der Straße aufsammeln wie ein ganz gewöhnlicher Bettler. Das ist nicht richtig. Ein schlechtes Beispiel für die Jungs.
Dann hättest du den heiligen Judas in die Dock Road schicken sollen.
Malachy sagt, ich hab Hunger, und ich sage, ich hab auch Hunger, aber Mam sagt, wartets, bis Oliver seine in Milch gekochte Zwiebel intus hat.
Sie bringt das Feuer in Gang, halbiert die Zwiebel, wirft sie in die kochende Milch, tut ein bißchen Butter dazu und streut Pfeffer in die Milch. Sie setzt sich Oliver auf den Schoß und versucht, ihn zu füttern, aber er wendet sich ab und sieht ins Feuer.
Nun komm schon, mein Schatz, sagt sie. Tut dir gut. Macht dich groß und stark.
Er preßt die Lippen zusammen, wenn Mam mit dem Löffel kommt. Sie stellt den Topf ab, wiegt Oliver, bis er einschläft, legt ihn aufs Bett und sagt uns, wir sollen still sein, oder sie demoliert uns. Sie schneidet die andere Hälfte der Zwiebel in Scheiben und brät sie mit Brot in Butter. Sie sagt, wir sollen uns im Halbkreis auf den Boden vor das Feuer setzen, und

wir essen das gebratene Brot und trinken den siedend heißen süßen Tee in kleinen Schlucken aus den Marmeladengläsern. Sie sagt, das Feuer ist schön hell, da können wir die Gaslampe abstellen, bis wir Geld für den Zähler haben.
Das Feuer macht das Zimmer warm, und so wie die Flammen in der Kohle tanzen, kann man Gesichter sehen und Berge und Täler und springende Tiere. Eugene schläft auf dem Fußboden ein, und Dad hebt ihn auf und legt ihn neben Oliver ins Bett. Mam stellt den Topf mit der gekochten Zwiebel auf den Sims über der Feuerstelle, damit keine Maus oder Ratte drangeht. Sie sagt, der Tag hat sie müde gemacht: die Gesellschaft vom Hl. Vincent de Paul, der Laden von Mrs. McGrath, die Kohlensuche in der Dock Road, die Sorge um Oliver, der die gekochte Zwiebel nicht wollte, und wenn er morgen wieder so ist, bringt sie ihn zum Doktor, und jetzt geht sie ins Bett.
Bald liegen wir alle im Bett, und wenn auch noch der eine oder andere Floh dasein sollte, dann ist mir das egal, denn zu sechst ist es warm im Bett, und ich liebe es, wie das Feuer auf Wänden und Zimmerdecke tanzt und alles rot und schwarz macht, rot und schwarz, bis es nur noch weiß und schwarz ist, und alles, was man hören kann, ist ein leiser Schrei von Oliver, wenn er sich in den Armen meiner Mutter umdreht.

Am Morgen zündet Dad das Feuer an, macht Tee, schneidet Brot. Er ist schon angezogen und sagt zu Mam, beeil dich, zieh dich an. Er sagt zu mir, Francis, dein kleiner Bruder ist krank, und wir bringen ihn ins Krankenhaus. Du mußt ein artiger Junge sein und dich um deine beiden Brüder kümmern. Wir sind bald wieder da.
Mam sagt, wenn wir nicht da sind, nimm nicht zuviel Zucker. Wir sind keine Millionäre.
Als Mam Oliver aus dem Bett nimmt und in einen Mantel wickelt, stellt Eugene sich im Bett aufrecht hin. Ich will Ollie, sagt er. Ollie spielen.

Ollie ist ja bald wieder da, sagt sie, und dann kannst du mit ihm spielen. Jetzt kanst du mit Malachy und Frank spielen.
Ollie, Ollie, ich will Ollie.
Als sie gehen, folgt er Oliver mit den Augen, und als sie weg sind, setzt er sich aufs Bett und sieht aus dem Fenster. Als Malachy sagt, Ginny, Ginny, wir haben Brot, wir haben Tee, du kannst Zuckerbrot kriegen, Ginny, schüttelt er den Kopf und schiebt das Brot weg, das Malachy ihm anbietet. Er kriecht dahin, wo Oliver bei Mam geschlafen hat, läßt den Kopf hängen und starrt aus dem Fenster.
Oma ist an der Tür. Ich hab gehört, wie dein Vater und deine Mutter mit dem Kind auf den Armen durch die Henry Street gerannt sind. Wohin wollten die denn?
Oliver ist krank, sage ich. Er wollte die gekochte Zwiebel in Milch nicht essen.
Was redest du denn da für einen Unsinn?
Wollte die gekochte Zwiebel nicht essen und ist krank geworden.
Und ihr seids ohne jemanden zum Aufpassen da?
Ich paß auf.
Und was ist mit dem Kind im Bett? Wie heißt es noch mal?
Das ist Eugene. Er hat Sehnsucht nach Oliver. Sie sind Zwillinge.
Ich weiß, daß sie Zwillinge sind. Das Kind sieht verhungert aus. Habts ihr keinen Haferschleim im Haus?
Was istn Haferschleim? sagt Malachy.
Jesus, Maria und heiliger Joseph! Was istn Haferschleim! Haferschleim ist Haferschleim. Das ist Haferschleim. Ihr seids die ahnungsloseste Bande von Yanks, die mir je untergekommen ist. Kommts, ziehts euch was an, und dann gehen wir über die Straße zu eurer Tante Aggie, und die gibt euch Haferschleim.
Sie schnappt sich Eugene, wickelt ihn in ihren Umhang, und wir gehen über die Straße zu Tante Aggie. Habts ihr Haferschleim im Haus? sagt Oma zu Tante Aggie.
Haferschleim? Soll ich etwa diese Bande von Yanks mit Haferschleim füttern?

Du kannst einem leid tun, sagt Oma. Das bringt dich doch nicht um, wenn du ihnen ein bißchen Haferschleim gibst.
Und dann wollen sie wahrscheinlich noch Milch und Zucker obendrauf, und nächstes Mal schlagen sie mir dann die Tür ein, weil sie ein Ei haben wollen. Ich weiß nicht, warum wir für Angelas Fehler zahlen müssen.
Jesus, sagt Oma. Nur gut, daß dieser Stall in Bethlehem nicht dir gehört hat. Dann wäre die Heilige Familie immer noch in der Welt unterwegs.
Oma schubst Tante Aggie beiseite, setzt Eugene auf einen Stuhl beim Feuer und macht den Haferschleim.
Aus einem anderen Zimmer kommt ein Mann herein. Er hat schwarze lockige Haare, und seine Haut ist schwarz, und ich mag seine Augen, weil sie sehr blau sind und zum Lächeln bereit. Er ist Tante Aggies Mann, der Mann, der in der Nacht, als wir die Flöhe angriffen, angehalten hat und uns alles über Flöhe und Schlangen erzählt hat, der Mann mit dem Husten, den er sich geholt hat, als er im Krieg Gas geschluckt hat.
Malachy sagt, warum bistn du so schwarz? und Onkel Pa Keating lacht und hustet so heftig, daß er sich mit einer Zigarette Linderung verschaffen muß. Ach, die kleinen Yanks, sagt er. Kein bißchen schüchtern. Ich bin schwarz, weil ich bei den Limerick-Gaswerken arbeite. Da schaufle ich Kohle und Koks in die Öfen. In Frankreich ins Gas und zurück nach Limerick in die Gaswerke. Wenn du mal groß bist, lachst du drüber.
Malachy und ich müssen den Tisch verlassen, damit die Großen sitzen und Tee trinken können. Sie trinken ihren Tee, aber Onkel Pa Keating, der nur mein Onkel ist, weil er mit Tante Aggie verheiratet ist, schnappt sich Eugene und packt ihn sich auf den Schoß.
Er sagt, das ist aber ein trauriger kleiner Bursche, und schneidet Grimassen und macht alberne Geräusche. Malachy und ich lachen, aber Eugene faßt nur nach oben, um Pa Keatings schwarze Haut berühren zu können, und dann, als Pa so tut, als wollte er ihm in die kleine Hand beißen, lacht Eugene,

und alle anderen im Zimmer lachen auch. Malachy geht zu Eugene und versucht, ihn noch mehr zum Lachen zu bringen, aber Eugene wendet sich ab und versteckt das Gesicht in Pa Keatings Hemd.
Ich glaub, er mag mich, sagt Pa, und das ist der Moment, als Tante Aggie ihre Teetasse abstellt und zu plärren anfängt, waah, waah, waah, und dicke Tränentropfen kullern ihr über das dicke rote Gesicht.
Ah, Jesus, sagt Oma, jetzt geht das wieder los. Was hast du denn diesmal?
Und Tante Aggie flennt, Pa hier mit einem Kind auf dem Schoß sehen zu müssen und ich so ganz ohne Hoffnung auf was Eigenes.
Oma schnauzt sie an, hör sofort damit auf, in dieser Form vor den Kindern zu reden. Hast du denn gar kein Schamgefühl? Sobald es Gott gefällt, wird Er dich mit einer Familie beschenken.
Tante Aggie schluchzt, da hat Angela nun schon fünf auf die Welt gebracht, und sie ist so nutzlos, daß sie keinen Fußboden schrubben könnte, und ich kann schrubben und saubermachen wie nur jemand, und jede Sorte Eintopf oder Braten kann ich auch.
Pa Keating lacht. Ich glaube, sagt er, ich werd den kleinen Burschen behalten.
Malachy rennt zu ihm hin. Nein, nein, nein. Das ist mein Bruder, das ist Eugene. Und ich sage, nein, nein, nein, das ist unser Bruder.
Tante Aggie tupft sich die Tränen auf den Backen ab. Sie sagt, von Angela will ich gar nichts. Ich will nichts, was halb Limerick und halb nördliches Irland ist, ich nicht, ihr könnts ihn also wieder mitnehmen. Eines Tages werde ich mein eigenes Kind haben, und wenn es mich hundert Novenen für die Jungfrau Maria und ihre Mutter, die heilige Anna, kostet, oder wenn ich auf diesen meinen zwei Knien von hier bis nach Lourdes rutschen muß.
Oma sagt, das reicht. Ihr habts euern Haferschleim gehabt, und jetzt wird's Zeit, daß ihr mit mir zu euch nach Hause

gehts und sehts, ob euer Vater und eure Mutter aus dem Spital zurück sind.
Sie hängt sich ihren Umhang um, schiebt Malachy und mich zur Tür und will Eugene von Onkel Pa Keatings Schoß heben und mitnehmen, aber der klammert sich so fest an Pa Keatings Hemd, daß sie ihn wegzerren muß, und er sieht sich so lange nach Pa Keating um, bis wir aus der Tür sind.

Wir folgten Oma zurück in unser Zimmer. Sie legte Eugene in das Bett und gab ihm Wasser zu trinken. Sie sagte ihm, er soll ein braver Junge sein und schlafen, denn bald kommt sein Bruder Oliver nach Hause, und dann können sie wieder auf dem Fußboden spielen.
Aber er sah nur aus dem Fenster.
Sie sagte Malachy und mir, wir dürften auf dem Fußboden sitzen und spielen, aber wir sollten still sein, weil sie jetzt ihre Gebete aufsagen wolle. Malachy setzte sich aufs Bett zu Eugene, und ich setzte mich an den Tisch und versuchte, Wörter aus der Zeitung zu entziffern, die unser Tischtuch war. Alles, was man im Zimmer hören konnte, war Malachy, der flüsterte, um Eugene aufzuheitern, und Oma, die zum Klicken der Perlen ihres Rosenkranzes murmelte. Es war so still, daß ich den Kopf auf den Tisch legte und einschlief.

Dad berührt mich an der Schulter. Komm, Francis, du mußt dich um deine kleinen Brüder kümmern.
Mam sitzt zusammengesunken auf der Bettkante und macht kleine Weingeräusche wie ein Vogel. Oma hängt sich ihren Umhang um. Sie sagt, ich geh jetzt zu Thompson, dem Bestatter, wegen dem Sarg und dem Wagen. Die Gesellschaft vom Hl. Vincent de Paul kommt bestimmt dafür auf, weiß Gott.
Sie geht zur Tür hinaus. Dad steht mit dem Gesicht zur Wand vorm Herd, schlägt sich mit den Fäusten gegen die Oberschenkel und seufzt, *och, och, och*.

Dad macht mir angst mit seinem *Och, och, och,* und Mam macht mir mit ihren Vogellauten angst, und ich weiß nicht, was ich machen soll, aber ich frage mich, ob wohl jemand das Feuer im Herd anmachen wird, damit wir Tee und Brot kriegen, denn der Haferschleim ist lange her. Wenn Dad von der Feuerstelle wegginge, könnte ich auch selbst Feuer machen. Man braucht nur Papier, ein paar Stück Kohle oder Torf und ein Streichholz. Er macht aber nicht Platz, also versuche ich, um seine Beine herumzukommen, während er sich auf die Oberschenkel boxt, aber er bemerkt mich und will wissen, warum ich versuche, Feuer zu machen. Ich sage ihm, wir haben alle Hunger, und er stößt ein irres Lachen aus. Hunger? sagt er. *Och,* Francis, dein kleinwinziger Bruder Oliver ist tot. Deine kleinwinzige Schwester ist tot, und nun ist auch noch dein kleinwinziger Bruder tot.
Er hebt mich auf und umarmt mich so sehr, daß ich weinen muß. Dann weint Malachy, meine Mutter weint, Dad weint, ich weine, aber Eugene bleibt still. Dann schnieft Dad, wir werden ein Festessen haben. Komm mit, Francis.
Er sagt meiner Mutter, wir kommen später wieder, aber sie hat Malachy und Eugene im Bett auf dem Schoß und blickt nicht hoch. Er trägt mich durch die Straßen von Limerick, und wir gehen von Laden zu Laden, und er bittet um etwas zu essen oder irgendwas, was sie einer Familie geben können, die in einem Jahr zwei Kinder verloren hat, eins in Amerika, eins in Limerick, und in der Gefahr schwebt, aus Mangel an Essen und Trinken drei weitere einzubüßen. Die meisten Krämer schütteln den Kopf. Tut mir leid, daß Sie in Not sind, aber Sie könnten doch zur Gesellschaft vom Hl. Vincent de Paul gehen oder Sozialhilfe beantragen.
Dad sagt, er ist froh, den Geist Christi in Limerick so lebendig zu sehen, und sie sagen ihm, auf Leute wie ihn haben sie gerade noch gewartet, um sich mit nördlichem Akzent was über Christus erzählen zu lassen, und er soll sich sowieso was schämen, daß er mit einem Kind herumzieht wie ein ganz gewöhnlicher Bettler, ein Kesselflicker, ein Abdecker.
Ein paar Ladenbesitzer geben Brot, Kartoffeln, Dosenboh-

nen, und Dad sagt, jetzt gehen wir nach Hause, und dann kriegt ihr Jungs was zu essen, aber wir begegnen Onkel Pa Keating, und der sagt zu Dad, es tut ihm alles sehr leid, und ob Dad vielleicht Lust auf eine Pint in der Kneipe hier hat?
Da sitzen dann Männer, und vor ihnen stehen große Gläser mit schwarzem Zeug. Onkel Pa Keating und Dad kriegen auch von dem schwarzen Zeug. Sie heben vorsichtig ihre Gläser und trinken langsam. Auf ihren Lippen ist sahniges weißes Zeug, und das lecken sie mit kleinen Seufzern ab. Onkel Pa besorgt mir eine Flasche Limonade, und Dad gibt mir ein Stück Brot, und ich habe gar keinen Hunger mehr. Trotzdem frage ich mich, wie lange wir hier noch sitzen werden, mit Malachy und Eugene hungrig zu Hause, viele Stunden nach dem Haferschleim, und Eugene hat sowieso nichts gegessen.
Dad und Onkel Pa trinken ihre Gläser mit schwarzem Zeug und dann noch zwei. Onkel Pa sagt, Frankie, dies ist die Pint. Dies ist das wichtigste Nahrungsmittel. Dies ist das Beste für stillende Mütter ebenso wie für solche Personen, die schon lange entwöhnt sind.
Er lacht, und Dad lächelt, und ich lache, weil ich glaube, daß man lachen soll, wenn Onkel Pa etwas sagt. Er lacht nicht, als er den anderen Männern davon erzählt, daß Oliver gestorben ist. Die anderen Männer sehen Dad an und tippen sich an die Mütze. Tut uns ehrlich leid, Mister, und Sie nehmen doch sicher noch eine Pint.
Dad sagt ja zu den Pints, und bald singt er Roddy McCorley und Kevin Barry und einen Haufen Lieder, die ich noch nie gehört habe, und beweint sein wunderschönes kleines Mädchen Margaret, das in Amerika gestorben ist, und seinen kleinen Jungen Oliver, tot im Städtischen Heimkrankenhaus. Es macht mir angst, wie er schreit und weint und singt, und ich wäre gern zu Hause bei meinen drei kleinen Brüdern, nein, zwei kleinen Brüdern, und bei meiner Mutter.
Der Mann hinterm Tresen sagt zu Dad, ich glaube, Mister, Sie haben jetzt genug intus. Uns tut ja alles sehr leid, aber Sie müssen jetzt mit dem Kind nach Hause zu seiner Mutter, die sicher mit gebrochenem Herzen am Kamin sitzt.

Dad sagt, nur... nur noch ... nur noch eine letzte Pint, ja? und der Mann sagt nein. Dad schüttelt die Faust. Ich habe meinen Beitrag für Irland geleistet, und als der Mann hinter seinem Tresen hervorkommt und Dads Arm nimmt, versucht Dad, ihn wegzuschubsen.
Onkel Pa sagt, komm schon, Malachy, hör auf zu randalieren. Du mußt nach Haus zu Angela. Du hast morgen eine Beerdigung und jetzt wunderbare Kinder, die auf dich warten.
Aber Dad wehrt sich, bis ein paar Männer ihn hinaus in die Dunkelheit stoßen. Onkel Pa kommt mit der Tasche mit den Nahrungsmitteln herausgestolpert. Los, komm, sagt er. Wir gehen jetzt zu euerm Zimmer.
Dad will noch woanders hingehen, um eine letzte Pint zu trinken, aber Onkel Pa sagt, er hat kein Geld mehr. Dad sagt, er wird allen von seinem Kummer erzählen, und dann geben sie ihm einen aus. Onkel Pa sagt, so was macht man nicht, so was ist erbärmlich, und Dad weint ihm auf die Schulter. Du bist ein guter Freund, sagt er zu Onkel Pa. Und wieder weint er, bis Onkel Pa ihm auf den Rücken klopft. Es ist schrecklich, ganz schrecklich, sagt Onkel Pa, aber mit der Zeit wirst du drüber wegkommen.
Dad richtet sich auf und sieht ihn an. Nie, sagt er. Nie.

Am nächsten Morgen fuhren wir mit einem Pferdewagen zum Krankenhaus.
Sie legten Oliver in eine weiße Kiste, die mit uns auf dem Wagen gekommen war, und wir haben ihn dann zum Friedhof gebracht. Sie haben die weiße Kiste in ein Loch im Boden getan und mit Erde bedeckt. Meine Mutter und Tante Aggie weinten; Oma sah wütend aus; Dad, Onkel Pa Keating und Onkel Pat Sheehan sahen traurig aus, weinten aber nicht, und ich dachte, wenn man ein Mann ist, darf man nur weinen, wenn man das schwarze Zeug trinkt, welches sie die Pint nennen.
Ich mochte die Dohlen nicht, die auf Bäumen und Grabsteinen hockten, und ich wollte ihnen Oliver nicht überlassen.

Ich warf einen Stein nach einer Dohle, die zu Olivers Grab watschelte. Dad sagte, ich soll auf Dohlen nicht mit Steinen schmeißen, sie könnten die Seelen von jemandem sein. Ich wußte nicht, was eine Seele ist, aber ich habe ihn nicht gefragt, weil es mir egal war. Oliver war tot, und ich haßte Dohlen. Eines Tages würde ich ein Mann sein, und dann wollte ich mit einem Sack Steine wiederkommen und überall auf dem Friedhof tote Dohlen hinterlassen.

Am Morgen nach Olivers Beerdigung ging Dad aufs Arbeitsamt, um zu unterschreiben und die erste Woche Stempelgeld abzuholen, neunzehn Shilling und sechs Pence. Er sagte, gegen Mittag ist er wieder zu Hause, er holt Kohlen und macht Feuer, es gibt Eier mit Speckstreifen und Tee zu Ehren von Oliver, und vielleicht gibt es sogar ein oder zwei Bonbons.
Um zwölf war er nicht zu Hause, um eins nicht, um zwei nicht, und wir kochten und aßen die paar Kartoffeln, die ihm einen Tag vorher der Gemüsemann gegeben hatte. Er kam überhaupt nicht, bevor an jenem Tag im Mai die Sonne untergegangen war. Es war von ihm nichts zu sehen und zu hören, aber dann haben wir ihn doch gehört, lange nachdem die Kneipen geschlossen hatten, wie er durch die Windmill Street torkelte und sang:

> Wenn alles ringsum Wache hält –
> Der Westen schläft, taub für die Welt.
> Ganz Erin zag der Kummer quält,
> Wenn Connaught tief in Schlummer fällt.
> See lacht und Eb'ne grad und quer,
> Fels trutzig ragt wie Reiterheer.
> Singt: Daß den Menschen Freiheit lehr'
> Der geißelnde Wind, das peitschende Meer.

Er stolperte ins Zimmer und hielt sich an der Wand fest. Rotz quoll aus seiner Nase, und er wischte ihn mit dem Hand-

rücken ab. Er versuchte zu sprechen. Dieje Kinder jollten längcht im Bett jein. March, Kinder, inch Bett, inch Bett.
Mam trat ihm entgegen. Diese Kinder haben Hunger. Wo ist das Stempelgeld? Dann holen wir Fisch und Fritten, damit die Kinder was im Bauch haben, bevor sie ins Bett marschieren.
Sie versuchte, ihre Hände in seine Taschen zu stecken, aber er stieß sie weg. Ein bichjen Rechpeck, sagte er. Rechpeck in Anwejenheit der Kinder.
Sie kämpfte, um an seine Taschen zu kommen. Wo ist das Geld? Die Kinder haben Hunger. Du verrückter Schweinehund, hast du wieder das ganze Geld vertrunken? Genau wie in Brooklyn.
Er flennte, *och*, meine arme Angela. Und die arme kleinwinzige Margaret und der arme kleinwinzige Oliver.
Er taumelte auf mich zu und umarmte mich, und ich roch das Getränk, das ich schon in Amerika gerochen hatte. Mein Gesicht war naß von seinen Tränen und seiner Spucke und seinem Rotz, und ich hatte Hunger, und ich wußte nicht, was ich sagen sollte, als er anfing, mir den ganzen Kopf vollzuweinen.
Dann ließ er mich los und umarmte Malachy und machte immer weiter mit der kleinwinzigen Schwester und dem kleinwinzigen Bruder, kalt in der Erde, und daß wir alle beten müssen und brav sein, daß wir gehorchen müssen und immer tun, was uns unsere Mutter sagt. Er sagte, wir haben unseren Kummer, aber für Malachy und mich wird es Zeit, mit der Schule anzufangen, denn es gibt nichts Besseres als eine Bildung, eine Bildung ist und bleibt die beste Waffe, und ihr müßt bereit sein, euren Beitrag für Irland zu leisten.

Mam sagt, sie erträgt keine weitere Minute in diesem Zimmer in der Windmill Street. Sie kann nicht schlafen, sie denkt immer an Oliver in diesem Zimmer, Oliver in dem Bett, Oliver, der auf dem Fußboden spielt, Oliver, der am Feuer bei Dad auf dem Schoß sitzt. Sie sagt, es ist nicht gut für Eugene, wenn er hier ist; ein Zwilling leidet mehr unter dem Tod seines Bruders, als selbst eine Mutter ermessen kann. In der Hartstonge Street gibt es ein Zimmer mit zwei Betten, anstatt des einen Bettes, das wir hier zu sechst haben – nein, zu fünft. Das Zimmer besorgen wir uns, und damit das auch klappt, geht sie ganz bestimmt am Donnerstag mit Dad aufs Arbeitsamt, um das Geld sicherzustellen, sobald er es ausgezahlt bekommt. Er sagt, das kann er nicht machen, da blamiert er sich ja vor den anderen Männern. Das Arbeitsamt ist ein Ort für Männer, nicht für Frauen, die ihnen das Geld vor der Nase wegschnappen. Sie sagt, du kannst einem echt leid tun. Wenn du das Geld nicht in den Kneipen durchgebracht hättest, müßte ich nicht hinter dir her sein wie damals in Brooklyn.

Er sagt ihr, diese Schande verkraftet er nicht. Sie sagt, das ist ihr egal. Sie will dieses Zimmer in der Hartstonge Street, ein schönes, warmes, behagliches Zimmer mit Klo am Ende des Ganges, genau wie in Brooklyn, ein Zimmer ohne Flöhe und die todbringende Feuchtigkeit. Sie will dieses Zimmer, weil es in derselben Straße ist wie Leamy's National School, und Malachy und ich können zum Mittagessen nach Hause kommen, und dann kriegen wir Tee und eine Scheibe gebratenes Brot.

Am Donnerstag folgt Mam Dad aufs Arbeitsamt. Sie marschiert hinter ihm hinein, und als der Mann Dad das Geld hinschiebt, nimmt sie es an sich. Die anderen Männer, die da ihr Stempelgeld abholen, stupsen sich an und grinsen, und Dad ist entehrt, weil eine Frau sich nie am Stempelgeld eines Mannes vergehen darf. Er könnte ja Sixpence auf ein Pferdchen setzen oder eine Pint zu sich nehmen wollen, und wenn alle Frauen so anfangen wie Mam, laufen die Pferdchen nicht mehr, und Guinness geht pleite. Aber jetzt hat sie das Geld, und wir ziehen in die Hartstonge Street. Dann trägt sie Eugene auf den Armen, und wir gehen zu Leamy's National School. Der Schulleiter, Mr. Scallan, sagt, wir sollen am Montag mit einem Aufsatzheft, einem Bleistift und einem Federhalter mit guter, spitzer Stahlfeder wiederkommen.

Nicht zur Schule kommen sollen wir, wenn wir Kopfläuse oder Scherpilzflechte haben, und die Nase sollen wir uns immer und ausschließlich nicht etwa in den Ärmel schneuzen, sondern in ein Taschen- oder anderes vergleichbares sauberes Stück Tuch. Er fragt uns, ob wir brave Jungens sind, und als wir ja, sind wir sagen, sagt er, Grundgütiger, was ist das denn? Sind das Yanks oder was?
Mam erzählt ihm von Margaret und Oliver, und er sagt, Herr im Himmel, Herr im Himmel, groß ist das Leid auf Erden. Wie auch immer, wir werden den kleinen Burschen Malachy in die Vorschulklasse und seinen Bruder in die erste Klasse gehen lassen. Dann sind sie im selben Klassenzimmer und haben denselben Lehrer. Also, Montag morgen, um Punkt neun.
Die Buben in der Schule wollen wissen, warum wir so sprechen. Seids ihr etwa Yanks? Und als wir ihnen sagen, wir sind aus Amerika, wollen sie wissen, seids ihr Gangster oder Cowboys?
Ein großer Junge baut sich vor mir auf. Ich hab euch etwas gefragt, sagt er. Seids ihr Gangster oder Cowboys?
Ich sage, ich weiß nicht, und als er mich mit dem Zeigefinger in den Brustkorb pikst, sagt Malachy, ich bin ein Gangster, Frank ist ein Cowboy. Der große Junge sagt, dein kleiner Bruder ist schlau, und du bist ein dummer Yank.
Die Jungs um uns herum sind aufgeregt. Schlagts euch, schreien sie, schlagts euch, und er schubst mich so heftig, daß ich hinfalle. Ich will eigentlich weinen, aber dann kommt die Schwärze über mich, wie bei Freddie Leibowitz, und ich stürze mich auf ihn und trete und haue. Ich schlage ihn nieder und versuche, ihn an den Haaren zu packen, um seinen Kopf auf den Boden knallen zu können, aber ich spüre einen scharfen Schmerz in den Kniekehlen und werde von ihm weggezerrt.
Mr. Benson, der Lehrer, hat mich am Ohr gepackt und prügelt mir quer über die Beine. Du kleiner Rowdy, sagt er. Ist dies das Benehmen, das du aus Amerika mitgebracht hast? Du wirst dich bei Gott benehmen, bevor ich mit dir fertig bin.

Er sagt, ich soll erst eine und dann die andere Hand ausstrecken, und schlägt mir mit seinem Stock einmal auf jede Hand. Geh jetzt nach Hause, sagt er, und sag deiner Mutter, was für ein böser Junge du gewesen bist. Du bist ein böser Yank. Sprich es mir nach: Ich bin ein böser Junge.
Ich bin ein böser Junge.
Jetzt sag, ich bin ein böser Yank.
Ich bin ein böser Yank.
Malachy sagt, er ist kein böser Junge. Der große Junge da, der ist ein böser Junge. Er hat gesagt, wir sind Cowboys und Gangster.
Stimmt das, Heffernan?
Ich hab doch nur Spaß gemacht, Sir.
Keine Späße mehr, Heffernan. Es ist nicht ihre Schuld, daß sie Yanks sind.
Nein, Sir.
Und du, Heffernan, solltest jeden Abend Gott auf Knien danken, daß du kein Yank bist, denn wenn du einer wärest, Heffernan, dann wärst du der schlimmste Gangster zu beiden Seiten des Atlantiks. Al Capone würde bei dir Unterricht nehmen. Du wirst diese beiden Yanks nicht mehr belästigen, Heffernan.
Nein, Sir.
Und wenn du es doch wagst, hänge ich mir dein Fell an die Wand. Und jetzt gehts nach Hause, alle drei.

An Leamy's National School sind sieben Lehrer, und alle haben Lederriemen, Rohrstöcke und Schwarzdornzweige. Damit schlagen sie einem auf die Schultern, den Rücken und, ganz besonders, auf die Hände. Wenn sie einem auf die Hände schlagen, nennt man das einen Tatzenhieb. Sie schlagen einen, wenn man zu spät kommt, wenn die Feder vom Federhalter tropft, wenn man lacht, wenn man redet und wenn man was nicht weiß.
Sie schlagen einen, wenn man nicht weiß, warum Gott die Welt erschaffen hat, wenn man den Schutzheiligen von Li-

merick nicht weiß, wenn man das Apostolische Glaubensbekenntnis nicht aufsagen kann, wenn man nicht neunzehn und siebenundvierzig addieren kann, wenn man neunzehn nicht von siebenundvierzig subtrahieren kann, wenn man die wichtigsten Städte und Erzeugnisse der zweiunddreißig Grafschaften von Irland nicht weiß, wenn man Bulgarien auf der großen Wandkarte nicht findet, die fleckig von Spucke und Rotz ist und von Tinte aus Tintenfässern, von wütenden Schülern geschmissen, nachdem sie von der Schule geflogen sind.

Sie schlagen einen, wenn man seinen Namen nicht auf irisch sagen kann, wenn man das Ave-Maria nicht auf irisch aufsagen kann, wenn man nicht auf irisch Darf ich mal austreten? fragen kann.

Es ist gut, den großen Jungens eine Klasse höher zuzuhören. Sie können einem von dem Lehrer berichten, den man jetzt hat, was er mag und was er haßt.

Ein Lehrer wird einen schlagen, wenn man nicht weiß, daß Eamon de Valera der bedeutendste Mann ist, der je gelebt hat. Ein anderer Lehrer wird einen schlagen, wenn man nicht weiß, daß Michael Collins der bedeutendste Mann war, der je gelebt hat.

Mr. Benson haßt Amerika, und man darf nicht vergessen, Amerika zu hassen, sonst schlägt er einen.

Mr. O'Dea haßt England, und man darf nicht vergessen, England zu hassen, sonst schlägt er einen.

Sie alle schlagen einen, wenn man irgendwas Günstiges über Oliver Cromwell sagt.

Selbst wenn sie einem mit dem Eschenzweig oder dem Schwarzdorn mit den Knubbeln sechsmal auf jede Hand schlagen, darf man nicht weinen. Es gibt Jungens, die einen vielleicht auf der Straße auslachen und verspotten, aber sie müssen vorsichtig sein, denn der Tag wird kommen, da schlägt und prügelt der Lehrer sie auch, und dann müssen sie die Tränen hinter den Augen halten, oder sie sind für alle

Zeiten blamiert. Manche Jungens sagen, es ist besser, wenn man weint, weil das den Lehrern gefällt. Wenn man nicht weint, hassen einen die Lehrer, weil sie dann vor der Klasse schwach aussehen, und sie schwören sich, beim nächsten Mal gibt es Tränen oder Blut oder beides.

Große Jungens in der fünften Klasse sagen uns, daß Mr. O'Dea sich gern vor der Klasse aufstellt, so daß er hinter einem stehen kann, und dann zwickt er einem in die Schläfen, zieht sie hoch, sagt, hoch, hoch, bis man auf Zehenspitzen steht und die Augen voller Tränen hat. Man möchte nicht, daß die Jungens in der Klasse sehen, wie man weint, aber beim Schläfenziehen muß man nun mal weinen, ob man will oder nicht, und das mag der Lehrer. Mr. O'Dea ist der einzige Lehrer, dem es immer gelingt, Tränen und Blamage über einen zu bringen.

Es ist besser, wenn man nicht weint, denn die Lehrer wechseln, aber mit den Schülern bleibt man zusammen, und den Lehrern möchte man auf keinen Fall die Genugtuung gönnen.

Wenn der Lehrer einen schlägt, hat es gar keinen Sinn, sich bei Vater oder Mutter zu beschweren. Sie werden immer sagen, wenn der Lehrer dich schlägt, dann hast du's auch verdient. Stell dich nicht so an.

Ich weiß, daß Oliver tot ist, und Malachy weiß, daß Oliver tot ist, aber Eugene ist zu klein, um irgendwas zu wissen. Wenn er morgens aufwacht, sagt er, Ollie, Ollie, und krabbelt im Zimmer herum und sieht unter den Betten nach, oder er klettert auf das Bett am Fenster und zeigt auf Kinder draußen auf der Straße, besonders Kinder, die blond sind, so wie er und Oliver. Ollie, Ollie, sagt er, und Mam hebt ihn auf, schluchzt, umarmt ihn. Er strampelt und will wieder runter, weil er nicht aufgehoben und umarmt werden will. Er will Oliver finden.

Dad und Mam sagen ihm, Oliver ist im Himmel und spielt mit Engeln, und eines Tages werden wir ihn alle wiederse-

hen, aber er versteht es nicht, weil er erst zwei ist und noch keine Wörter hat, und das ist das Schlimmste auf der Welt.
Malachy und ich spielen mit ihm. Wir versuchen, ihn zum Lachen zu bringen. Wir schneiden Grimassen. Wir setzen uns einen Topf auf den Kopf und tun so, als ob wir ihn fallen lassen. Wir nehmen ihn mit in den Volkspark, um die schönen Blumen zu betrachten und mit Hunden zu spielen und uns im Gras zu wälzen.
Er sieht kleine blonde Kinder wie Oliver. Er sagt nicht mehr Ollie. Er zeigt nur noch mit dem Finger.
Dad sagt, Eugene hat Glück, daß er solche Brüder hat wie Malachy und mich, denn wir helfen ihm beim Vergessen, und bald wird er, mit Gottes Hilfe, gar keine Erinnerung an Oliver mehr haben.

Er ist dann sowieso gestorben.
Sechs Monate nach Olivers Heimgang wachten wir an einem ekligen Novembermorgen auf, und da lag Eugene – kalt neben uns im Bett. Dr. Troy kam und sagte, dieses Kind ist an Lungenentzündung gestorben, und warum war es nicht schon längst im Krankenhaus? Dad sagte, er hat es nicht gewußt, und Mam sagte, sie hat es nicht gewußt, und Dr. Troy sagte, genau daran sterben Kinder. Daran, daß die Menschen nichts wissen. Er sagte, beim geringsten Anzeichen von Husten oder Rasseln im Hals sollten Malachy oder ich sofort zu ihm gebracht werden, egal zu welcher Tages- oder Nachtzeit. Wir sollten zu jeder Zeit auf trockne Füße und Kleidung achten, denn es scheine in der Familie zu liegen, daß wir etwas schwach auf der Brust seien. Er sagte Mam, es tut ihm sehr leid, daß wir soviel Kummer hatten, und er gibt ihr ein Rezept für die Schmerzen, die in den nächsten Tagen noch auf sie zukommen werden. Er sagte, Gott verlangt ein bißchen viel, verdammt, zuviel.
Oma kam uns mit Tante Aggie in unserem Zimmer besuchen. Sie wusch Eugene, und Tante Aggie ging in ein Geschäft, um ein kleines weißes Hemd und einen Rosenkranz

zu besorgen. Sie zogen ihm das weiße Hemdchen an und legten ihn auf das Bett beim Fenster, aus dem er immer nach Oliver Ausschau gehalten hat. Sie legten ihm seine Hände auf die Brust, eine Hand auf die andere, mit der kleinen weißen Rosenkranzkette aneinandergefesselt. Oma strich ihm das Haar aus Augen und Stirn, und sie sagte, hat er nicht wunderbar weiches seidiges Haar? Mam ging zum Bett und legte ihm eine Decke über die Beine, um ihn warm zu halten. Oma und Tante Aggie sahen sich an und sagten nichts. Dad stand am Fußende, schlug sich mit den Fäusten gegen die Oberschenkel, sprach mit Eugene und sagte ihm, *och*, es war der Shannon, der dir was zuleide getan hat, die Feuchtigkeit von diesem Fluß, die gekommen ist und dich und Oliver geholt hat. Oma sagte, hörst du wohl damit auf? Du machst das ganze Haus nervös. Sie nahm Dr. Troys Rezept und sagte zu mir, lauf hinüber zu O'Connor, dem Apotheker, wegen der Pillen, und dank der Freundlichkeit von Dr. Troy kosten sie nichts, soll ich sagen. Dad sagte, er kommt mit, wir gehen in die Jesuitenkirche und sprechen ein Gebet für Margaret und Oliver und Eugene, alle froh im Himmel versammelt. Der Apotheker gab uns die Pillen, wir gingen bei der Kirche vorbei, um die Gebete zu sprechen, und als wir ins Zimmer zurückkamen, gab Oma Dad Geld, um ein paar Flaschen Stout aus der Kneipe zu holen. Mam sagte, nein, nein, aber Oma sagte, er hat die Pillen nicht, um seinen Schmerz zu lindern, Gott helfe uns, und eine Flasche Stout wird ein kleiner, schwacher Trost sein. Dann sagte sie ihm, er muß morgen zum Bestatter, um den Sarg mit dem Pferdewagen abzuholen. Mir sagte sie, geh mit deinem Vater und paß auf, daß er nicht die ganze Nacht in den Kneipen bleibt und das ganze Geld vertrinkt. Dad sagte, *och*, Frankie sollte sich nicht in Kneipen aufhalten, und sie sagte, dann bleib eben nicht drin. Er setzte sich seine Mütze auf, und wir gingen in South's Kneipe, und an der Tür sagte er mir, ich kann jetzt nach Hause gehen, er kommt nach einer Pint nach. Ich sagte nein, und er sagte, sei nicht ungehorsam. Geh nach Hause zu deiner armen Mutter. Ich sagte nein, und er sagte, ich bin ein unartiger Junge, und

Gott ist das gar nicht recht. Ich sagte, ohne ihn gehe ich nicht nach Hause, und er sagte, *och*, wo soll das nur hinführen mit dieser Welt? In der Kneipe trank er eine schnelle Pint Porter, und dann gingen wir mit den Stoutflaschen nach Hause. Pa Keating war in unserem Zimmer, er hatte eine kleine Flasche Whiskey und ein paar Flaschen Stout mitgebracht, und Onkel Pat Sheehan hatte sich zwei Flaschen Stout mitgebracht. Onkel Pat saß auf dem Fußboden, hielt seine Flaschen mit den Armen umklammert und sagte immer wieder, alles meins, alles meins, weil er Angst hatte, sie werden ihm wieder abgenommen. Menschen, die auf den Kopf gefallen sind, haben immer Angst, jemand nimmt ihnen ihr Stout weg. Oma sagte, schon gut, Pat, trink dein Stout selber. Tut dir ja keiner was. Sie und Tante Aggie saßen bei Eugene auf dem Bett. Pa Keating saß am Küchentisch, trank von seinem Stout und bot allen einen Schluck von seinem Whiskey an. Mam nahm ihre Pillen und saß mit Malachy auf dem Schoß beim Feuer. Sie sagte immer wieder, Malachy hat das gleiche Haar wie Eugene, und Tante Aggie sagte immer wieder, nein, hat er nicht, bis Oma ihr den Ellenbogen in die Brust rammte und sagte, sie soll den Mund halten. Dad stand an der Wand zwischen dem Feuer und Eugenes Bett und trank sein Stout. Pa Keating erzählte Geschichten, und die Leute lachten, obwohl sie nicht lachen wollten oder nicht lachen durften in Gegenwart eines toten Kindes. Er sagte, als er mit der englischen Armee in Frankreich war, haben die Deutschen Gas herübergeschickt, wovon er so krank wurde, daß er ins Lazarett geschafft werden mußte. Im Lazarett haben sie ihn eine Weile dabehalten, und dann haben sie ihn wieder in den Graben geschickt. Englische Soldaten haben sie nach Hause geschickt, aber bei irischen Soldaten hat es sie keinen Fiedlerfurz geschert, ob sie lebten oder starben. Statt zu sterben hat Pa ein Riesenvermögen gescheffelt. Er sagte, er hat eins der großen Probleme des Grabenkriegs gelöst. Im Graben war es so naß und matschig, daß es ihnen schier unmöglich war, das Wasser für den Tee zu kochen. Er sagte sich, Jesusnochmal, da hab ich dies ganze Gas im Organismus, und es ist eine üble

Verschwendung, wenn man nichts damit macht. Also stopfte er sich ein Rohr in den Arsch, entfachte ein Zündholz und hatte in Sekundenschnelle eine feine Flamme, mit deren Hilfe man in jedem Kochgeschirr Wasser erhitzen konnte. Aus den Gräben ringsum kamen die Tommys angerannt, als sie davon erfuhren, und gaben ihm jeden gewünschten Betrag, wenn er sie Wasser kochen ließ. Er verdiente so viel Geld, daß er die Generäle dazu bestechen konnte, ihn aus der Armee zu entlassen, und daraufhin setzte er sich nach Paris ab, wo er es sich wohl sein ließ und mit Künstlern und Mannequins trank. Er hat es sich so wohl sein lassen, daß er sein ganzes Geld ausgab, und als er wieder nach Limerick kam, war der einzige Job, den er kriegen konnte, Kohlenschipper bei der Gasanstalt. Er sagte, er hat immer noch so viel Gas im Organismus, daß er eine Kleinstadt ein Jahr lang mit Licht versorgen könnte. Tante Aggie schniefte und sagte, das ist keine passende Geschichte, die man in Gegenwart eines toten Kindes erzählt, und Oma sagte, besser so eine Geschichte, als mit langem Gesicht herumsitzen. Onkel Pat Sheehan, der mit seinem Stout auf dem Fußboden saß, sagte, er singt jetzt ein Lied. Nur zu, nur zu, sagte Pa Keating, und Onkel Pat sang Die Straße nach Rasheen. Er sagte immer nur, Rasheen, Rasheen, alles verziehn, und das Lied ergab gar keinen Sinn, weil sein Vater ihn vor langer Zeit hat auf den Kopf fallen lassen, und jedesmal, wenn er das Lied sang, hatte es einen anderen Text. Oma sagte, das war aber ein schönes Lied, und Pa Keating sagte, Caruso kann schon mal einpacken. Dad ging zu dem Bett in der Ecke, in dem er mit Mam schlief. Er setzte sich auf die Bettkante, stellte seine Flasche auf dem Fußboden ab, hielt sich die Hände vors Gesicht und weinte. Er sagte, Frank, Frank, komm her zu mir, und ich mußte zu ihm gehen, damit er mich genauso umarmen konnte, wie Mam Malachy umarmte. Oma sagte, wir gehen jetzt lieber und schlafen noch ein bißchen, bevor morgen die Beerdigung anfängt. Sie knieten sich alle vor dem Bett hin und sprachen ein Gebet und küßten Eugene auf die Stirn. Dad ließ mich vom Schoß runter, stand auf und nickte ihnen beim Hinausgehen zu. Als sie weg waren, setzte er jede einzelne Stoutflasche an und leerte die allerletzte Neige in seinen Mund. Er steckte den Zeigefinger in die Whiskeyflasche und leckte ihn ab. Er blies die Flamme in der Paraffinöllampe aus, und er sagte, es ist Zeit für Malachy und mich, ins Bett zu gehen. Wir müßten bei ihm und Mam schlafen, weil Eugene das Bett selber braucht. Jetzt war es dunkel im Zimmer, und nur noch ein Scheibchen Licht fiel von der Straße auf Eugenes schönes seidenweiches Haar.

Am Morgen macht Dad Feuer an, brüht Tee auf, toastet das Brot im Feuer. Er bringt Mam Toast mit Tee, aber sie winkt ab und dreht sich zur Wand. Er führt Malachy und mich zu Eugene, damit wir niederknien und ein Gebet sprechen. Er sagt, die Gebete von einem Kind wie uns sind im Himmel mehr wert als die Gebete von zehn Kardinälen und vierzig Bischöfen. Er zeigt uns, wie man sich bekreuzigt, im Namen des Vaters und des Sohnes und des Heiligen Geistes. Amen, und er sagt, lieber Gott, das willst Du doch, oder? Du willst meinen Sohn, Eugene. Du hast seinen Bruder, Oliver, genommen, Du hast seine Schwester, Margaret, genommen. Ich darf das nicht in Frage stellen, stimmt's? Lieber Gott im Himmel, ich weiß nicht, warum Kinder sterben müssen, aber Dein Wille geschehe. Du hast dem Fluß befohlen, er soll töten, und der Shannon hat getötet. Könntest Du allmählich mal Gnade walten lassen? Könntest Du uns die Kinder lassen, die wir noch haben? Mehr verlangen wir gar nicht. Amen.
Er hilft Malachy und mir beim Kopf- und Füßewaschen, damit wir für Eugenes Beerdigung sauber sind. Wir müssen ganz leise sein, sogar als er uns die Ohren mit einer Ecke des Handtuchs ausputzt, das wir aus Amerika mitgebracht haben. Wir müssen leise sein, weil Eugene die Augen zu hat, und wir wollen ihn doch nicht wecken, damit er dann wieder aus dem Fenster kuckt und Oliver sucht.
Oma kommt und sagt zu Mam, sie muß aufstehen. Es sind Kinder gestorben, sagt sie, aber es sind auch Kinder am Le-

ben, und die brauchen ihre Mutter. Sie bringt Mam etwas Tee in einer großen Tasse, damit sie die Pillen hinunterspülen kann, die den Schmerz dämpfen sollen. Dad sagt Oma, es ist Donnerstag, und er muß wegen des Stempelgelds aufs Arbeitsamt und dann zum Bestatter, um den Leichenwagen und den Sarg zu holen. Oma sagt ihm, er soll mich mitnehmen, aber er sagt, für mich ist es besser, wenn ich dableibe und für meinen kleinen Bruder bete, der da im Bett liegt. Oma sagt, sag mal, spinnst du? Für ein kleines Kind beten, das noch keine zwei Jahre alt ist und bereits mit seinem Bruder im Himmel spielt? Du wirst jetzt deinen Sohn mitnehmen, und er wird dich daran erinnern, daß heute nicht der Tag für die Kneipen ist. Sie sieht ihn an, und er sieht sie an, und dann setzt er sich seine Mütze auf.
Auf dem Arbeitsamt stellen wir uns ans Ende der Schlange, bis ein Mann hinter dem Schalter hervorkommt und Dad sagt, wie leid es ihm tut, daß er soviel Kummer hat, und er soll sich doch an so einem Tag des Jammers ganz vorne anstellen. Männer tippen sich an die Mütze und sagen, tut ihnen leid, der ganze Kummer, und manche tätscheln mir den Kopf und geben mir Pennies, vierundzwanzig einzelne Pennies, zwei Shilling. Dad sagt mir, jetzt bin ich reich, und ich soll mir dafür was Süßes kaufen, während er noch rasch wohin geht. Ich weiß, daß, wohin er gehen will, eine Kneipe ist, und ich weiß, daß er das schwarze Zeug will, welches man eine Pint nennt, aber ich sage nichts, denn ich möchte in den Laden nebenan gehen, um mir ein Karamelbonbon zu holen. Ich kaue mein Karamelbonbon, bis es schmilzt und mein Mund ganz süß und klebrig ist. Dad ist noch in der Kneipe, und ich frage mich, ob ich mir noch ein zweites Karamelbonbon besorge, solang er dort mit seiner Pint beschäftigt ist. Ich will der Frau im Laden gerade das Geld geben, als mir auf die Hand gehauen wird, und da ist Tante Aggie und tobt. Ist es das, was du am Tag der Beerdigung deines Bruders tust? Schlägst dir den Magen mit Süßigkeiten voll. Und wo ist dein Vater?
Er... Er ist... in der Kneipe.
Natürlich ist er in der Kneipe. Du stopfst dich hier mit

Süßigkeiten voll, und er sitzt da drüben und läßt sich volllaufen, bis er nur noch torkeln kann, und das beides an dem Tag, an dem dein armer kleiner Bruder auf den Friedhof kommt. Ganz der Vater, sagt sie zu der Frau im Laden. Die gleiche komische Art, das gleiche dumme Geschwätz.
Sie sagt mir, ich soll in die Kneipe gehen und meinem Vater sagen, er soll aufhören zu saufen und lieber den Sarg und den Wagen holen. Sie wird keinen Fuß über die Schwelle dieser Kneipe setzen, denn der Suff ist der Fluch dieses armen gottverlassenen Landes.
Dad sitzt hinten in der Kneipe mit einem Mann zusammen, der ein schmutziges Gesicht hat und Haare, die ihm aus der Nase wachsen. Sie reden nicht, sondern sie starren vor sich hin, und ihre schwarzen Pints stehen auf einem kleinen weißen Sarg auf dem Stuhl zwischen ihnen. Ich weiß, daß das Eugenes Sarg ist, weil Oliver genau so einen hatte, und ich möchte weinen, als ich die schwarzen Pints auf dem Sarg sehe. Jetzt tut es mir leid, daß ich das Karamelbonbon gegessen habe, und ich würde es gern wieder aus meinem Bauch herausholen und der Frau im Laden zurückgeben, weil es nicht richtig ist, Karamelbonbons zu essen, wenn Eugene tot im Bett liegt und ich Angst vor den beiden schwarzen Pints auf seinem weißen Sarg habe. Der Mann neben Dad sagt, nein, Mister, man kann heutzutage einen Kindersarg nicht mehr auf dem Wagen lassen. Einmal hab ich's gemacht und bin auf eine Pint gegangen, und sie haben mir den kleinen Sarg aus dem verdammten Leichenwagen rausgeklaut. Können Sie sich das vorstellen? Er war leer, Gott sei Dank, aber so was gibt's. Schlimme Zeiten sind das, schlimme Zeiten. Der Mann neben Dad hebt seine Pint und nimmt einen langen Schluck, und als er sein Glas wieder abstellt, macht das ein hohles Geräusch im Sarg. Dad nickt mir zu. In einer Minute gehen wir, mein Sohn, aber als er nach dem langen Schluck sein Glas auf den Sarg stellen will, schiebe ich das Glas beiseite.
Der gehört Eugene. Ich werde Mam sagen, daß du dein Glas auf Eugenes Sarg abgestellt hast.

Na na, mein Sohn. Na na, mein Sohn.
Das, das ist Eugenes Sarg.
Der andere Mann sagt, nehmen wir noch eine Pint, Mister?
Dad sagt zu mir, warte nur noch schnell ein paar Minuten draußen, Francis.
Nein.
Sei kein unartiger Junge.
Nein.
Der andere Mann sagt, bei Gott, wenn das mein Sohn wäre, würde ich ihm in den Arsch treten, daß er bis in die Grafschaft Kerry fliegt. Er hat nicht das Recht, in diesem Ton an einem Tag der Trauer mit seinem Vater zu sprechen. Wenn ein Mann am Tage einer Beerdigung keine Pint trinken darf, was soll dann überhaupt das Leben.
Dad sagt, schon gut, wir gehen.
Sie trinken ihre Pints aus und wischen die nassen braunen Flecken auf dem Sarg mit dem Ärmel ab. Der Mann klettert auf den Kutschbock vom Leichenwagen, und Dad und ich fahren innen mit. Zu Hause ist das Zimmer voll mit Großen: Mam, Oma, Tante Aggie, ihr Mann Pa Keating, Onkel Pat Sheehan, Onkel Tom Sheehan, der Mams ältester Bruder ist und der sich immer von uns ferngehalten hat, weil er Menschen aus dem Norden von Irland haßt. Onkel Tom hat seine Frau Jane dabei. Sie ist aus Galway, und die Leute sagen, sie sieht aus wie eine Spanierin, und deswegen spricht keiner aus der Familie mit ihr.
Der Mann nimmt Dad den Sarg ab, und als er ihn ins Zimmer bringt, stöhnt Mam, o Gott, nein, o Gott, nein. Der Mann sagt zu Oma, er ist bald wieder zurück, und dann wird er uns zum Friedhof bringen. Oma sagt ihm, er soll lieber nicht in betrunkenem Zustand zurückkommen, denn dieses Kind, das jetzt seine letzte Fahrt antritt, hat schwer gelitten und verdient ein bißchen Würde, und einen Kutscher, der betrunken ist und jederzeit vom Bock fallen kann, lasse ich mir nicht bieten.
Der Mann sagt, Missis, ich hab schon Dutzende von Kindern zum Friedhof gekarrt und bin noch nie vom Bock gefallen.

Die Männer trinken wieder Stout aus der Flasche, und die Frauen nippen an Marmeladegläsern mit Sherry. Onkel Pat Sheehan sagt zu allen, mein Bier, mein Bier, und Oma sagt, ist ja schon gut, Pat, niemand trinkt dir was weg. Dann sagt er, er will Die Straße nach Rasheen singen, bis Pa Keating sagt, nein, Pat, am Tag der Beerdigung darf man nicht singen. Am Abend vorher kann man singen. Aber Onkel Pat sagt immer wieder, das ist mein Bier, und ich will Die Straße nach Rasheen singen, und jeder weiß, daß er so spricht, weil er auf den Kopf gefallen ist. Er fängt an zu singen, hört aber gleich wieder auf, als Oma den Deckel vom Sarg hebt und Mam schluchzt, o Jesus, o Jesus, hört das denn nie auf. Wird mir ein Kind übrigbleiben?
Mam sitzt auf einem Stuhl am Kopfende des Bettes. Sie streichelt Eugenes Haar und Gesicht und seine Hände. Sie sagt ihm, von allen Kindern der Welt war er das süßeste und das zarteste und das liebevollste. Sie sagt ihm, es ist schrecklich, ihn zu verlieren, aber ist er jetzt nicht im Himmel, bei seinem Bruder und seiner Schwester, und ist uns das nicht ein Trost? Zu wissen, daß Oliver nicht mehr ohne seinen Zwillingsbruder auskommen muß. Trotzdem legt sie ihren Kopf ganz nah an Eugene dran und weint so heftig, daß alle Frauen im Zimmer mitweinen. Sie weint, bis Pa Keating zu ihr geht und ihr sagt, wir müssen los, bevor es dunkel wird, und daß man sich nach Einbruch der Dunkelheit nicht auf Friedhöfen aufhalten kann.
Oma flüstert Tante Aggie zu, wer wird das Kind in den Sarg legen? und Tante Aggie flüstert, ich nicht. Das ist Aufgabe der Mutter.
Onkel Pat hört sie. Ich werde das Kind in den Sarg legen, sagt er. Er hinkt zum Bett und legt Mam die Arme um die Schultern. Sie sieht zu ihm auf, und ihr Gesicht ist pitschnaß. Er sagt, ich werde das Kind in den Sarg legen, Angela.
Ach, Pat, sagt sie. Pat.
Ich kann das, sagt er. Er ist zwar nur ein kleines Kind, und ich hab noch nie ein kleines Kind hochgehoben in meinem Leben. Ich hab noch nie ein kleines Kind im Arm gehabt. Aber

ich laß ihn nicht fallen, Angela. Bestimmt nicht. Schwör ich bei Gott, ich laß ihn nicht fallen.
Ich weiß, daß du ihn nicht fallen läßt, Pat. Das weiß ich doch.
Ich werde ihn hochheben, und ich werde nicht Die Straße nach Rasheen singen.
Das weiß ich doch, Pat, sagt Mam.
Pat zieht die Decke herunter, die Mam dort hingelegt hatte, um Eugene warm zu halten. Eugenes Füße sind strahlend weiß mit kleinen blauen Adern. Pat beugt sich vor, hebt Eugene auf und drückt ihn an seine Brust. Er küßt Eugene auf die Stirn, und dann küßt jeder im Zimmer Eugene. Er legt Eugene in den Sarg und tritt einen Schritt zurück. Wir sind alle im Kreis versammelt und sehen Eugene zum letztenmal an.
Onkel Pat sagt, siehst du, Angela, ich hab ihn nicht fallen gelassen, und sie faßt sein Gesicht an.
Tante Aggie geht zur Kneipe, um den Kutscher zu holen. Er legt den Deckel auf den Sarg und schraubt ihn fest. Er sagt, wer fährt bei mir mit? und trägt den Sarg zur Kutsche. Platz ist nur für Mam und Dad, Malachy und mich. Oma sagt, fahrts ihr zum Friedhof, und wir warten hier.
Ich weiß nicht, warum wir Eugene nicht behalten können. Ich weiß nicht, warum sie ihn mit diesem Mann wegschicken müssen, der seine Pint auf dem weißen Sarg abstellt. Ich weiß nicht, warum sie Margaret wegschicken mußten und Oliver. Es ist schlimm, meine Schwester und meine Brüder in eine Kiste zu stecken, und ich würde gern jemandem was sagen.

Das Pferd ging klippediklapp durch die Straßen von Limerick. Malachy sagte, sehen wir jetzt Oliver? und Dad sagte, nein, Oliver ist im Himmel, und frag mich nicht, was der Himmel ist, ich weiß es nämlich nicht.
Mam sagte, der Himmel ist ein Ort, an dem Oliver und Eugene und Margaret fröhlich sind und es warm haben, und da sehen wir sie eines Tages wieder.

Malachy sagte, das Pferd hat sein Pipi auf die Straße gemacht, und das hat gerochen, und Mam und Dad lächelten.

Auf dem Friedhof klettert der Kutscher vom Bock und öffnet die Tür. Gebts mir den Sarg, sagt er, und ich trag ihn ans Grab. Er zerrt an dem Sarg und stolpert. Mam sagt, in diesem Zustand werden Sie mein Kind nicht tragen. Zu Dad sagt sie, du trägst ihn.

Machts, was ihr wollts, sagt der Kutscher. Machts, was ihr verdammtnochmal wollts, und er klettert wieder auf seinen Bock. Es wird jetzt dunkel, und der Sarg sieht in Dads Armen noch weißer aus. Mam nimmt uns an der Hand, und wir folgen Dad zwischen den Gräbern hindurch. Die Dohlen sitzen still auf ihren Bäumen, denn ihr Tag ist fast vorbei, und sie müssen sich ausruhen, damit sie morgens früh aufstehen können und ihre Babys füttern.

Zwei Männer mit Schaufeln warten neben einem kleinen offenen Grab. Ein Mann sagt, ihr kommts aber spät. Ihr habts Glück, daß es nicht viel Arbeit macht, sonst wären wir schon fort. Er klettert ins Grab. Her damit, sagt er, und Dad gibt ihm den Sarg.

Der Mann streut etwas Stroh und Gras auf den Sarg, und als er heraussteigt, schaufelt der andere Mann die Erde hinein. Mam schreit langgezogen, o Jesus, Jesus, und eine Dohle krächzt auf einem Baum. Ich hätte gern mit einem Stein nach ihr geworfen. Als die Männer mit Erdeschaufeln fertig sind, wischen sie sich die Stirn und warten. Einer sagt, äh, nun, ja, normalerweise gibt es eine Kleinigkeit gegen den Durst, der damit verbunden ist.

Dad sagt, ach so, ja, ja, und gibt ihnen Geld. Sie sagen, tut uns leid, der ganze Kummer, und sie gehen weg.

Wir machen uns auf den Weg zurück zur Kutsche am Friedhofstor, aber die Kutsche ist weg. Dad sieht sich in der Dunkelheit um und kommt kopfschüttelnd zurück. Mam sagt, dieser Kutscher ist nichts als ein dreckiger, alter Trunkenbold, möge Gott mir verzeihn.

Zu Fuß ist es ein langer Weg vom Friedhof bis zu unserem Zimmer. Mam sagt zu Dad, diese Kinder brauchen etwas zu essen, und du hast von heute früh noch Stempelgeld übrig. Wenn du denkst, du kannst heute abend in die Kneipen gehen, dann kannst du's vergessen. Wir nehmen sie mit zu Naughton, und da können sie Fisch mit Fritten und Limonade kriegen, denn einen Bruder beerdigen sie ja nicht jeden Tag.

Der Fisch und die Fritten sind köstlich, mit Essig und Salz, und die Limonade rinnt uns säuerlich die Kehle hinunter.

Als wir nach Hause kommen, ist das Zimmer leer. Auf dem Tisch stehen leere Stoutflaschen, und das Feuer ist ausgegangen. Dad zündet die Paraffinöllampe an, und man kann die Mulde sehen, die Eugenes Kopf auf dem Kissen hinterlassen hat. Man erwartet ihn gleich zu hören und zu sehen, wie er durchs Zimmer krabbelt und auf das Bett klettert, um aus dem Fenster zu sehen, ob Oliver da ist.

Dad sagt Mam, er geht noch ein bißchen spazieren. Sie sagt nein. Sie weiß, was er vorhat, daß er es nicht erwarten kann, seine letzten paar Shilling in den Kneipen auszugeben. Na gut, sagt er. Er macht Feuer an, und Mam kocht Tee, und bald sind wir im Bett.

Malachy und ich sind wieder in dem Bett, in dem Eugene gestorben ist. Ich hoffe, ihm ist nicht kalt in diesem weißen Sarg auf dem Friedhof, obwohl ich weiß, daß er da gar nicht mehr ist, denn Engel kommen auf den Friedhof und machen den Sarg auf, und er ist weit weg von der Feuchtigkeit des Shannon, die einen umbringt, oben im Himmel bei Oliver und Margaret, und da gibt es jede Menge Fisch, Fritten und Karamelbonbons und keine Tanten, die einen ärgern, und alle Väter bringen ihr Stempelgeld vom Arbeitsamt nach Hause, und man braucht nicht in den Kneipen herumzurennen, um sie zu finden.

3

Mam sagt, sie erträgt es keine Minute mehr in dem Zimmer in der Hartstonge Street. Sie sieht Eugene morgens, mittags, abends und in der Nacht. Sie sieht, wie er aufs Bett klettert, um nachzusehen, ob Oliver draußen auf der Straße ist, und manchmal sieht sie Oliver draußen und Eugene drinnen, und die beiden schwatzen um die Wette. Sie ist froh, daß sie so schwatzen, aber sie will sie nicht bis an ihr Lebensende sehen und hören. Es ist eine Schande umzuziehen, wenn man so nah an Leamy's National School wohnt, aber wenn sie nicht bald umzieht, wird sie wahnsinnig und kommt womöglich noch ins Irrenhaus.

Wir ziehen in die Roden Lane ganz oben in einem Stadtteil namens Barrack Hill. In der Gasse sind sechs Häuser auf der einen Straßenseite, und eins steht auf der anderen. Die Häuser heißen Zwei-oben-zwei-unten: zwei Zimmer oben, zwei Zimmer unten. Unser Haus ist das am Ende der Gasse, das letzte von den sechs. Gleich daneben steht ein kleiner Verschlag – ein Klo – und gleich daneben ein Stall.

Mam geht zur Gesellschaft des Hl. Vincent de Paul, um zu sehen, ob vielleicht die Möglichkeit besteht, daß wir Möbel kriegen. Der Mann sagt, er gibt uns eine Bescheinigung für einen Tisch, zwei Stühle und zwei Betten. Er sagt, wir müssen in eine Gebrauchtmöbelhandlung in Irishtown gehen und die Möbel selbst nach Hause transportieren. Mam sagt, wir können den Kinderwagen nehmen, den sie für die Zwillinge hatte, und als sie das sagt, weint sie. Sie wischt sich mit dem Ärmel die Augen ab und fragt den Mann, ob die Betten, die wir kriegen, auch gebraucht sind. Er sagt, natürlich sind die auch gebraucht, und sie sagt, das macht ihr große Sorgen, in einem Bett zu schlafen, in dem vielleicht schon mal jemand gestorben ist, besonders wenn die Betreffenden die Schwindsucht hatten. Der Mann sagt, tut mir sehr leid, aber 'nem geschenkten Gaul sieht man nicht ins Maul.

Wir brauchen den ganzen Tag, um die Möbel mit dem Kinderwagen vom einen Ende von Limerick bis ans andere zu schleppen. Der Kinderwagen hat vier Räder, aber eins ist bockig, es will immer in eine andere Richtung. Wir haben jetzt zwei Betten, eine Kommode mit einem Spiegel, einen Tisch und zwei Stühle. Wir sind froh über das Haus. Wir können von einem Zimmer ins andere und die Treppe rauf und runter. Man kommt sich sehr reich vor, wenn man den ganzen Tag nach Herzenslust die Treppe rauf und runter kann. Dad macht Feuer an, und Mam kocht Tee. Er sitzt am Tisch auf dem einen Stuhl, sie sitzt auf dem anderen, und Malachy und ich sitzen auf dem Überseekoffer, den wir aus Amerika mitgebracht haben. Während wir unseren Tee trinken, kommt ein alter Mann mit einem Eimer an unserer Haustür vorbei. Er leert den Eimer ins Klo und spült, und in unserer Küche stinkt es gewaltig. Mam geht an die Tür und sagt, warum leeren Sie Ihren Eimer in unser Klo? Er zieht vor ihr die Mütze. Ihr Klo, Missis? O nein. Da machen Sie einen kleinen Fehler, haha. Das ist nicht Ihr Klo. Dies ist vielmehr das Klo für die ganze Gasse. Sie werden die Eimer von elf Familien an sich vorüberziehen sehen, und ich kann Ihnen sagen, in der warmen Jahreszeit wird das sehr kraftvoll, sehr, sehr kraftvoll. Jetzt haben wir Dezember, Gott sei Dank, es liegt Kälte in der Luft, und Weihnachten steht vor der Tür, und das Klo ist halb so schlimm, aber der Tag wird kommen, an dem Sie nach einer Gasmaske verlangen. Nun

wünsche ich Ihnen eine gute Nacht, Missis, und ich hoffe, Sie werden glücklich in Ihrem Haus.
Mam sagt, Augenblick mal. Könnten Sie mir sagen, wer das Klo saubermacht?
Saubermacht? Lieber Jesus, das ist eine gute Frage. Saubermacht, sagt sie. Scherzen Sie möglicherweise? Diese Häuser wurden zur Zeit von Königin Victoria persönlich erbaut, und falls dieses Klo seitdem jemals saubergemacht worden sein sollte, so muß dies im Schutze der Nacht geschehen sein, als es niemand bemerkte.
Und er schlurft die Gasse hinauf und kriegt sich kaum ein vor Lachen.
Mam kommt zu ihrem Stuhl und ihrem Tee zurück. Hier können wir nicht bleiben, sagt sie. Dieses Klo wird uns alle mit Krankheiten umbringen.
Dad sagt, wir können nicht schon wieder umziehen. Wo kriegen wir denn ein Haus für sechs Shilling die Woche? Wir werden das Klo selbst sauberhalten. Wir werden eimerweise kochendes Wasser hineinschütten.
Ach ja? sagt Mam. Und woher kriegen wir Kohle oder Torf oder Briketts, um das Wasser zu kochen?
Dad sagt nichts. Er trinkt seinen Tee aus und sucht einen Nagel, um unser einziges Bild aufzuhängen. Der Mann auf dem Bild hat ein dünnes Gesicht. Er trägt ein gelbes Käppchen und ein schwarzes Gewand mit einem Kreuz auf der Brust. Dad sagt, er war Papst, Leo der Dreizehnte, ein großer Freund des Arbeiters. Er hat das Bild die ganze Strecke von Amerika mitgebracht, wo er es gefunden hatte; jemand, dem das Los des Arbeiters nicht am Herzen lag, hatte es weggeschmissen. Mam sagt, er redet ziemlichen Quatsch, und er sagt, sie soll in Anwesenheit der Kinder nicht Quatsch sagen. Dad findet einen Nagel, fragt sich aber, wie er den Nagel ohne Hammer in die Wand kriegen soll. Mam sagt, er kann sich einen von den Leuten nebenan borgen, aber er sagt, man läuft nicht in der Gegend rum und borgt sich Sachen von Leuten, die man nicht kennt. Er stellt das Bild an die Wand und schlägt den Nagel mit dem Boden eines Marmeladen-

glases ein. Das Marmeladenglas zerbricht und schneidet ihm die Hand auf, und ein Klecks Blut fällt dem Papst auf den Kopf. Er wickelt seine Hand ins Geschirrtuch und sagt zu Mam, schnell, schnell, wisch das Blut ab, bevor es trocknet. Sie versucht, das Blut mit dem Ärmel abzuwischen, aber der Ärmel ist aus Wolle, und das Blut wird nur verteilt, bis die eine Seite vom Gesicht des Papstes ganz eingesaut ist. Dad sagt, Gott in der Höhe, Angela, jetzt hast du den Papst völlig zerstört, und sie sagt, *arrah,* hör auf zu winseln, wir besorgen uns Farbe und bringen sein Gesicht irgendwann mal in Ordnung, und Dad sagt, er ist der einzige Papst, der jemals ein Freund des Arbeiters war, und was sollen wir bloß sagen, wenn jemand von der Gesellschaft vom Hl. Vincent de Paul reinkommt und sieht, daß er über und über mit Blut besudelt ist? Mam sagt, weiß ich nicht. Es ist dein Blut, und es ist traurig, wenn ein Mann nicht mal einen Nagel gerade einschlagen kann. Das zeigt nur wieder, wie nutzlos du bist. Auf einem Acker wärst du weit besser aufgehoben, und außerdem ist mir das sowieso alles egal, mir tut der Rücken weh, und ich geh jetzt ins Bett.

Och, was soll ich nur tun? sagt Dad.

Nimm den Papst von der Wand und versteck ihn im Kohlenkasten unter der Treppe, wo man ihn nicht sehen kann und wo er keinen Schaden anrichtet.

Kann ich nicht, sagt Dad. So was bedeutet Pech. Einen Papst sperrt man nicht in den Kohlenkasten. Wenn der Papst hängt, dann hängt er.

Mach doch, was du willst, sagt Mam.

Mach ich auch, sagt Dad.

Das sind jetzt unsere ersten Weihnachten in Limerick, und die Mädchen sind draußen auf der Gasse, springen Seil und singen:

> Weihnachten kommt,
> Die Gans wird fett und gut.

Bitte einen Penny
Dem Armen in den Hut.
Hast du keinen Penny,
Tust du mir leid, hoho,
Und hast du keinen halben Penny,
Geht es auch so.

Die Jungs uzen die Mädchen und singen statt dessen:

Und deine Mutter soll krepieren
Draußen aufem Klo.

Mam sagt, sie hätte so gern ein schönes Weihnachtsessen, aber was kann man schon machen, wenn das Arbeitsamt das Stempelgeld auf sechzehn Shilling kürzt, nachdem Oliver und Eugene gestorben sind? Man muß die sechs Shilling Miete zahlen, da bleiben einem zehn Shilling, und was nützt einem das bei vier Personen?
Dad kriegt keine Arbeit. Er steht an Wochentagen früh auf, macht das Feuer an, kocht Wasser für den Tee und seine Rasierschale. Er zieht sich ein Hemd an und befestigt einen Kragen daran. Er bindet sich den Schlips um und setzt sich die Mütze auf und geht aufs Arbeitsamt, um für das Stempelgeld zu unterschreiben. Nie verläßt er das Haus ohne Schlips und Kragen. Ein Mann ohne Schlips und Kragen ist ein Mann ohne Selbstachtung. Man weiß nie, wann der Mann beim Arbeitsamt einem vielleicht mal sagt, in Rank's Mühle oder bei der Limerick-Zementfabrik ist was frei geworden, und selbst wenn es nur ein Aushilfsjob ist, was halten die von einem, wenn man ohne Schlips und Kragen erscheint?
Bosse und Vorarbeiter bekunden ihm immer ihren Respekt und sagen, sie stellen ihn gern ein, aber sobald er den Mund aufmacht und sie den Akzent aus dem Norden von Irland hören, nehmen sie statt dessen einen Mann aus Limerick. Das erzählt er Mam am Kamin, und wenn sie sagt, warum ziehst du dich nicht an wie ein anständiger Arbeiter? sagt er,

er wird keinen Zollbreit nachgeben, nie sollen sie es erfahren, und wenn sie sagt, warum kannst du nicht versuchen zu reden wie einer aus Limerick? sagt er, so tief wird er nie sinken, und der größte Kummer in seinem Leben ist, daß jetzt der Akzent von Limerick seine Söhne heimgesucht hat. Sie sagt, das tut mir aber leid, daß du so schlimmen Kummer hast, hoffentlich wird er nicht noch schlimmer, und er sagt, eines Tages, mit Gottes Hilfe, werden wir Limerick verlassen und weit weg sein vom todbringenden Shannon.
Ich frage Dad, was heißt heimgesucht, und er sagt, Heimsuchung, das ist eine schwere Krankheit, mein Sohn, und Sachen, die nicht zueinander passen.
Wenn er keine Arbeit sucht, unternimmt Dad lange Gänge, meilenweit aufs Land hinaus. Er fragt Bauern, ob sie vielleicht Hilfe brauchen, sagt, daß er auf dem Bauernhof aufgewachsen ist und alles kann. Wenn sie ihn nehmen, macht er sich sofort an die Arbeit, mit Schlips und Kragen. Er arbeitet so schwer und so lange, daß die Bauern ihm sagen müssen, er soll aufhören. Sie fragen sich, wie ein Mann an einem langen, heißen Tag durcharbeiten kann, ohne einen Gedanken an Essen oder Trinken zu verschwenden. Dad lächelt. Das Geld, das er bei den Bauern verdient, bringt er nie nach Hause. Das Geld scheint etwas anderes zu sein als das Stempelgeld, welches er zu Hause abliefern soll. Das Bauerngeld trägt er in die Kneipe und vertrinkt es. Wenn er beim Angelusläuten um sechs Uhr nicht zu Hause ist, weiß Mam, daß er einen Tag Arbeit hatte. Sie hofft, er denkt vielleicht mal an seine Familie und geht wenigstens einmal an der Kneipe vorbei, aber soweit kommt es nie. Sie hofft, er bringt vielleicht mal was vom Bauern mit nach Hause, Kartoffeln, Kohl, Steckrüben, Mohrrüben, aber er wird nie etwas mit nach Hause bringen, denn so tief wird er nie sinken, daß er einen Bauern um etwas bittet. Mam sagt, für sie ist es ja ganz normal, daß sie bei der Gesellschaft vom Hl. Vincent de Paul um eine Bescheinigung für Essen bettelt, aber er kann sich keine paar lumpigen Kartoffeln in die Tasche stecken. Er sagt, bei einem Mann ist das anders. Man muß die Würde bewahren,

Schlips und Kragen tragen, aufs Äußere achten und nie um etwas bitten. Mam sagt, na, dann weiterhin viel Erfolg.
Wenn das Bauerngeld weg ist, kommt er nach Hause gewankt und besingt und beweint Irland und seine toten Kinder, aber häufiger Irland. Wenn er Roddy McCorley singt, heißt das, daß er sich nur ein bis zwei Pints leisten konnte. Wenn er Kevin Barry singt, heißt das, daß er einen guten Tag hatte, daß er bis zum Umfallen betrunken ist, bereit, uns aus dem Bett zu holen, antreten zu lassen und uns das Versprechen abzunehmen, daß wir für Irland sterben werden, es sei denn, Mam sagt ihm, er soll uns in Frieden lassen, oder sie schlägt ihm mit dem Schüreisen den Schädel ein.
Das würdest du doch nicht tun, Angela.
Das und noch viel mehr. Hör bloß mit dem Blödsinn auf und geh ins Bett.
Bett, Bett, Bett. Was bringt das denn, wenn ich ins Bett gehe? Wenn ich ins Bett gehe, muß ich doch nur wieder aufstehen, und ich kann nicht schlafen, wo es einen Fluß gibt, der uns mit Dunst und Nebel sein Gift herüberschickt.
Er geht ins Bett, singt ein trauriges Lied und hämmert dazu gegen die Wand und schläft ein. Wenn der Morgen dämmert, ist er wieder auf den Beinen, denn niemand, sagt er, sollte bei Tageslicht schlafen. Er weckt Malachy und mich, und wir sind müde, weil er uns die Nacht zuvor mit Reden und Singen wach gehalten hat. Wir beschweren uns und sagen, uns ist schlecht, wir sind müde, aber er zieht die Mäntel weg, mit denen wir zugedeckt sind, und wir müssen auf den Fußboden treten. Es ist Dezember, und es friert, und wir können unseren Atem sehen. Wir pinkeln in den Eimer bei der Schlafzimmertür und rennen die Treppe hinunter, zur Wärme des Feuers, das Dad bereits gemacht hat. Wir waschen uns Gesicht und Hände in einem Becken unter dem Wasserhahn neben der Tür. Das Rohr, welches zum Wasserhahn führt, muß mit einem Stück Bindfaden, das um einen Nagel gewickelt ist, an der Wand festgehalten werden. Um den Wasserhahn herum ist alles feucht – der Fußboden, die Wand, der Stuhl, auf dem das Becken steht. Das Wasser aus dem Hahn ist eisig, und un-

sere Finger werden gefühllos. Dad sagt, das ist gut für uns, das macht Männer aus uns. Er schüttet sich das eisige Wasser auf Gesicht und Hals und Brust, um zu zeigen, daß gar nichts dabei ist, wenn man so was macht. Wir halten die Hände ans Feuer, wegen der Wärme, die in dem Feuer ist, aber wir können nicht lange da bleiben, weil wir unseren Tee trinken und unser Brot essen und in die Schule gehen müssen. Dad sorgt dafür, daß wir vor den Mahlzeiten und nach den Mahlzeiten das Tischgebet sprechen, und er sagt uns, wir sollen in der Schule artig sein, denn Gott beobachtet jeden Mucks, und bei der geringsten Ungehorsamkeit fahren wir sofort und direkt zur Hölle, wo wir uns wegen der Kälte nie wieder Sorgen zu machen brauchen.

Und dann lächelt er.

Zwei Wochen vor Weihnachten kommen Malachy und ich bei strömendem Regen aus der Schule nach Hause, und als wir die Tür aufstoßen, ist die Küche leer. Tisch und Stühle und Überseekoffer sind weg, und das Feuer im Herd ist erloschen. Der Papst ist noch da, und das bedeutet, daß wir nicht schon wieder umgezogen sind. Dad würde nie ohne den Papst umziehen. Der Küchenfußboden ist naß, überall kleine Wasserpfützen, und die Wände glitzern vor Feuchtigkeit. Oben hören wir etwas, und als wir hochgehen, finden wir Dad und Mam und die fehlenden Möbel. Hier ist es schön und warm, und im Herd funkelt ein Feuer, und Mam sitzt im Bett, und Dad sitzt rauchend am Herd und liest die Irish Press. Mam sagt uns, daß es eine schreckliche Überschwemmung gegeben hat, daß der Regen die Gasse heruntergekommen ist und unter unserer Tür hindurch hereingeflossen kam. Sie haben versucht, ihn mit Tüchern und Lumpen aufzuhalten, aber die haben sich sofort vollgesogen und haben ihn hereingelassen. Die Leute, die ihre Eimer ausleerten, haben es noch schlimmer gemacht, und in der Küche konnte einem schlecht werden vor Gestank. Sie meint, wir sollen so lange oben bleiben, wie es regnet. Dann haben wir es die Wintermonate über warm, und im Frühling können wir wieder nach unten ziehen, wenn sich an den Wänden oder auf dem Fußboden erste

Anzeichen von Trockenheit bemerkbar machen. Dad sagt, das ist, wie wenn man in den Ferien an irgendeinen warmen ausländischen Ort fährt, nach Italien zum Beispiel. So nennen wir seitdem das obere Stockwerk: Italien. Malachy sagt, der Papst ist immer noch unten an der Wand, und ihm ist kalt, und könnten wir ihn nicht raufholen, aber Mam sagt, nein, er bleibt, wo er ist, denn ich will nicht, daß er mich von der Wand anstarrt, wenn ich im Bett bin. Langt es denn nicht, daß wir ihn den ganzen Weg von Brooklyn nach Belfast nach Dublin nach Limerick mitgeschleppt haben? Alles, was ich jetzt will, ist ein wenig Frieden, Behaglichkeit und Trost.

Mam nimmt Malachy und mich mit in die Gesellschaft vom Hl. Vincent de Paul, damit wir mit Schlange stehen und sehen, ob vielleicht die Möglichkeit besteht, daß man was fürs Weihnachtsessen kriegt, eine Gans oder einen Schinken, aber der Mann sagt, diese Weihnachten geht es in Limerick allen verzweifelt schlecht. Er gibt ihr einen Bezugsschein für Lebensmittel bei McGrath und einen für den Schlachter.
Keine Gans, sagt der Schlachter, und keinen Schinken. Überhaupt nichts Schickes mit einer Bescheinigung vom Hl. Vincent de Paul. Was Sie haben können, Missis, ist Blutwurst und Kutteln oder ein Hammelkopf oder ein schöner Schweinskopf. Spricht doch nichts gegen einen Schweinskopf, Missis, jede Menge Fleisch dran, und Kinder lieben das, schneiden Sie die Backe auf, klatschen Sie ordentlich Senf drauf, was Besseres gibt's gar nicht, obwohl ich mir vorstellen könnte, daß es so was in Amerika gar nicht gibt, wo sie verrückt sind nach dem Steak und allen Klassen von Geflügel, fliegend, zu Fuß oder sogar schwimmend.
Er sagt Mam, nein, sie kann keinen gekochten Speck haben, auch keine Würste, und wenn sie einen Funken gesunden Menschenverstand hat, nimmt sie den Schweinskopf, bevor der auch noch weg ist, denn die armen Leute von Limerick sind ganz wild danach.
Mam sagt, der Schweinskopf ist nicht das Richtige für Weih-

nachten, und er sagt, er ist mehr, als die Heilige Familie in jenem kalten Stall in Bethlehem vor langer Zeit hatte. Die würden sich nicht beklagen, wenn sie einen schönen, fetten Schweinskopf angeboten kriegten.
Nein, beklagen würden sie sich nicht, sagt Mam, aber essen würden sie den Schweinskopf nie. Sie waren nämlich Juden.
Und was hat das damit zu tun? Ein Schweinskopf ist ein Schweinskopf.
Und ein Jude ist ein Jude, und es ist gegen ihre Religion, und ich kann es ihnen nicht mal verübeln.
Der Schlachter sagt, sind Sie ein bißchen ein Experte, Missis, was die Juden und das Schwein betrifft.
Bin ich nicht, sagt Mam, aber es gab da eine jüdische Frau, Mrs. Leibowitz, in New York, und ich weiß nicht, was wir ohne sie getan hätten.
Der Schlachter nimmt den Schweinskopf von einem Regal, und als Malachy sagt, ooh, kuckt mal, der tote Hund, müssen der Schlachter und Mam sehr lachen. Er wickelt den Kopf in Zeitungspapier, gibt ihn Mam und sagt, fröhliche Weihnachten. Dann wickelt er ein paar Würstchen ein und sagt ihr, hier, die Würstchen sind für euer Frühstück am ersten Weihnachtstag. Mam sagt, aber Würstchen kann ich mir nicht leisten, und er sagt, verlang ich denn Geld? Haben Sie was gehört? Nehmen Sie diese Würstchen. Vielleicht trösten die Sie ja über den Mangel an Gans oder Schinken hinweg.
Das müssen Sie aber doch nicht, sagt Mam.
Das weiß ich auch, Missis. Wenn ich müßte, würde ich's nämlich nicht machen.
Mam sagt, sie hat Rückenschmerzen, ich soll den Schweinskopf tragen. Ich drücke ihn gegen meine Brust, aber er ist feucht, und als das Zeitungspapier anfängt abzugehen, kann jeder den Kopf sehen. Mam sagt, ich schäme mich in Grund und Boden; die ganze Welt erfährt, daß es bei uns zu Weihnachten Schweinskopf gibt. Jungens von Leamy's National School sehen mich und zeigen auf uns und lachen. Gottogott, schauts euch Frankie McCourt mit seiner Schweineschnauze an. Eßts ihr Yanks das immer zu Weihnachten, Frankie?

Einer ruft dem anderen zu, hey, Christy, weißt du, wie man Schweinskopf ißt?
Nein, weiß ich nicht, Paddy.
Man hält ihn an den Ohren fest und kaut ihm das Gesicht weg.
Und Christy sagt, hey, Paddy, kennst du den einzigen Teil vom Schwein, den die McCourts nicht mitessen?
Nein, kenn ich nicht, Christy.
Der einzige Teil, den sie nicht mitessen, ist das Oink.
Ein paar Straßen weiter ist das Papier ganz weg, und jeder kann den Schweinskopf sehen. Seine Nase ist flach gegen meine Brust gedrückt und zeigt direkt nach oben auf mein Kinn, und er tut mir leid, weil er tot ist und die ganze Welt über ihn lacht. Meine Schwester und zwei Brüder sind auch tot, aber wenn über die jemand lacht, kriegt er von mir einen Stein an den Kopf.
Wenn Dad nur kommen und uns helfen wollte! Mam muß alle paar Schritte stehenbleiben und sich an eine Mauer lehnen. Sie hält sich den Rücken und sagt uns, sie schafft es nie den Barrack Hill hinauf. Selbst wenn Dad käme, würde er uns nicht viel nützen, weil er nie was trägt – Tüten, Taschen, Pakete. Wenn man so was trägt, büßt man seine Würde ein. Das sagt er. Er hat die Zwillinge getragen, als sie nicht mehr konnten, und er hat den Papst getragen, aber das war ja auch nicht so etwas Gewöhnliches wie das Tragen eines Schweinskopfes. Er sagt zu Malachy und mir, wenn wir groß werden, müssen wir immer Schlips und Kragen tragen und dürfen nie Sachen schleppen.
Er sitzt oben am Feuer, raucht eine Zigarette und liest die Irish Press, die er liebt, weil sie de Valeras Zeitung ist, und er hält de Valera für den größten Mann der Welt. Er sieht mich und den Schweinskopf an und sagt Mam, es ist beschämend, einen Jungen einen Gegenstand wie diesen durch die Straßen von Limerick schleppen zu lassen. Sie zieht den Mantel aus, legt sich vorsichtig ins Bett und sagt ihm, nächste Weihnachten kann er vor die Tür gehen und eine Mahlzeit finden. Sie ist erschöpft und japst jetzt nach einer Tasse Tee, und könnte er bitte sein vornehmes Getue abstellen, das Wasser für den

Tee kochen und etwas Brot braten, bevor seine beiden kleinen Söhne Hungers sterben.
Morgens am ersten Weihnachtstag macht er ganz früh Feuer an, damit wir Würstchen und Brot und Tee bekommen. Mam schickt mich zu Oma, um herauszufinden, ob wir einen Topf für den Schweinskopf borgen können. Oma sagt, was habts ihr denn als Weihnachtsschmaus? und als ich es ihr sage, sagt sie, Jesus, Maria und Joseph, tiefer kann man ja gar nicht sinken. Kann dein Vater denn nicht mal losziehen und allermindestens einen Schinken oder eine Gans auftreiben? Was ist das überhaupt für ein Mann überhaupt?
Mam stopft den Kopf in den Topf, eben so mit Wasser bedeckt, und während das Schwein vor sich hin kocht, nimmt Dad Malachy und mich mit zur Messe in die Erlöserkirche. In der Kirche ist es warm, und es riecht süß von den Blumen und dem Weihrauch und den Kerzen. Er geht mit uns zum Jesulein in der Krippe. Der ist ein großes, fettes Baby mit blonden Locken wie Malachy. Dad erzählt uns, das da ist seine Mutter Maria, die mit dem blauen Kleid, und sein Vater, der heilige Joseph, das ist der alte Mann mit dem Bart. Er sagt, sie sind traurig, weil sie wissen, daß Jesus, wenn er mal groß ist, umgebracht wird, damit wir alle in den Himmel kommen können. Ich frage, warum das Jesulein denn sterben muß, und Dad sagt, solche Fragen stellt man nicht. Malachy sagt, warum nicht? und Dad sagt, sei still.
Zu Hause ist Mam in einem schrecklichen Zustand. Es ist nicht genug Kohle da, um das Essen zu kochen, und das Wasser siedet schon nicht mehr, und sie sagt, die Sorgen bringen sie schier um den Verstand. Wir werden wieder in die Dock Road gehen müssen, um zu sehen, ob da Kohle oder Torf von den Lastwagen herumliegt. Wenn wir jemals was finden, dann heute. Selbst die Ärmsten der Armen gehen am Weihnachtstag nicht auf die Straße, um Kohle aufzusammeln. Dad brauchen wir gar nicht erst zu fragen, ob er mitkommt, denn so tief würde er sich nie herablassen, und selbst wenn, dann würde er keine Sachen durch die Straßen schleppen. Mam kann nicht wegen ihrer Rückenschmerzen.

Sie sagt, du wirst gehen müssen, Frank, und nimm Malachy mit.
Die Dock Road ist weit, aber uns macht das nichts aus, weil unsere Bäuche mit Würstchen und Brot gefüllt sind und es gerade mal nicht regnet. Wir tragen einen Beutel aus Segeltuch, den wir uns bei Mrs. Hannon von nebenan ausgeborgt haben, und Mam hat recht, in der Dock Road ist kein Mensch. Die Armen sind alle zu Hause und essen Schweinskopf oder vielleicht eine Gans, und wir haben die Dock Road für uns. Wir finden kleine Stücke Kohle und Torf, die in den Ritzen des Pflasters und der Mauern bei den Kohlenhandlungen steckengeblieben sind. Wir finden Papierschnipsel und Pappe, und das ist nützlich, wenn das Feuer wieder angezündet werden soll. Wir wandern herum und versuchen, den Beutel vollzukriegen, als Pa Keating vorbeikommt. Er muß sich für Weihnachten gewaschen haben, weil er nicht so schwarz ist wie damals, als Eugene gestorben ist. Er will wissen, was wir mit dem Beutel machen, und als Malachy es ihm sagt, sagt er, Jesus, Maria und heiliger Joseph! Weihnachten, und ihr habt kein Feuer für euern Schweinskopf. Tiefer kann man ja gar nicht sinken.
Er nimmt uns mit in South's Kneipe, die eigentlich gar nicht geöffnet hat, aber er ist Stammgast, und es gibt eine Hintertür für Männer, die ihre Pint brauchen, um den Geburtstag vom Jesulein da oben in der Krippe zu feiern. Er bestellt sich seine Pint und für uns Limonade und fragt den Mann, ob wohl die Möglichkeit besteht, daß er bei ihm ein paar Klumpen Kohle kriegen kann. Der Mann sagt, er schenkt nun schon seit siebenundzwanzig Jahren Getränke aus, und um Kohle hat ihn noch nie jemand gebeten. Pa sagt, er würde ihm einen großen Gefallen damit tun, und der Mann sagt, wenn Pa ihn um den Mond bittet, fliegt er hinauf und bringt ihn mit. Der Mann führt uns zum Kohlenkasten unter der Treppe und sagt uns, wir sollen soviel nehmen, wie wir tragen können. Es ist echte Kohle, keine kleinen Stückchen von der Dock Road, und wenn wir sie nicht tragen können, können wir sie hinter uns herziehen.

Wir brauchen lange von South's Kneipe bis zum Barrack Hill, weil wir ein Loch im Beutel haben. Ich ziehe den Beutel, und Malachys Aufgabe ist es, die Klumpen, die durch das Loch fallen, aufzuheben und wieder in den Beutel zu tun. Dann fängt es an zu regnen, und wir können uns nicht in einem Hauseingang unterstellen, bis es aufhört, weil wir die Kohle dabeihaben, und sie macht eine schwarze Spur auf dem Pflaster, und Malachy wird dadurch, daß er die Klumpen aufhebt, in den Beutel zurückstopft und sich mit seinen nassen, schwarzen Händen den Regen vom Gesicht wischt, ganz schwarz. Ich sage ihm, er ist ja ganz schwarz, er sagt mir, ich bin ja ganz schwarz, und eine Frau in einem Geschaft sagt uns, wir sollen bloß machen, daß wir von der Tür wegkommen, sie will sich zu Weihnachten nicht Afrika ansehen müssen.

Wir müssen den Beutel weiterziehen, sonst kriegen wir nie unseren Weihnachtsschmaus. Es dauert ewig, bis das Feuer wieder brennt, und das Wasser muß kochen, wenn Mam den Kohlkopf und die Kartoffeln hineintut, damit sie dem Schwein im Topf Gesellschaft leisten. Wir zerren den Beutel die O'Connell Avenue hinauf, und wir sehen Menschen in ihren Häusern, die um den Tisch herumsitzen, und alle Arten von Schmuck und helle Lichter. In einem Haus drücken sie das Fenster hoch, und die Kinder zeigen auf uns und lachen und rufen, sehts euch mal die Zulus an. Wo habts ihr denn eure Speere?

Malachy schneidet ihnen Grimassen und will mit Kohlen schmeißen, aber ich sage ihm, wenn er mit Kohlen schmeißt, ist weniger für das Schwein da, und wir kriegen nie was zu essen.

Das Unten in unserem Haus ist wieder ein See, weil der Regen unter der Tür hereingekommen ist, aber das ist nicht schlimm, weil wir sowieso pitschnaß sind und durch das Wasser waten können. Dad kommt herunter und zerrt den Beutel die Treppe hoch nach Italien. Er sagt, wir sind tüchtige Jungs, weil wir soviel Kohle besorgt haben, die Dock Road muß ja förmlich mit Kohle bedeckt gewesen sein. Als Mam uns sieht, fängt sie an zu lachen, und dann weint sie. Sie

lacht, weil wir so schwarz sind, und sie weint, weil wir so durchnäßt sind. Sie sagt uns, wir sollen alles ausziehen, und sie wäscht uns die Kohle von Händen und Gesicht. Sie sagt Dad, der Schweinskopf soll sich erst mal etwas gedulden, damit wir ein Marmeladenglas heißen Tee kriegen.
Draußen regnet es, unten ist ein See in unserer Küche, aber hier oben in Italien brennt das Feuer wieder, und das Zimmer ist so trocken und warm, daß Malachy und ich nach unserem Tee im Bett einduseln und erst wieder aufwachen, als Dad uns sagt, daß das Essen fertig ist. Unsere Sachen sind immer noch naß, deshalb sitzt Malachy auf dem Koffer und ist in Mams roten amerikanischen Mantel gewickelt, und ich bin in eine alte große Jacke gewickelt, die Mams Vater hinterlassen hat, als er nach Australien ging.
Köstliche Gerüche durchziehen das Zimmer – Kohl, Kartoffeln und der Schweinskopf –, aber als Dad den Kopf aus dem Topf holt und auf einen Teller legt, sagt Malachy, ach, das arme Schwein. Ich will das arme Schwein nicht essen.
Mam sagt, wenn du Hunger hättest, würdest du es essen. Jetzt hör auf mit dem Unsinn und iß dein Abendbrot.
Dad sagt, warte mal. Er schneidet Scheiben von den beiden Backen ab, legt sie auf unsere Teller und schmiert Senf drauf. Er nimmt den Teller mit dem Schweinskopf und stellt ihn unter den Tisch. Da, sagt er zu Malachy, das ist Schinken, und Malachy ißt, weil er nicht sieht, woher das kommt, und es kein Schweinskopf mehr ist. Der Kohl ist weich und heiß, und es gibt jede Menge Kartoffeln mit Butter und Salz. Mam pellt uns unsere Kartoffeln, aber Dad ißt seine mit Pelle und allem. Er sagt, alle wertvollen Nährstoffe der Kartoffel sind in der Pelle, und Mam sagt, nur gut, daß er keine Eier ißt, die würde er ebenfalls mit der Schale und allem wegkauen.
Er sagt, klar würde er das, und es ist eine Schande, daß die Iren jeden Tag Millionen von Kartoffelschalen wegschmeißen, und deshalb sterben sie zu Tausenden an der Schwindsucht, und klar sind Nährstoffe in Eierschalen, und überhaupt ist Verschwendung die achte Todsünde. Wenn es nach ihm ginge ... Mam sagt, geht es aber nicht. Iß.

Er ißt eine halbe Kartoffel mit der Pelle und tut die andere Hälfte zurück in den Topf. Er ißt eine kleine Scheibe Schweinebacke und ein Kohlblatt und läßt den Rest für Malachy und mich auf seinem Teller. Er macht noch mehr Tee, und zum Tee gibt es Marmeladenbrot, damit niemand sagen kann, wir hätten Weihnachten nichts Süßes gehabt.
Jetzt ist es dunkel, und draußen regnet es immer noch, und die Kohle glüht, und Mam und Dad rauchen ihre Zigaretten. Es gibt nichts zu tun, wenn die Sachen naß sind, man kann nur ins Bett gehen, wo es mollig warm und gemütlich ist, und der Vater kann einem eine Geschichte erzählen, wie Cuchulain katholisch wurde, und man schläft ein und träumt von dem Schwein, das in der Krippe von der Erlöserkirche steht und weint, weil es selbst und das Jesulein und Cuchulain alle sterben müssen, wenn sie groß sind.

Nach ein paar Wochen kommt der Engel, der Margaret gebracht hat, wieder und bringt uns einen neuen Bruder, Michael. Dad sagt, er hat Michael auf der siebten Stufe der Treppe gefunden, die hinauf nach Italien führt. Er sagt, darauf muß man achten, wenn man sich ein neues Baby wünscht – den Engel auf der siebten Stufe.
Malachy will wissen, wie man vom Engel auf der siebten Stufe einen neuen Bruder kriegen kann, wenn man in einem Haus ohne Treppe wohnt, und Dad sagt ihm, wer zu viele Fragen stellt, ist eine Heimsuchung.
Malachy will wissen, was eine Heimsuchung ist.
Heimsuchung. Ich will auch wissen, was das Wort bedeutet. Aber Dad sagt, *och*, Kind, die ganze Welt ist eine Heimsuchung und alles, was auf ihr drauf ist, setzt seine Mütze auf und geht ins Bedford Row Hospital, um Mam und Michael zu besuchen. Sie ist im Krankenhaus mit ihren Rückenschmerzen, und sie hat das Baby bei sich, um sicherzugehen, daß es gesund war, als es auf der siebten Stufe hinterlassen wurde. Ich verstehe das nicht, denn ich bin sicher, daß Engel nie ein krankes Baby auf der siebten Stufe liegen lassen wür-

den. Es hat keinen Sinn, Dad oder Mam danach zu fragen. Sie sagen, du wirst schon genauso schlimm wie dein Bruder mit deinen ewigen Fragen. Geh spielen.
Ich weiß, daß die Großen Fragen von Kindern nicht mögen. Sie können soviel fragen, wie sie wollen, wie war's in der Schule? Bist du ein artiger Junge gewesen? Hast du gebetet? aber wenn man sie fragt, ob sie gebetet haben, hauen sie einem vielleicht auf den Kopf.
Dad bringt Mam mit dem neuen Baby nach Hause, und sie muß mit ihren Rückenschmerzen ein paar Tage im Bett bleiben. Sie sagt, dies Baby sieht seiner verstorbenen Schwester ähnlich wie gespuckt, mit seinen gewellten schwarzen Haaren, seinen schönen blauen Augen und den sagenhaften Augenbrauen. Das sagt Mam.
Ich will wissen, ob das Baby spuckt oder ähnlich spuckt. Außerdem will ich wissen, welches die siebte Stufe ist, denn unsere Treppe hat neun Stufen, und ich wüßte gern, ob man von oben oder von unten zählt. Diese Frage beantwortet Dad gern. Engel kommen immer von oben herab, sagt er, und nicht von unten herauf, aus Küchen, die von Oktober bis April Seen sind.
Also finde ich die siebte Stufe, indem ich von oben aus zähle.

Das Baby Michael hat eine Erkältung. Sein Kopf ist verstopft, und er kann kaum atmen. Mam macht sich Sorgen, weil Sonntag ist und die Armenapotheke geschlossen hat. Wenn man dahin geht, wo der Arzt wohnt, und das Dienstmädchen sieht, daß man den unteren Schichten angehört, sagt sie einem, man soll zur Armenapotheke gehen, wo man hingehört. Wenn man ihr sagt, das Kind stirbt in meinen Armen, sagt sie, der Doktor ist auf dem Land und reitet auf seinem Pferd.
Mam weint,weil das Baby verzweifelt versucht, durch den Mund Luft zu kriegen. Sie versucht, ihm die Nasenlöcher mit etwas zusammengerolltem Papier freizumachen, aber sie hat Angst, sie schiebt das Papier zu weit rauf. Dad sagt, das ist

doch nicht nötig. Man soll Kindern keine Sachen in den Kopf stopfen. Es sieht aus, als wollte er das Baby küssen. Statt dessen hat er den Mund auf die kleine Nase gedrückt, und er saugt, saugt, saugt Michael das schlimme Zeug aus dem Kopf. Er spuckt es ins Feuer, Michael stößt einen lauten Schrei aus, und man kann sehen, wie er die Luft einzieht, tief in seinen Kopf hinein, und er strampelt und lacht. Mam sieht Dad an, als wäre er gerade eben vom Himmel herabgestiegen, und Dad sagt, das haben wir in Antrim schon immer so gemacht, lange bevor es Ärzte gab, die auf ihrem Pferd ritten.

Michael berechtigt uns zu ein paar Shilling Stempelgeld extra, aber Mam sagt, das genügt nicht, und jetzt muß sie wieder wegen Nahrungsmitteln zur Gesellschaft vom Hl. Vincent de Paul. Eines Abends klopft jemand an die Tür, und Mam schickt mich nach unten, damit ich nachsehe, wer es ist. Da stehen zwei Männer von der Gesellschaft vom Hl. Vincent de Paul, und sie wollen meine Mutter und meinen Vater sprechen. Ich sage ihnen, meine Eltern sind oben in Italien, und sie sagen, was?
Oben, wo es trocken ist. Ich werd ihnen Bescheid sagen.
Sie wollen wissen, was das für ein kleiner Verschlag neben der Haustür ist. Ich sage ihnen, das ist das Klo. Sie wollen wissen, warum es nicht hinterm Haus steht, und ich sage ihnen, es ist das Klo für die ganze Gasse, und Gott sei Dank steht es nicht hinterm Haus, das würde uns gar nicht passen, wenn die Leute mit ihren Eimern durch unsere Küche latschen, denn von manchen Eimern kann einem richtig schlecht werden.
Sie sagen, bist du sicher, daß es nur ein Klo für die ganze Gasse gibt?
Ja.
Sie sagen, heilige Muttergottes.
Mam ruft von Italien herunter. Wer ist denn da unten?
Die Männer.
Was für Männer?

Vom Hl. Vincent de Paul.
Sie sind ganz vorsichtig, wie sie in den See in der Küche steigen, und sie machen Ts-ts- und Uijui-Geräusche und sagen zueinander, ist es nicht eine Schande? bis sie oben in Italien sind. Sie sagen Mam und Dad, sie wollen ja eigentlich nicht stören, aber die Gesellschaft muß sicher sein, daß sie nur wirklich bedürftigen Fällen hilft. Mam bietet ihnen eine Tasse Tee an, aber sie sehen sich um und sagen, nein, vielen Dank, sehr freundlich. Sie wollen wissen, warum wir oben wohnen. Sie wollen wissen, wie das mit dem Klo ist. Sie stellen Fragen, denn die Großen dürfen soviel fragen, wie sie wollen, und sie dürfen in kleine Bücher schreiben, besonders wenn sie Schlips und Kragen und Anzug anhaben. Sie fragen, wie alt Michael ist, wieviel Dad beim Arbeitsamt kriegt, wann hatte er zuletzt Arbeit, warum hat er jetzt keine Arbeit, und was ist das überhaupt für ein Akzent, mit dem er da spricht?
Dad sagt ihnen, das Klo könnte uns mit jeder Sorte von Krankheit umbringen, daß die Küche im Winter überflutet ist und wir nach oben ziehen mußten, um trocken zu bleiben. Er sagt, der Shannon ist für die Feuchtigkeit in der Welt verantwortlich und bringt uns einen nach dem andern um.
Malachy sagt ihnen, wir wohnen in Italien, und sie lächeln.
Mam fragt, ob wohl die Möglichkeit besteht, Schuhe für Malachy und mich zu kriegen, und sie sagen, sie muß ins Ozanam House gehen und einen Antrag stellen. Sie sagt, seit das Baby gekommen ist, geht es ihr nicht mehr so gut, und lange in der Schlange stehen könnte sie nicht, aber sie sagen, es müssen alle gleich behandelt werden, sogar eine Frau unten aus Irishtown mit Drillingen, und, danke schön, wir werden der Gesellschaft einen Bericht schreiben.
Als sie gehen, will Malachy ihnen zeigen, wo der Engel Michael auf der siebten Stufe gelassen hat, aber Dad sagt zu ihm, nicht jetzt, nicht jetzt. Malachy weint, und einer der Männer gibt ihm ein Karamelbonbon aus seiner Jackentasche, und ich hätte gern auch etwas zu weinen, damit ich auch eins kriege.

Ich muß wieder nach unten und den Männern zeigen, wo sie hintreten sollen, damit sie keine nassen Füße kriegen. Sie schütteln immer wieder den Kopf und sagen, Allmächtiger! und heilige Muttergottes, das ist ja entsetzlich. Das da oben ist nicht Italien, das ist Kalkutta.
Oben in Italien sagt Dad zu Mam, sie soll nie so betteln.
Was meinst du damit, betteln?
Hast du denn gar keinen Stolz? So um Schuhe zu betteln?
Und was würden Sie unternehmen, Herr von Großkotz? Willst du sie barfuß gehen lassen?
Ich würde ihnen eher die Schuhe reparieren, die sie haben.
Die Schuhe, die sie haben, fallen auseinander.
Ich kann sie reparieren, sagt er.
Du kannst gar nichts reparieren. Du bist nutzlos, sagt sie.
Am nächsten Tag kommt er mit einem alten Fahrradreifen nach Hause. Er schickt mich nach nebenan zu Mr. Hannon, um einen Leisten und einen Hammer zu borgen. Er nimmt Mams scharfes Messer und hackt auf den Reifen ein, bis er Stücke hat, die auf die Sohlen und Hacken unserer Schuhe passen. Mam sagt, er wird die Schuhe noch vollends zerstören, aber er hämmert mit dem Hammer drauflos, drischt die Nägel durch die Gummistücke und in die Schuhe hinein. Mam sagt, Gott in der Höhe, wenn du die Schuhe in Frieden gelassen hättest, hätten sie noch bis Ostern gehalten, aber mindestens, und vielleicht besorgen die uns vom Hl. Vincent de Paul ja auch tatsächlich welche. Aber er hört nicht auf, bis die Sohlen und Hacken mit viereckigen Stücken Gummireifen bedeckt sind, die auf beiden Seiten des Schuhs in die Gegend ragen und vorne und hinten bei jedem Schritt flapp machen. Er befiehlt uns, die Schuhe anzuziehen, und sagt uns, jetzt haben unsere Füße es gut und warm, aber wir wollen sie nicht mehr tragen, weil die Reifenstücke so klumpig sind, daß wir stolpern, wenn wir in Italien herumlaufen. Er schickt mich mit Leisten und Hammer zurück zu Mr. Hannon, und Mrs. Hannon sagt, Gott in der Höhe, was ist denn mit euern Schuhen los? Sie lacht, und Mr. Hannon schüttelt den Kopf, und ich schäme mich. Am nächsten Morgen will ich nicht in die

Schule, und ich tue, als wäre ich krank, aber Dad holt uns aus dem Bett und gibt uns unser gebratenes Brot mit Tee und sagt uns, wir sollten dankbar sein, daß wir überhaupt Schuhe haben, und auf Leamy's National School gibt es Jungens, die müssen an bitterkalten Tagen barfuß in die Schule gehen. Auf dem Schulweg lachen uns die anderen Jungs aus, weil die Reifenstücke so dick sind, daß wir ein paar Zoll größer wirken, und die Jungs sagen, wie ist die Luft da oben? In meiner Klasse sind sechs oder sieben Barfußkinder, und die sagen gar nichts, und ich frage mich, ob es besser ist, Schuhe mit Gummibereifung zu haben, in denen man immer stolpert, oder barfuß zu gehen. Ganz ohne Schuhe hat man sofort alle Barfußkinder auf seiner Seite. Mit Gummireifen an den Schuhen steht man mit seinem Bruder ganz alleine da, und man muß seine eigenen Schlachten schlagen. Ich setze mich auf eine Bank im Pausenklo und ziehe meine Schuhe und Strümpfe aus, aber als ich in die Klasse komme, will der Lehrer wissen, wo meine Schuhe sind. Er weiß, daß ich keins der Barfußkinder bin, und ich muß zurück auf den Schulhof, die Schuhe holen und sie anziehen. Dann sagt er zur Klasse, hier wird schadenfroh gefeixt. Hier wird schadenfroh gespottet. Hier wird sich über das Elend anderer lustig gemacht. Ist hier jemand in der Klasse, der sich für vollkommen hält? Bitte die Hand hoch.
Niemand hebt die Hand.
Ist hier jemand in der Klasse, der aus einer reichen Familie stammt, mit Geld in Hülle und Fülle, das man für Schuhe ausgeben kann? Bitte die Hand hoch.
Niemand hebt die Hand.
Er sagt, es sind hier Knaben, die ihre Schuhe mit den Mitteln, die ihnen zu Gebote stehen, flicken müssen. Es sind hier Knaben in der Klasse, die gar keine Schuhe haben. Es ist nicht ihre Schuld, und es ist keine Schande. Unser Herr hatte keine Schuhe. Er starb barfuß. Seht ihr Ihn mit schicken Schuhen am Kreuz hängen? Nun?
Nein, Sir.
Wie seht ihr unseren Herrn nicht?
Mit schicken Schuhen am Kreuz hängen, Sir.

Wenn ich also merke, daß einer von euch Knaben über McCourt oder seinen Bruder wegen ihrer Schuhe spottet oder feixt, kommt der Stock heraus. Was kommt dann heraus?
Der Stock, Sir.
Und der Stock wird singen, das kann ich euch versprechen. Er wird durch die Luft pfeifen, und er wird auf dem Knaben landen, der spottet, und er wird auf dem Knaben landen, der feixt. Wo wird er landen?
Auf dem Knaben, der spottet, Sir.
Und wo noch?
Auf dem Knaben, der feixt, Sir.
Die Jungens lassen uns in Ruhe, und wir tragen unsere Schuhe mit den Gummireifen die paar Wochen bis Ostern, da uns dann die Gesellschaft vom Hl. Vincent de Paul mit neuen Schuhen beschenkt.

Wenn ich mitten in der Nacht aufstehen muß, um in den Eimer zu pinkeln, gehe ich zur Treppe und sehe hinunter, ob der Engel vielleicht auf der siebten Stufe ist. Manchmal bin ich sicher, daß da ein Licht ist, und wenn alle schlafen, setze ich mich auf die Stufe, falls der Engel wieder ein Baby bringt oder nur mal zu Besuch kommt. Ich habe Mam gefragt, ob der Engel die Babys nur bringt und dann vergißt. Sie hat gesagt, natürlich nicht. Der Engel vergißt die Babys nie und kommt immer wieder zurück, um sich zu vergewissern, daß das Baby glücklich ist.
Ich könnte dem Engel alle möglichen Fragen stellen, und er würde sie auch bestimmt beantworten – wenn er kein Mädchen-Engel ist. Aber ein Mädchen Engel würde bestimmt auch Fragen beantworten. Ich habe noch nie gehört, daß die keine Fragen beantworten.
Ich sitze lange auf der siebten Stufe, und ich bin sicher, daß der Engel da ist. Ich sage ihm alles, was man seiner Mutter oder seinem Vater nicht erzählen kann, weil man Angst hat, daß sie einem auf den Kopf hauen oder sagen, man soll spielen gehen. Ich erzähle ihm alles über die Schule und wie ich

Angst vor dem Lehrer und seinem Stock habe, wenn er uns auf irisch anbrüllt und ich immer noch nicht weiß, wovon er überhaupt redet, weil ich doch aus Amerika gekommen bin und die anderen Jungens ein Jahr vor mir mit Irisch angefangen haben.

Ich bleibe auf der siebten Stufe, bis es zu kalt wird oder Dad aufsteht und mir sagt, ich soll wieder ins Bett gehen. Dabei hat er mir doch gesagt, daß der Engel zur siebten Stufe kommt, und man sollte annehmen, daß er weiß, warum ich da sitze. Ich habe ihm mal nachts gesagt, daß ich auf den Engel warte, und er hat gesagt, *och*, Mensch, Francis, du bist ein ziemlicher Träumer.

Ich krieche wieder ins Bett, aber ich kann hören, wie er meiner Mutter zuflüstert, der arme kleine Kerl hat auf der Treppe mit einem Engel geschwatzt.

Er lacht, und meine Mutter lacht, und ich denke, wie merkwürdig, daß die Großen über den Engel lachen, der ihnen ein neues Kind gebracht hat.

Vor Ostern ziehen wir wieder hinunter nach Irland. Ostern ist besser als Weihnachten, weil die Luft wärmer ist, die Wände tropfen nicht vor lauter Feuchtigkeit, und die Küche ist kein See mehr, und wenn wir morgens früh aufstehen, erwischen wir vielleicht die Sonne, wie sie eine Minute lang schräg durchs Fenster fällt.

Bei schönem Wetter sitzen die Männer draußen und rauchen Zigaretten, wenn sie welche haben, betrachten die Welt und sehen uns beim Spielen zu. Die Frauen stehen mit verschränkten Armen und reden. Sie sitzen nicht, weil sie den ganzen Tag nur zu Hause bleiben, sich um die Kinder kümmern, das Haus saubermachen und ein bißchen kochen. Die Männer stehen nicht, weil sie davon, daß sie jeden Tag aufs Arbeitsamt müssen, um das Stempelgeld zu quittieren, und davon, daß sie die Probleme der Welt erörtern und überlegen, was sie mit dem übrigen Tag anfangen sollen, so abgekämpft sind. Manche schauen beim Buchmacher vorbei, um die Tagesform der Pferdchen zu studieren oder einen Shilling oder zwei auf eine sichere Sache zu setzen. Manche verbringen Stunden in der Carnegie-Bücherei und lesen englische und irische Zeitungen. Ein Mann, der stempeln geht, muß immer auf dem laufenden sein, was die Weltereignisse betrifft, weil alle Männer, die stempeln gehen, darin Experten sind. Ein Mann, der stempeln geht, muß stets vorbereitet sein, falls ein anderer Mann, der stempeln geht, die Rede auf Hitler oder Mussolini oder den schrecklichen Zustand der chinesischen Massen bringt. Ein Mann, der stempeln geht, begibt sich nach einem Tag beim Buchmacher oder mit der Zeitung ins traute Heim zurück, und seine Frau wird ihm die paar Minuten des Behagens und Friedens nicht mißgönnen, die seine Zigarette spendet, und auch nicht seinen Tee und nicht die Zeit, in der er auf seinem Stuhl sitzt und über die Welt nachdenkt.

Ostern ist besser als Weihnachten, weil Dad uns in die Erlöserkirche mitnimmt, wo alle Priester weiße Sachen anhaben und singen. Sie sind froh, weil unser Herr im Himmel ist. Ich frage Dad, ob das Baby in der Krippe tot ist, und er sagt, nein, Er war dreiunddreißig, als Er starb, und da ist Er, siehst du, und hängt am Kreuz. Ich verstehe nicht, wie Er so schnell erwachsen wurde, daß Er jetzt da hängt, mit einem Hut aus Dornen und überall Blut, das von Seinem Kopf tropft, und von Seinen Händen und von Seinen Füßen und aus einem großen Loch über Seinem Bauch.

Dad sagt, das verstehe ich, wenn ich größer bin. Das sagt er jetzt ständig, und ich wäre gern so groß wie Dad, damit ich alles verstehe. Es muß richtig nett sein, morgens aufzuwachen und alles zu verstehen. Ich wäre gern wie all die Großen in der Kirche, die stehen und knien und beten und alles verstehen.

Während der Messe gehen Leute nach vorne zum Altar, und der Priester steckt ihnen etwas in den Mund. Sie kommen zurück zu ihrem Platz, halten den Kopf gesenkt und bewegen den Mund. Malachy sagt, er hat Hunger und will auch was. Dad sagt, pscht, das ist die heilige Kommunion, der Leib und das Blut unseres Herrn.

Aber, Dad ...
Pscht, das ist ein Mysterium, sagt er.
Es hat keinen Sinn, weitere Fragen zu stellen. Wenn man etwas fragt, sagen sie einem, es ist ein Mysterium, das verstehst du, wenn du größer bist, sei ein artiger Junge, frag deine Mutter, frag deinen Vater, um der Liebe Jesu willen, laß mich in Ruhe, geh raus zum Spielen.

Dad bekommt zum erstenmal in Limerick Arbeit, bei der Zementfabrik, und Mam ist glücklich. Jetzt braucht sie nicht mehr bei der Gesellschaft vom Hl. Vincent de Paul um Sachen und Schuhe für Malachy und mich anzustehen. Sie sagt, es ist nicht gebettelt, sondern tätige Nächstenliebe genossen, aber Dad sagt, es ist gebettelt und eine Schande. Mam sagt, jetzt kann sie die paar Pfund zurückzahlen, die sie in Kathleen O'Connells Laden schuldet, und sie kann zurückzahlen, was sie ihrer eigenen Mutter schuldet. Sie haßt es, jemandem verpflichtet zu sein, besonders ihrer eigenen Mutter.
Die Zementfabrik ist Meilen außerhalb von Limerick, und das bedeutet, daß Dad gegen sechs Uhr morgens aus dem Haus sein muß. Das macht ihm nichts aus, weil er die langen Spaziergänge gewohnt ist. Am Abend vorher macht Mam ihm eine Flasche Tee, eine Stulle und ein hartes Ei. Er tut ihr leid, weil er drei Meilen hin und drei Meilen zurück zu Fuß muß. Ein Fahrrad wäre praktisch, aber um sich so was leisten zu können, müßte man ein Jahr arbeiten.
Freitag ist Zahltag, und Mam steht früh auf, macht das Haus sauber und singt.

> Von deinem Mund wollte ich einen Kuß.
> Aus gutem Grund sagte ich mir: Ich muß ...

Viel gibt es nicht im Haus zum Saubermachen. Sie fegt den Küchenfußboden und oben den Boden von Italien. Sie wäscht die vier Marmeladengläser, die wir als Tassen verwenden. Sie sagt, wenn Dad länger Arbeit hat, können wir uns ordentliche Tassen und vielleicht sogar Untertassen anschaffen, und eines Tages, mit Gottes und Seiner Mutter Hilfe, die gebenedeit ist unter den Weibern, kriegen wir Laken für das Bett, und wenn wir ganz lange sparen, eine Decke oder sogar zwei, anstatt dieser alten Mäntel, die von ihren Besitzern zur Zeit der Großen Kartoffelhungersnot zurückgelassen worden sein müssen. Sie kocht Wasser und wäscht die Lumpen, die Michael davon abhalten, den ganzen Kinderwagen und das Haus als solches vollzuscheißen. Ha, sagt sie, das gibt ein schönes Abendessen, wenn euer Oller heute abend mit dem Lohn nach Hause kommt.

Oller. Sie hat gute Laune.

In der ganzen Stadt lärmen Sirenen und Pfeifen, wenn die Männer um halb sechs mit der Arbeit fertig sind. Malachy und ich sind aufgeregt, denn wir wissen, wenn der Vater Arbeit hat und seinen Lohn nach Hause bringt, kriegt man den Freitagspenny. Das wissen wir von anderen Jungens, deren Väter arbeiten, und wir wissen, daß man nach dem Abendessen in den Laden von Kathleen O'Connell gehen und Süßigkeiten kaufen kann. Wenn die Mutter gute Laune hat, gibt sie einem vielleicht sogar zwei Pence, so daß man am nächsten Tag ins Lyric Cinema gehen kann, um sich einen Film mit James Cagney anzusehen.

Die Männer, die in Fabriken und Läden in der Stadt arbeiten, kommen in die Gasse, um zu Abend zu essen, sich zu waschen und in die Kneipe zu gehen. Die Frauen gehen ins Kino, ins Coliseum oder ins Lyric Cinema. Sie kaufen sich Süßigkeiten und Wild-Woodbine-Zigaretten, und wenn ihre Männer schon länger Arbeit haben, gönnen sie sich Black-Magic-Pralinen. Sie lieben die Liebesfilme und amüsieren sich prächtig und weinen sich die Augen aus, wenn es kein Happy-End gibt oder ein Geliebter in die Fremde geht, um sich von Hindus oder anderen Nicht-Katholiken erschießen zu lassen.

Wir müssen lange warten, bis Dad die Meilen von der Zementfabrik zu uns zurückgelegt hat. Wir können nicht zu

Abend essen, bevor er zu Hause ist, und das ist hart, weil man riecht, was bei den anderen Familien in der Gasse gekocht wird. Mam sagt, gut, daß Freitag Zahltag ist, wenn man kein Fleisch essen kann, denn der Geruch von Speck oder Würstchen in den anderen Häusern würde sie um den Verstand bringen. Immerhin gibt es bei uns Käsebrot und ein schönes Marmeladenglas Tee mit ordentlich Milch und Zucker, und was will man denn mehr?

Die Frauen sind in den Kinos, die Männer sind in den Kneipen, und Dad ist immer noch nicht zu Hause. Mam sagt, es ist ein weiter Weg bis zur Zementfabrik, auch wenn er schnell geht. Sie sagt das, aber ihre Augen sind wäßrig, und sie singt nicht mehr. Sie sitzt am Feuer und raucht eine Wild Woodbine, die sie bei Kathleen O'Connell auf Kredit gekriegt hat. Die Kippe ist ihr einziger Luxus, und diese Herzensgüte wird sie Kathleen nie vergessen. Sie weiß nicht, wie lange sie das Wasser im Kessel noch am Kochen halten kann. Es hat keinen Sinn, Tee zu machen, solang Dad noch nicht zu Hause ist, denn dann wird er suppig, matschig, dick wie Teer und untrinkbar. Malachy sagt, er hat Hunger, und sie gibt ihm Käsebrot, damit er durchhält. Sie sagt, dieser Job könnte unsere Rettung sein. Es ist schon schwer genug für ihn, mit seinem nördlichen Akzent einen Job zu kriegen, und wenn er den wieder verliert, weiß ich nicht, was wir treiben werden.

Die Dunkelheit ist in der Gasse, und wir müssen eine Kerze anzünden. Sie muß uns unseren Tee und unser Käsebrot geben, denn wir sind so hungrig, daß wir keine Minute mehr warten können. Sie sitzt am Tisch, ißt ein bißchen Käsebrot, raucht ihre Wild Woodbine. Sie geht zur Tür, um zu sehen, ob Dad schon durch die Gasse kommt, und sie spricht von den Zahltagen, an denen wir ganz Brooklyn nach ihm abgesucht haben. Sie sagt, eines Tages gehen wir alle zurück nach Amerika, und dann haben wir eine schöne warme Wohnung und ein Klo am anderen Ende des Korridors wie das in der Classon Avenue und nicht dies dreckige Ding da draußen.

Die Frauen kommen lachend aus den Kinos nach Hause und die Männer singend aus den Kneipen. Mam sagt, es hat keinen Zweck, noch länger zu warten. Wenn Dad bis zur Sperrstunde in den Kneipen bleibt, ist von seinem Lohn nichts mehr übrig, und da können wir genausogut ins Bett gehen. Sie liegt in ihrem Bett und hat Michael in den Armen. Es ist still in der Gasse, und ich kann meine Mutter weinen hören, obwohl sie sich einen alten Mantel übers Gesicht zieht, und in der Ferne höre ich jetzt auch meinen Vater.

Ich weiß, daß es mein Vater ist, weil er der einzige in Limerick ist, der dieses Lied aus dem Norden singt, in dem sich Roddy McCorley zum Sterben begibt, heute noch, auf der Brücke von Toome. Wo die Gasse anfängt, biegt er um die Ecke und fängt mit Kevin Barry an. Er singt eine Strophe, bleibt stehen, hält sich an einer Häuserwand fest, weint wegen Kevin Barry. Leute stecken den Kopf aus Fenstern und Türen und sagen ihm, um Jesu willen, stopf dir eine Socke rein. Manche von uns müssen morgens aufstehen und zur Arbeit. Geh nach Hause und sing da deine, äh, verdampften patriotischen Lieder.

Er steht mitten auf der Gasse und sagt der Welt, sie soll rauskommen, er ist bereit zu kämpfen, bereit, für Irland zu kämpfen und zu sterben, und das ist mehr, als man über die Männer von Limerick sagen kann, die auf der ganzen Welt der Länge und der Breite nach dafür bekannt sind, daß sie mit dem Sachsen, dem perfiden, kollaborieren.

Er stößt unsere Tür auf und singt.

> Wenn alles ringsum Wache hält –
> Der Westen schläft, taub für die Welt.
> Ganz Erin zag der Kummer quält,
> Wenn Connaught tief in Schlummer fällt.
> Doch horcht! die Stimm' wie Donner sprach:
> Wach ist der Westen, wach, wach, wach!
> Hurra, nun Englands Joch ich brach
> Und tilg auf ewig Erins Schmach!

Er ruft von unten herauf, Angela, Angela, haben wir einen Tropfen Tee im Hause?

Sie antwortet nicht, und jetzt ruft er, Francis, Malachy, kommt zu mir herunter. Ich habe den Freitagspenny für euch.
Ich will nach unten, um mir meinen Freitagspenny zu holen, aber Mam schluchzt mit dem Mantel über ihrem Mund, und Malachy sagt, ich will seinen ollen Freitagspenny gar nicht.
Dad taumelt die Treppe hoch und hält eine Rede, in der es darum geht, daß wir alle für Irland sterben müssen. Er zündet ein Streichholz an und hält es an die Kerze neben Mams Bett. Er hält die Kerze hoch über seinem Kopf und marschiert im Zimmer herum und singt:

> Seht, wer da kommt durch die rotblüh'nde Heide,
> Grün küßt ihr Banner die Bergluft so rein.
> Kopf hoch, Blick voran, jeder Kerl wie Geschmeide;
> Die Freiheit, sie thront in ihrer Herzen Schrein.

Michael wacht auf und schreit laut, die Hannons ballern nebenan an die Wand, Mam sagt Dad, er ist ein Schandfleck, und er soll nicht nur das Zimmer, sondern auch gleich das Haus verlassen.
Er steht mitten auf dem Fußboden und hält die Kerze hoch über seinem Kopf. Er zieht einen Penny aus der Tasche und winkt Malachy und mir damit zu. Euer Freitagspenny, Jungs, sagt er. Ich will, daß ihr jetzt aus dem Bett springt und euch aufstellt wie zwei Soldaten und versprecht, daß ihr für Irland sterbt, und dann gebe ich euch den Freitagspenny.
Malachy setzt sich im Bett auf. Ich will ihn gar nicht, sagt er. Und ich sage ihm, ich will ihn auch nicht.
Dad steht eine Minute schwankend da und steckt dann den Penny zurück in seine Tasche. Er will etwas zu Mam sagen, und sie sagt, heute nacht schläfst du nicht in diesem Bett. Er findet mit der Kerze den Weg die Treppe hinunter, schläft auf einem Stuhl, kommt morgens zu spät zur Arbeit, verliert den Job in der Zementfabrik, und wir sind wieder auf Stempelgeld angewiesen.

4

Der Lehrer sagt, es ist Zeit, sich auf die erste Beichte und die hl. Erstkommunion vorzubereiten, alle Fragen und Antworten im Kathezismus zu wissen und zu behalten, ein guter Katholik zu werden, den Unterschied zwischen richtig und falsch zu kennen, für den Glauben zu sterben, falls das verlangt wird.

Der Lehrer sagt, es ist herrlich, für den Glauben zu sterben, und Dad sagt, es ist herrlich, für Irland zu sterben, und ich frage mich, ob es wohl auf der Welt jemanden gibt, der möchte, daß wir leben. Meine Brüder sind tot, und meine Schwester ist tot, und ich frage mich, ob sie für Irland gestorben sind oder für den Glauben. Dad sagt, sie waren zu jung, um für irgendwas zu sterben. Mam sagt, es waren Krankheit und Hunger und weil er nie Arbeit hat. Dad sagt, *och*, Angela, setzt sich die Mütze auf und geht lange spazieren.

Der Lehrer sagt, wir sollen alle drei Pence mitbringen für den Erstkommunionskathezismus mit dem grünen Einband. In dem Kathezismus stehen alle Fragen und Antworten, die wir auswendig wissen müssen, bevor wir die hl. Erstkommunion empfangen können. Ältere Jungens in der fünften Klasse haben den dicken Firmungskathezismus mit dem roten Einband, und der kostet Sixpence. Ich wäre gern groß und wichtig und würde auch gern mit dem roten Firmungskathezismus unterm Arm herumlaufen, aber ich glaube nicht, daß ich lange genug lebe, so wie von mir erwartet wird, daß ich für dies oder jenes sterbe. Ich würde gern fragen, warum es so viele Große gibt, die nicht für Irland oder den Glauben gestorben sind, aber ich weiß, wenn man so eine Frage stellt, gibt es was auf den Kopf, oder man soll spielen gehen.

Es ist sehr praktisch, daß Mikey Molloy um die Ecke von mir wohnt. Er ist elf, er hat Anfälle, und hinter seinem Rücken nennen wir ihn Molloy-der-Anfall. Die Leute in der Gasse sagen, der Anfall ist eine Heimsuchung, und jetzt weiß ich endlich, was Heimsuchung bedeutet. Mikey weiß alles, weil er bei seinen Anfällen Visionen hat und weil er Bücher liest. In der Gasse ist er der Experte für Mädchenkörper-und-Säuisches-im-allgemeinen, und er verspricht, ich werd dir alles sagen, Frankie, wenn du auch elf bist wie ich und nicht mehr so dumm und unwissend.

Es ist gut, daß er Frankie sagt, da weiß ich, daß er mit mir spricht, weil er nämlich schielt und man nie weiß, wen er gerade ansieht. Wenn er mit Malachy spricht, und ich glaube, er spricht mit mir, wird er vielleicht wütend und kriegt einen Anfall, der ihn hinwegrafft. Er sagt, Schielen ist eine Gabe, weil man wie ein Gott ist, der gleichzeitig in zwei Richtungen blickt, und wenn man zum Beispiel im alten Rom schielte, kriegte man problemlos einen guten Job. Wenn du Bilder von römischen Kaisern betrachtest, wirst du feststellen, daß da immer eine starke Anlage zum Schielen vorhanden ist. Wenn er keinen Anfall hat, sitzt er ganz oben in der Gasse auf der Erde und liest die Bücher, die sein Vater aus der Carnegie-Bücherei mit nach Hause bringt. Seine Mutter sagt, Bücher Bücher Bücher, er verdirbt sich die Augen mit der Leserei, er braucht eine Operation, damit die Augen auf die Reihe kommen, aber wer soll das bezahlen. Sie sagt ihm, wenn er weiter seine Augen so überanstrengt, werden sie ineinanderfließen, bis er nur noch ein Auge in der Mitte des

Kopfes hat. Seitdem nennt sein Vater ihn Zyklop, nach dem Einäugigen, der in einer griechischen Geschichte vorkommt. Nora Molloy kennt meine Mutter vom Schlangestehen bei der Gesellschaft vom Hl. Vincent de Paul. Sie sagt Mam, daß Mikey mehr Verstand hat als zwölf Männer, die Pints in einer Kneipe trinken. Er kennt die Namen sämtlicher Päpste von Petrus bis Pius dem Elften. Er ist erst elf, aber er ist schon ein Mann, allerdings, ein Mann. So manche Woche rettet er die Familie vor dem schieren Verhungern. Er leiht sich einen Handwagen bei Aidan Farrell und klopft in ganz Limerick an die Tür, um zu sehen, ob Leute Kohle oder Torf frei Haus geliefert haben wollen, und dann geht er hinunter in die Dock Road und schleppt riesenhafte Säcke an, einen Zentner oder noch schwerer. Er macht Botengänge für alte Leute, die nicht gehen können, und wenn sie keinen Penny für ihn haben, genügt auch ein Gebet.

Wenn er ein bißchen Geld verdient, gibt er es seiner Mutter, die ihren Mikey liebt. Er ist ihre Welt, ihr Herzblut, ihr Pulsschlag, und wenn ihm je etwas zustoßen solle, kann man sie auch gleich in die Irrenanstalt stecken und den Schlüssel wegschmeißen.

Mikeys Vater, Peter, ist ein großer Weltmeister. Er gewinnt Wetten in den Kneipen, indem er mehr Pints trinkt als irgend jemand sonst. Er geht einfach raus aufs Klo, steckt sich den Finger in den Hals, und alles kommt wieder hoch, so daß er von vorne anfangen kann. Peter ist so ein Weltmeister, daß er auf dem Klo stehen und kotzen kann, ohne den Finger zu benutzen. Er ist so ein Weltmeister, daß man ihm die Finger abhacken könnte, und er würde weitermachen, als wäre nichts. Er gewinnt das ganze Geld, bringt es aber nicht nach Hause. Manchmal ist er wie mein Vater und vertrinkt das Stempelgeld als solches, und deshalb wird Nora Molloy so oft in die Irrenanstalt gekarrt, außer sich vor Sorge um ihre ausgehungerte Familie. Sie weiß, daß man, solang man in der Anstalt ist, sicher ist vor der Welt und ihren Peinigungen, man kann sowieso nichts machen, man ist geschützt, und Sorgenmachen bringt nichts. Es ist wohlbekannt, daß alle

Irren in die Anstalt gezerrt werden müssen, aber sie ist die einzige, die herausgezerrt werden muß, zurück zu den fünf Kindern und dem Weltmeister aller Pintstrinker.
Daß Nora Molloy reif für die Anstalt ist, merkt man daran, daß ihre Kinder vom Schädel bis zum Zeh weiß herumlaufen. Das passiert, wenn Peter das Stempelgeld vertrinkt und sie verzweifelt ist und weiß, daß die Männer kommen werden, um sie abzuholen. Man weiß, daß sie innerlich rast, weil sie backen muß. Sie möchte sichergehen, daß die Kinder nicht verhungern, während sie weg ist, und sie zieht durch ganz Limerick und bettelt um Mehl. Sie geht zu Priestern, Nonnen, Protestanten, Quäkern.
Sie geht zu Rank's Getreidemühle und bittet um das, was auf dem Fußboden zusammengefegt wird. Sie bäckt Tag und Nacht, Peter fleht sie an, damit aufzuhören, aber sie kreischt, das kommt davon, wenn man das Stempelgeld versäuft. Er sagt ihr, das Brot wird doch nur altbacken. Es hat keinen Sinn, mit ihr zu reden. Backen backen backen. Wenn sie das Geld hätte, würde sie alles Mehl in Limerick und Umgebung verbacken. Wenn nicht die Männer von der Irrenanstalt kämen, um sie abzuholen, würde sie backen, bis sie umfällt.
Die Kinder stopfen sich mit so viel Brot voll, daß die Leute sagen, sie sehen aus wie Brotlaibe. Trotzdem wird das Brot altbacken, und Mikey ist von dieser Verschwendung so bekümmert, daß er mit einer reichen Frau spricht, die ein Kochbuch hat, und die sagt ihm, er soll Brotpudding machen. Er kocht das harte Brot in Wasser und saurer Milch und schmeißt eine Tasse Zucker hinein, und seine Brüder lieben es, selbst wenn sie die zwei Wochen, die ihre Mutter in der Irrenanstalt ist, nichts anderes kriegen.
Mein Vater sagt, holen sie sie ab, weil sie beim Brotbacken verrückt geworden ist, oder wird sie beim Brotbacken verrückt, weil sie sie abholen?
Nora kommt ganz ruhig nach Hause, als wäre sie an der See gewesen. Sie sagt immer, wo ist Mikey? Lebt er? Sie macht sich wegen Mikey Sorgen, weil er kein ordentlicher Katholik ist, und wenn er einen Anfall hat und stirbt, wer weiß, wo er

das nächste Leben verbringt. Er ist kein ordentlicher Katholik, weil er Angst hat, wenn man ihm etwas auf die Zunge legt, kriegt er vielleicht einen Anfall und erstickt daran, weshalb er die hl. Erstkommunion nie empfangen hat. Der Lehrer hat es immer wieder mit Schnipseln vom Limerick Leader versucht, aber Mikey hat sie immer wieder ausgespuckt, bis der Lehrer Zustände kriegte und ihn zum Priester geschickt hat, der dem Bischof schrieb, welcher sagte, laßt mich zufrieden, regelt das selber. Der Lehrer schickte eine Mitteilung nach Hause, in der stand, Mikey soll das Empfangen der Kommunion mit seinem Vater oder seiner Mutter üben, aber nicht mal die konnten ihn dazu bringen, daß er ein Stück Limerick Leader in Form einer Oblate schluckt. Sie haben es sogar mit einem oblatenförmigen Stück Marmeladenbrot versucht, und es hat nicht geklappt. Der Priester sagt Mrs. Molloy, sie soll sich keine Sorgen machen. Rätselhaft sind die Wege des Herrn, da Er Seine Wunder wirkt, und bestimmt hat Er noch was ganz Besonderes mit Mikey vor, einschließlich der Anfälle und so weiter. Sie sagt, ist es nicht bemerkenswert, wie er alle Arten von Süßigkeiten und Rosinenbrötchen schlucken kann, aber wenn er den Leib unseres Herrn schlucken soll, kriegt er einen Anfall? Ist das nicht bemerkenswert? Sie hat Sorge, Mikey kriegt vielleicht den Anfall und stirbt und fährt, falls er irgendeine Sorte von Sünde auf der Seele hat, zur Hölle, obwohl jedermann weiß, daß er ein Engelchen direkt vom Himmel hoch ist. Mikey sagt ihr, Gott sucht einen doch nicht mit dem Anfall heim und befördert einen dann auch noch zu allem Überfluß mit einem Arschtritt in die Hölle. Was wäre denn das für ein Gott, der so was macht?

Bist du sicher, Mikey?

Aber ja. Ich hab's in einem Buch gelesen.

Er sitzt unter dem Laternenpfahl ganz oben in der Gasse und lacht über den Tag seiner Erstkommunion, der ein einziger Schwindel war. Er konnte die Oblate nicht schlucken, aber hat das seine Mutter davon abgehalten, mit ihm in seinem kleinen schwarzen Anzug durch Limerick zu stolzieren und die Kollekte zu machen? Sie sagte zu Mikey, ich lüge ja immerhin nicht. Ich sage nur zu den Nachbarn, hier ist Mikey in seinem Erstkommunionsanzug. Mehr sag ich ja gar nicht. Hier ist Mikey. Wenn sie glauben, du hättest deine Erstkommunion geschluckt, wer bin ich denn, daß ich ihnen widerspreche und sie enttäusche? Mikeys Vater sagte, mach dir keine Sorgen, Zyklop. Du hast jede Menge Zeit. Jesus war auch kein ordentlicher Katholik, bevor er beim Letzten Abendmahl Brot und Wein zu sich nahm, und da war er schon dreiunddreißig Jahre alt. Nora Molloy sagte, wirst du wohl aufhören, ihn Zyklop zu nennen? Er hat zwei Augen im Kopf, und er ist kein Grieche. Aber Mikeys Vater, Weltmeister aller Pintstrinker, ist wie mein Onkel Pa Keating, es schert ihn keinen Fiedlerfurz, was die Welt sagt, und so wäre ich auch gern.

Mikey sagt mir, das Beste an der Erstkommunion ist die Kollekte. Die Mutter muß einem irgendwie einen neuen Anzug besorgen, damit sie mit dir bei den Nachbarn und Verwandten angeben kann, und sie geben einem Süßigkeiten und Geld, und man kann ins Lyric Cinema gehen und sich Charlie Chaplin ansehen.

Und was ist mit James Cagney?

James Cagney kannst du vergessen. Alles nur Gequatsche. Charlie Chaplin ist das einzig Wahre. Aber man muß bei der Kollekte die Mutter dabeihaben. Die Großen in Limerick geben nicht jeder x-beliebigen Rotznase im Erstkommunionsanzug Geld, wenn die Mutter nicht dabei ist.

Mikey hat an seinem Erstkommunionstag über fünf Shilling eingenommen und so viele Süßigkeiten und Rosinenbrötchen gegessen, daß er sich im Lyric Cinema übergeben hat und von Frank Goggin, dem Eintrittskartenmann, mit einem Tritt rausgeschmissen wurde. Er sagt, das war ihm egal, weil er noch Geld übrig hatte und noch am selben Tag ins Savoy gegangen ist, um sich einen Piratenfilm anzusehen, und da hat er so viel Cadbury-Schokolade gegessen und so viel Limonade getrunken, daß er einen Bauch hatte bis hier. Er kann es gar nicht erwarten, daß endlich Firmung ist, denn dann ist

man älter, es gibt wieder eine Kollekte, und die bringt viel mehr Geld als die Erstkommunion. Er wird bis an sein Lebensende ins Kino gehen, sich neben Mädchen aus dem Gassenviertel setzen und wie ein Experte Säuisches treiben. Er liebt seine Mutter, aber er wird nie heiraten, weil er Angst hat, er kriegt eine Frau, die ständig in die Irrenanstalt eingeliefert und wieder entlassen wird. Wozu soll man heiraten, wenn man im Kino sitzen und mit den Mädchen aus dem Gassenviertel Säuisches treiben kann, denen sowieso egal ist, was man macht, weil sie es mit ihren Brüdern schon mal gemacht haben. Wenn man nicht heiratet, hat man keine Kinder zu Hause, die plärren, sie wollen Tee und Brot, und keuchen, wenn sie den Anfall haben, und mit den Augen über Kreuz in sämtliche Richtungen kucken. Wenn er älter ist, wird er wie sein Vater in die Kneipe gehen, jede Menge Pints trinken, sich den Finger in den Hals stecken, damit es wieder hochkommt, noch mehr Pints trinken, die Wetten gewinnen und das Geld bei seiner Mutter abliefern, damit sie nicht wahnsinnig wird. Er sagt, er ist kein ordentlicher Katholik, und das bedeutet, daß er verdammt ist und tun und lassen kann, was ihm verdammtnochmal paßt.
Er sagt, ich werde dir mehr erzählen, wenn du groß bist, Frankie. Jetzt bist du noch zu jung und weißt sowieso nicht, wo bei dir vorne und hinten ist.

Der Lehrer, Mr. Benson, ist sehr alt. Er brüllt und spuckt uns jeden Tag an. Die Jungens in der ersten Reihe hoffen, daß er keine Krankheiten hat, denn jedermann weiß, daß Spucke alle Krankheiten überträgt, und er könnte nach allen Seiten die Schwindsucht verbreiten. Er sagt uns, wir müssen den Kathezismus rückwärts, vorwärts und seitwärts auswendig können. Wir müssen die Zehn Gebote kennen, die sieben Tugenden – göttlich sowie moralisch –, die sieben Sakramente, die sieben Todsünden. Wir müssen alle Gebete auswendig können, das Ave-Maria, das Vaterunser, das Confiteor, das Apostolische Glaubensbekenntnis, das Bußgebet, die Litanei unserer Allerheiligsten Jungfrau Maria. Wir müssen sie auf irisch und auf englisch können, und wenn wir ein irisches Wort vergessen und statt dessen ein englisches nehmen, kriegt er einen Wutanfall und schlägt mit dem Stock um sich. Wenn es nach ihm ginge, würden wir unsere Religion auf lateinisch lernen, die Sprache der Heiligen, die mit Gott und Seiner Heiligen Mutter vertraulich verkehrten, die Sprache der frühen Christen, die zusammengepfercht in den Katakomben kauerten und ins Licht traten, um durch Folter und Schwert zu sterben, und in den schäumenden Rachen der ausgehungerten Löwen ihren Atem aushauchten. Irisch ist gut für Patrioten, Englisch für Verräter und Informanten, aber nur Latein gewährt uns Zugang zum Himmel als solchem. Auf lateinisch haben die Märtyrer gebetet, als ihnen die Barbaren die Zehen- und Fingernägel herausrissen und ihnen die Haut stückchenweise abzogen. Er sagt uns, wir sind eine Schande für Irland und dessen lange, traurige Geschichte und daß es uns besser anstünde, in Afrika vor Büschen und Bäumen zu beten. Er sagt uns, bei uns ist sowieso Hopfen und Malz verloren, die schlechteste Klasse, die er je im Erstkommunionsunterricht hatte, aber so wahr Gott die kleinen Äpfel erschuf, so wahr wird er Katholiken aus uns machen, er wird die Faulenzerei aus uns raus- und die göttliche Gnade in uns reinprügeln.

Brendan Quigley hebt die Hand. Wir nennen ihn Quigley-den-Fragensteller oder einfach nur Frage, weil er andauernd Fragen stellt. Er kann nicht anders. Sir, was ist die göttliche Gnade?

Der Lehrer rollt die Augen himmelwärts. Jetzt bringt er Quigley bestimmt um. Nein, er bellt ihn an, die göttliche Gnade vergiß mal lieber, Quigley. Die geht dich gar nichts an. Du bist hier, damit du den Kathechismus lernst und machst, was dir gesagt wird. Du bist nicht hier, damit du Fragen stellst. Es gibt einfach zu viele Menschen, die unsere Welt durchwandern und Fragen stellen, und genau das hat uns dorthin gebracht, wo wir jetzt leider sind, und wenn ich in dieser Klasse einen Knaben antreffen sollte, welcher Fragen

stellt, dann weiß ich nicht, ob man mich für das, was als nächstes geschieht, wird verantwortlich machen können. Hast du das gehört, Quigley?
Ja.
Ja, was?
Ja, Sir.
Er fährt mit seiner Ansprache fort. Es gibt Knaben in dieser Klasse, welche die göttliche Gnade nie erfahren werden. Und weshalb nicht? Wegen der Habgier. Ich habe sie gehört, wie sie auf dem Schulhof über den Tag der heiligen Erstkommunion sprachen, den schönsten Tag eures Lebens. Und sprachen sie etwa darüber, daß sie endlich den Leib und das Blut unseres Heilands empfangen werden? O nein. Diese habgierigen kleinen Blagen sprechen über die sogenannte Kollekte, über das Geld, das sie bekommen werden. Sie werden, in ihre kleinen Anzüge gekleidet, von Haus zu Haus ziehen wie die Bettler, und zwar für die Kollekte. Und werden sie irgendeinen Zehnten von diesem Gelde nehmen und ihn den kleinen schwarzen Babys in Afrika zusenden? Werden sie je an diese kleinen Heiden denken, auf ewig der Verdammnis anheimgefallen, weil es ihnen an sowohl der Taufe gebricht als auch dem Wissen um den wahren Glauben? Diese kleinen schwarzen Babys, denen man das Wissen um das Mysterium des Leibes Christi vorenthält? Die Vorhölle ist vollgestopft mit kleinen schwarzen Babys, und sie fliegen dort durch die Gegend und schreien nach ihren Müttern, weil ihnen niemals die Gnade gewährt werden wird, in der unnennbaren Gegenwart unseres Herrn und der glorreichen Versammlung der Heiligen, Märtyrer und Jungfrauen zu weilen. O nein. In die Lichtspielhäuser rennen unsere Erstkommunionskinder, um sich in jenem Schmutz zu wälzen, wie ihn die Spießgesellen des Satans in Hollywood verbreiten. Stimmt das nicht, McCourt?
Stimmt, Sir.
Quigley-der-Fragesteller hebt wieder die Hand. In der Klasse tauschen wir Blicke und überlegen, ob er vielleicht auf Selbstmord aus ist.

Was sind Spießgesellen, Sir?
Das Gesicht des Lehrers wird erst weiß, dann rot. Seine Lippen werden zu einem Strich, dann öffnen sie sich, und links und rechts fliegt Spucke. Er läuft zu Frage und zerrt ihn aus der Bank. Er schnaubt und stottert, und seine Spucke fliegt durchs Klassenzimmer. Er prügelt Frage auf die Schultern, den Hintern, die Beine. Er packt ihn beim Kragen und zerrt ihn vor die Klasse. Seht euch dieses Exemplar an, brüllt er.
Frage zittert und weint. Tut mir leid, Sir.
Der Lehrer äfft ihn nach. Tut mir leid, Sir. Was tut dir leid?
Tut mir leid, daß ich eine Frage gestellt habe. Ich will nie wieder was fragen, Sir.
Und der Tag, an dem du es doch tust, Quigley, wird der Tag sein, an welchem du dir wünschen wirst, daß Gott dich zu Sich an Seinen Busen nimmt. Was wirst du dir wünschen, Quigley?
Daß Gott mich zu Sich an Seinen Busen nimmt, Sir.
Geh zurück an deinen Platz, du Einfaltspinsel, du Omadhaun, du Ding aus dem weit abgelegenen dunklen Winkel eines Sumpfes.
Er setzt sich, der Stock liegt vor ihm auf dem Pult. Er sagt Frage, er soll das Gewimmer einstellen und ein Mann sein. Wenn er in dieser Klasse auch nur einen einzigen Knaben hört, der dumme Fragen stellt oder wieder von der Kollekte redet, wird er den betreffenden Knaben prügeln, bis das Blut spritzt.
Was werde ich tun?
Den betreffenden Knaben prügeln, Sir.
Bis?
Bis das Blut spritzt, Sir.
Nun, Clohessy, wie lautet das sechste Gebot?
Du sollst nicht ehebrechen.
Du sollst nicht ehebrechen, was?
Du sollst nicht ehebrechen, Sir.
Und was ist Ehebruch, Clohessy?
Unreine Gedanken, unreine Worte, unreine Taten, Sir.
Gut, Clohessy. Du bist ein braver Junge. Zwar magst du in

der Sir-Abteilung langsam und vergeßlich sein, zwar mögen deine Füße keine Schuhe zieren, aber beim sechsten Gebot kann dir keiner was vormachen, und das wird dich rein erhalten.

Paddy Clohessy hat keinen Schuh am Fuß, seine Mutter rasiert ihm den Kopf, um die Läuse fernzuhalten, seine Augen sind rot, seine Nase immer rotzig. Die wunden Stellen auf seinen Knien heilen nie, weil er immer den Schorf abknibbelt und in den Mund steckt. Seine Kleider sind Lumpen, die er sich mit sechs Brüdern und einer Schwester teilen muß, und wenn er mit einer blutigen Nase oder einem blauen Auge in die Schule kommt, weiß man, daß er morgens eine Schlägerei wegen der Klamotten hatte. Er haßt die Schule. Er ist sieben und wird bald acht, und er ist der größte und älteste Junge in der Klasse, und er kann es gar nicht erwarten, daß er erwachsen ist und vierzehn, damit er durchbrennen und für siebzehn gehalten werden und zur englischen Armee und dann nach Indien kann, wo es schön ist und warm und wo er in einem Zelt wohnen kann, mit einem dunkelhäutigen Mädchen mit dem roten Punkt auf der Stirn, und da liegt er dann und ißt Feigen, das ißt man nämlich in Indien, Feigen, und sie kocht bei Tag und Nacht Curry und macht plonk auf einer Ukulele, und wenn er genug Geld hat, läßt er die ganze Familie nachkommen, und dann wohnen sie alle in dem Zelt, besonders sein armer Vater, der zu Hause sitzt und große Klumpen Blut hustet wegen der Schwindsucht. Als meine Mutter ihn auf der Straße sieht, sagt sie, *wisha,* sieh dir das arme Kind an. Ein Gerippe mit Lumpen ist er, und wenn sie einen Film über die Hungersnot drehen wollten, würden sie ihn bestimmt mittenreintun.
Ich glaube, Paddy mag mich wegen der Rosine, und ich fühle mich ein bißchen schuldig, weil ich nicht von vornherein so großzügig war. Der Lehrer, Mr. Benson, hatte gesagt, die Regierung spendiert uns gratis ein Mittagessen, damit wir nicht bei dem eisigen Wetter nach Hause müssen. Er führte uns in

ein kaltes Zimmer in den Verliesen von Leamy's School, wo die Putzfrau, Nellie Ahearn, 0,3 Liter Milch und ein Rosinenbrötchen an jeden verteilte. Die Milch war in den Flaschen gefroren, und wir mußten sie zwischen unseren Oberschenkeln schmelzen. Die Jungens machten Witze und sagten, die Flaschen würden uns die Dinger abfrieren, und der Lehrer brüllte, noch ein solches Wort, und ich wärme die Flaschen an euren Hinterköpfen an. Wir alle untersuchten unsere Brötchen, aber wir konnten keine Rosinen finden, und Nellie sagte, sie müssen vergessen haben, sie reinzutun, und sie wird den Mann fragen, der sie geliefert hat. Wir suchten jeden Tag weiter, bis ich zum Schluß in meinem Brötchen eine Rosine fand und in die Luft hielt. Die Jungens fingen an zu murren und sagten, sie wollen auch eine Rosine, und Nellie sagte, es ist nicht ihre Schuld. Sie fragt den Mann noch mal. Jetzt bettelten mich die Jungens um die Rosine an und boten mir alles mögliche dafür, einen Schluck von ihrer Milch, einen Bleistift, ein Schundheft. Toby Mackey sagte, ich kann seine Schwester haben, und Mr. Benson hörte ihn und nahm ihn mit in den Flur und drosch auf ihn ein, bis er laut heulte. Ich hätte die Rosine gern behalten, aber ich sah, wie Paddy Clohessy in der Ecke stand, ohne Schuhe, und das Zimmer war eiskalt, und er zitterte wie ein Hund, den man getreten hat, und getretene Hunde haben mir schon immer leid getan, und deshalb ging ich hin und gab Paddy die Rosine, weil ich nicht wußte, was ich sonst machen soll, und alle Jungens schrien, daß ich blöd bin und ein Scheiß-Schwachkopf und den Tag noch bitter bereuen werde, und nachdem ich Paddy die Rosine gegeben hatte, bekam ich große Sehnsucht nach ihr, aber jetzt war es zu spät, denn er stopfte sie sich direkt in den Mund und schluckte sie hinunter und sah mich an und sagte nichts, und ich sagte mir im stillen, was bist du doch für ein Schwachkopf, daß du deine Rosine verschenkst.

Mr. Benson sah mich an und sagte nichts, und Nellie Ahearn sagte, du bist ein toller alter Yankee, Frankie.

Bald wird der Priester kommen, um uns auf den Kathezismus und alles andere zu prüfen. Der Lehrer persönlich muß uns vorher zeigen, wie man die heilige Kommunion empfängt. Er sagt uns, wir sollen uns um ihn herum aufstellen. Er füllt seinen Hut mit dem Limerick Leader, den er in kleine Schnipsel zerrissen hat. Er gibt Paddy Clohessy den Hut, kniet sich auf den Fußboden und sagt Paddy, er soll einen Papierschnipsel nehmen und ihn ihm auf die Zunge legen. Er zeigt uns, wie man die Zunge herausstreckt, den Papierschnipsel empfängt, ihn einen Augenblick lang auf der Zunge behält, die Zunge einzieht, die Hände im Gebet faltet, gen Himmel blickt, die Augen in Anbetung schließt, darauf wartet, daß das Papier im Munde schmilzt, es runterschluckt und Gott für die Gabe und Seine Barmherzigkeit dankt. Als er seine Zunge herausstreckt, müssen wir uns das Lachen verkneifen, weil wir noch nie eine große lila Zunge gesehen haben. Er macht die Augen auf, um zu sehen, wer kichert, aber er kann nichts sagen, weil er immer noch Gott auf der Zunge hat und es ein heiliger Moment ist. Er steht wieder auf und sagt, jetzt sollen wir uns auf die ganze Klasse verteilt hinknien, um die heilige Kommunion einzuüben. Er geht durch die Klasse, legt uns Papierschnipsel auf die Zunge und murmelt auf lateinisch. Manche kichern, und er brüllt, wenn das Kichern nicht sofort aufhört, dann kriegen wir keine heilige Erstkommunion, sondern das genaue Gegenteil davon, und wie heißt das betreffende Sakrament, McCourt?
Letzte Ölung, Sir.
Das stimmt, McCourt. Nicht schlecht für einen Yank, der frisch aus dem New Yorker Sündenpfuhl kommt.
Er sagt uns, wir sollen aufpassen, daß wir die Zunge weit genug herausstrecken, damit die Oblate nicht auf den Fußboden fällt. Er sagt, das ist das Schlimmste, was einem Priester passieren kann, denn wenn er die Oblate fallen läßt, muß er auf seine beiden Knie runter, die Oblate mit seiner eigenen Zunge aufheben und den Fußboden um die Oblate herum ablecken, falls sie noch herumgehopst ist, bevor sie liegenblieb. Dabei kann sich der Priester einen Splitter zuziehen,

der seine Zunge bis auf die Größe einer Steckrübe anschwellen läßt, und das kann zum endgültigen Tod durch Ersticken führen.
Er sagt uns, die Kommunionsoblate ist das Heiligste auf der ganzen Welt, heiliger ist höchstens noch eine Reliquie vom echten Kreuz zu Golgatha, und unsere Erstkommunion ist der heiligste Augenblick in unserem Leben. Das Reden über die Erstkommunion regt den Lehrer richtig auf. Er schreitet auf und ab, fuchtelt mit dem Stock und sagt uns, wir dürfen nie vergessen, daß wir in dem Moment, in dem uns die heilige Kommunion auf die Zunge gelegt wird, Mitglieder jener so überaus glorreichen Gemeinde werden, der Einen, Heiligen, Römischen, Katholischen und Apostolischen Kirche, daß nun schon seit zweitausend Jahren Männer, Frauen und Kinder für den Glauben gestorben sind, daß die Iren sich in der Märtyrer-Abteilung vor keinem zu verstecken brauchen. Haben wir die Welt etwa nicht reichlich mit Märtyrern versorgt? Haben wir unsere Hälse etwa nicht unter der protestantischen Axt entblößt? Sind wir etwa nicht aufs Schafott gestiegen, und zwar singend, als brächen wir zu einem Picknick auf? Stimmt's?
Stimmt, Sir.
Was haben wir?
Unsere Hälse unter der protestantischen Axt entblößt, Sir.
Und was sind wir?
Aufs Schafott gestiegen, und zwar singend, Sir.
Als was?
Als brächen wir zu einem Picknick auf, Sir.
Er sagt, in dieser Klasse befindet sich vielleicht, vielleicht ein zukünftiger Priester oder ein Märtyrer für den Glauben, obwohl er es stark bezweifelt, sind wir doch die faulste Bande von Ignoranten, die er jemals unterrichten zu müssen das Mißgeschick hatte.
Aber es muß auch solche geben, sagt er, und bestimmt hat sich Gott etwas dabei gedacht, als er euresgleichen aussandte, um die Erde zu verseuchen. Bestimmt hat sich Gott etwas dabei gedacht, als er Clohessy ohne Schuhe in unsre Mitte

sandte, Quigley mit seinen gottlosen Fragen und McCourt frisch von den sündigen Küsten Amerikas. Und merkt euch dieses, ihr Bande, Gott sandte Seinen einzigen eingeborenen Sohn nicht aus, auf daß Er am Kreuze hänge, damit ihr am Tage eurer heiligen Erstkommunion eure klebrigen kleinen Pratzen nach der Kollekte ausstreckt. Unser Herr starb, auf daß ihr erlöset werdet. Es genügt völlig, die Gabe des Glaubens zu empfangen. Hört ihr mir überhaupt zu?
Ja, Sir.
Und was genügt völlig?
Die Gabe des Glaubens, Sir.
Gut. Geht nach Hause.

Abends sitzen drei von uns unter dem Laternenpfahl oben in der Gasse und lesen: Mikey, Malachy und ich. Die Molloys sind wie wir; ihr Vater vertrinkt oft das Stempelgeld oder den Lohn, und dann ist kein Geld für Kerzen oder Paraffinöl da. Mikey liest Bücher, und wir anderen lesen Comics. Sein Vater bringt Bücher aus der Carnegie-Bücherei mit, damit er etwas zu tun hat, wenn er keine Pints trinkt oder sich während der Anstaltsaufenthalte von Mrs. Molloy um die Familie kümmert. Er läßt Mikey lesen, was er will, und jetzt liest Mikey ein Buch über Cuchulain und redet, als wüßte er alles über ihn. Ich würde ihm gern sagen, daß ich schon alles über Cuchulain wußte, als ich noch keine vier Jahre alt war, daß ich Cuchulain in Dublin gesehen habe, daß Cuchulain nichts dagegen hat, in meinen Träumen vorbeizuschauen. Ich will ihm sagen, er soll nicht weiterreden über Cuchulain, denn der gehört mir, hat schon vor Jahren, als ich noch jung war, mir gehört, aber ich kann nicht, weil Mikey uns eine Geschichte vorliest, von der ich noch nie gehört habe, eine schmutzige Geschichte über Cuchulain, die ich nie meinem Vater oder meiner Mutter erzählen kann, die Geschichte, wie Emer Cuchulains Frau wurde.
Cuchulain wurde allmählich ein alter Mann von einundzwanzig. Er war einsam und wollte heiraten, was ihn

schwach machte, sagt Mikey, und ihn dann schließlich auch umgebracht hat. Alle Frauen in Irland waren verrückt nach Cuchulain, und alle wollten ihn heiraten. Er sagte, das wäre doch toll, er hätte nichts dagegen, alle Frauen von Irland zu heiraten. Wenn er mit allen Männern von Irland kämpfen konnte, warum konnte er dann nicht auch alle Frauen heiraten? Aber der König, Conor MacNessa, sagte, für dich mag das alles gut und schön sein, Cu, aber die Männer von Irland wollen in den langen Stunden der Nacht nicht einsam sein. Der König entschied, daß ein Wettkampf stattfinden sollte, damit man sieht, wer Cuchulain heiraten darf, und es sollte ein Pißwettkampf sein. Alle Frauen von Irland versammelten sich auf den Ebenen von Muirthemne, um zu sehen, welche am weitesten pissen konnte, und das war dann Emer. Sie wurde irische Weitpißmeisterin und heiratete Cuchulain, und deshalb nennt man sie bis zum heutigen Tage Emer-mit-der-großen-Blase.
Mikey und Malachy lachen über diese Geschichte, obwohl ich nicht glaube, daß Malachy sie versteht. Er ist jung und hat die Hl. Erstkommunion noch weit vor sich, und er lacht nur über das Pißwort. Dann sagt mir Mikey, ich habe eine Sünde begangen, indem ich mir eine Geschichte angehört habe, in der dieses Wort vorkommt, und wenn ich zu meiner ersten Beichte gehe, muß ich das dem Priester sagen. Malachy sagt, stimmt. Pisse ist ein schlimmes Wort, und du mußt es dem Priester sagen, weil es ein Sündenwort ist.
Ich weiß nicht, was ich machen soll. Wie kann ich zum Priester gehen und ihm bei meiner ersten Beichte diese schreckliche Sache sagen? Alle Jungens wissen, welche Sünden sie beichten werden, so daß sie die hl. Erstkommunion kriegen und die Kollekte veranstalten und James Cagney sehen und im Lyric Cinema Süßigkeiten und Kekse essen können. Der Lehrer hat uns bei unseren Sünden geholfen, und jeder hat dieselben Sünden. Ich habe meinen Bruder geschlagen. Ich habe gelogen. Ich habe meiner Mutter einen Penny aus dem Portemonnaie gestohlen. Ich war meinen Eltern ungehorsam. Ich habe am Freitag Wurst gegessen.

Aber jetzt habe ich eine Sünde, die sonst keiner hat, und der Priester wird schockiert sein und mich wahrscheinlich aus dem Beichtstuhl zerren, in den Mittelgang und auf die Straße hinaus, und jeder wird erfahren, daß ich mir eine Geschichte angehört habe, in der Cuchulains Frau als irische Weitpißmeisterin vorkommt. Ich werde nie meine hl. Erstkommunion schaffen, und Mütter werden ihre kleinen Kinder hochheben und auf mich zeigen und sagen, sieh dir den an. Der ist wie Mikey Molloy, hat nie seine hl. Erstkommunion geschafft, wandelt im Stande der Sünde einher, hat nie die Kollekte gemacht, hat nie James Cagney gesehen.
Es tut mir leid, daß ich je von der Erstkommunion und der Kollekte gehört habe. Mir ist schlecht, und ich will keinen Tee und kein Brot und gar nichts. Mam sagt zu Dad, es ist seltsam, wenn ein Kind kein Brot und keinen Tee will, und Dad sagt, *och,* er ist nervös wegen seiner Erstkommunion. Ich möchte zu ihm gehen und mich auf seinen Schoß setzen und ihm sagen, was Mikey Molloy mir angetan hat, aber ich bin zu groß, um auf Schößen herumzusitzen, und wenn ich es doch täte, würde Malachy vor die Tür gehen und allen erzählen, daß ich ein großes Baby bin. Ich würde meine Sorgen gern dem Engel auf der siebten Stufe berichten, aber der hat zu tun und bringt Müttern auf der ganzen Welt die Babys. Trotzdem, ich werde Dad fragen.
Dad, hat der Engel auf der siebten Stufe noch mehr zu tun, als Babys zu bringen?
Ja.
Würde dir der Engel auf der siebten Stufe sagen, was du tun sollst, wenn du nicht wüßtest, was du tun sollst?
Och, bestimmt, mein Sohn, ganz bestimmt. Genau das hat ein Engel ja zu tun, sogar der auf der siebten Stufe.
Dad macht einen langen Spaziergang, Mam nimmt Michael und geht Oma besuchen, Malachy spielt auf der Gasse, und ich habe das Haus für mich, so daß ich mich auf die siebte Stufe setzen und mit dem Engel reden kann. Ich weiß, daß er da ist, denn die siebte Stufe fühlt sich wärmer an als die anderen, und in meinem Kopf ist ein Licht, wenn ich da sitze.

Ich berichte ihm meine Sorgen, und ich höre eine Stimme.
Nicht sollst du dich fürchten, sagt die Stimme.
Er spricht rückwärts, und ich sage ihm, daß ich nicht kapiere, was er sagt.
Du sollst dich nicht fürchten, sagt die Stimme. Sag dem Priester deine Sünde, und dir wird vergeben werden.
Am nächsten Morgen stehe ich früh auf und trinke Tee mit Dad und erzähle ihm von dem Engel auf der siebten Stufe. Er faßt mir an die Stirn und fragt, ob es mir gutgeht. Er fragt, ob ich sicher bin, daß ich ein Licht im Kopf hatte und eine Stimme gehört habe, und was hat die Stimme gesagt?
Ich sage ihm, die Stimme hat gesagt, nicht sollst du dich fürchten, und das heißt, du sollst dich nicht fürchten.
Dad sagt mir, der Engel hat ganz recht, ich soll keine Angst haben, und ich sage ihm, was Mikey Molloy mir angetan hat. Ich erzähle ihm von Emer-mit-der-großen-Blase, und ich gebrauche sogar das Pißwort, weil der Engel sagte, nicht sollst du dich fürchten. Dad stellt sein Marmeladenglas mit Tee hin, zieht mich an sich und lacht mir den ganzen Kopf voll. Ich frage mich, ob er jetzt auch den Verstand verliert wie Mrs. Molloy, immer rein in die Irrenanstalt und wieder raus aus der Irrenanstalt, aber er sagt, war es das, was dich gestern nacht so bekümmert hat?
Ich sage ja, und er sagt, es ist keine Sünde, und ich brauche es dem Priester nicht zu sagen.
Der Engel auf der siebten Stufe hat aber doch gesagt, ich soll es ihm sagen.
Na schön. Sag es dem Priester, wenn du willst, aber der Engel auf der siebten Stufe hat das nur gesagt, weil du es mir nicht vorher gesagt hast. Ist es nicht besser, wenn man seinem Vater seine Sorgen erzählen kann als einem Engel, der ein Licht und eine Stimme im Kopf ist?
Doch, Dad.

Am Tag vor der hl. Erstkommunion führt uns der Lehrer zur ersten Beichte in die Josephskirche. Wir marschieren in

Zweierreihen, und wenn wir auf den Straßen von Limerick auch nur eine Lippe bewegen, bringt er uns an Ort und Stelle um und jagt uns, aufgedunsen von unseren Sünden, wie wir sind, zur Hölle. Davon hört aber das Geprahle mit den großen Sünden nicht auf. Willie Harold flüstert von seiner großen Sünde, daß er nämlich den nackten Leib seiner Schwester betrachtet hat. Paddy Hartigan sagt, er hat zehn Shilling aus dem Portemonnaie seiner Tante gestohlen und so viel Eis und Fritten gegessen, daß ihm schlecht wurde. Quigley-der-Fragensteller sagt, er ist von zu Hause weggelaufen und hat die halbe Nacht in einem Graben mit vier Ziegen verbracht. Ich versuche, ihnen von Cuchulain und Emer zu erzählen, aber der Lehrer merkt es und haut mir auf den Kopf.
Wir knien in den Kirchenbänken vor dem Beichtstuhl nieder, und ich frage mich, ob meine Emer-Sünde so schlimm ist wie das Betrachten des nackten Leibes der Schwester, denn inzwischen weiß ich, daß manche Sachen auf der Welt schlimmer sind als andere. Deswegen gibt es verschiedene Sünden, das Sakrileg, die Todsünde, die läßliche Sünde. Und dann reden die Lehrer und die Erwachsenen normalerweise immer noch über die unverzeihliche Sünde, die ein großes Mysterium ist. Keiner weiß, was das ist, und man fragt sich, wie soll man wissen, ob man sie begangen hat, wenn man gar nicht weiß, was das ist. Wenn ich dem Priester von Emer-mit-der-großen-Blase und dem Weitpißwettbewerb erzähle, sagt er vielleicht, das ist die unverzeihliche Sünde, und wirft mich aus dem Beichtstuhl, und ich kann mich in ganz Limerick nirgends mehr blicken lassen und muß auf ewig in der Hölle schmoren, gequält von Teufeln, die nichts Besseres zu tun haben, als mich mit glühenden Mistgabeln zu piksen, bis ich nicht mehr kann.
Ich versuche, Willies Beichte zu hören, als er hineingeht, aber ich höre nur ein Zischen vom Priester, und als Willie wieder herauskommt, weint er.
Jetzt bin ich dran. Der Beichtstuhl ist dunkel, und über meinem Kopf hängt ein großes Kruzifix. Ich kann hören, wie ein anderer Junge auf der anderen Seite seine Beichte murmelt.

Ich frage mich, ob es wohl Sinn hat, wenn ich versuche, mit dem Engel auf der siebten Stufe zu sprechen. Ich weiß, daß er in Beichtstühlen überhaupt nichts zu suchen hat, aber ich spüre das Licht in meinem Kopf, und die Stimme sagt zu mir, nicht sollst du dich fürchten.
Das Brett gleitet vor meinem Gesicht zur Seite, und der Priester sagt, ja, mein Kind?
Segnen Sie mich, Vater, denn ich habe gesündigt. Dies ist meine erste Beichte.
Ja, mein Kind, und welche Sünden hast du begangen?
Ich habe gelogen. Ich habe meinen Bruder geschlagen. Ich habe meiner Mutter einen Penny aus dem Portemonnaie gestohlen. Ich habe geflucht.
Ja, mein Kind. Noch etwas?
Ich ... Ich ... habe einer Geschichte über Cuchulain und Emer gelauscht.
Das ist gewißlich keine Sünde, mein Kind. Immerhin versichern uns verschiedene Autoren, daß Cuchulain sich in seinen letzten Augenblicken zum Katholizismus bekehrte, wie übrigens sein König, Conor MacNessa, ebenfalls.
Es geht um Emer, Herr Pfarrer, und wie sie ihn geheiratet hat.
Und wie war das, mein Kind?
Sie hat ihn bei einem Wettpissen gewonnen.
Man hört schweres Atmen. Der Priester hat die Hand vor den Mund gelegt und macht Geräusche, als wenn er gleich erstickt, und murmelt vor sich hin, heilige Maria Muttergottes.
Wer ... wer ... hat dir diese Geschichte erzählt, mein Kind?
Mikey Molloy, Herr Pfarrer.
Und wo hat er die gehört?
Er hat sie in einem Buch gelesen, Herr Pfarrer.
Aha, in einem Buch. Bücher können für Kinder gefährlich sein, mein Kind. Vergiß diese albernen Geschichten und denke lieber an die Heiligen und wie sie gelebt haben. Denke an den heiligen Joseph, an die Kleine Blume, an den lieben, sanften heiligen Franziskus von Assisi, der die Vögel im

Himmel liebte und die Kreaturen auf der Erde. Wirst du das tun, mein Kind?
Ja, Herr Pfarrer.
Gibt es noch andere Sünden, mein Kind?
Nein, Herr Pfarrer.
Zur Buße sagst du drei Ave-Maria, drei Vaterunser, und für mich sprichst du auch ein Gebet.
Gern, Herr Pfarrer... Herr Pfarrer, war das die schlimmste Sünde?
Nein, mein Kind, du hast noch viel vor dir. Jetzt sprich ein Bußgebet und denk daran, daß unser Herr dich zu jeder Minute beobachtet. Gott segne dich, mein Kind.

Der Tag der hl. Erstkommunion ist der schönste Tag im ganzen Leben, weil danach die Kollekte und James Cagney im Lyric Cinema kommen. Ich war die ganze Nacht so aufgeregt, daß ich erst gegen Morgen eingeschlafen bin. Ich würde immer noch schlafen, wenn meine Oma nicht gegen die Tür geballert hätte.
Aufstehen! Aufstehen! Schmeißts doch mal das Kind aus dem Bett. Der schönste Tag seines Lebens, und er schnarcht oben im Bett.
Ich bin in die Küche gerannt. Zieh das Hemd aus, hat sie gesagt. Ich habe das Hemd ausgezogen, und sie hat mich in eine Zinkwanne mit eiskaltem Wasser gesteckt. Meine Mutter hat mich geschrubbt, meine Großmutter hat mich geschrubbt. Ich war wund- und rotgeschrubbt.
Sie haben mich abgetrocknet. Sie haben mir meinen schwarzen Erstkommunionssamtanzug mit dem weißen Rüschenhemd, der kurzen Hose, den weißen Strümpfen und den schwarzen Lackschuhen angezogen. Um den Arm gab es eine weiße Satinschleife und ans Revers das Heilige Herz Jesu, aus dem unten Blut herausgetropft kam, und ringsum loderten Flammen, und obendrauf war eine ziemlich übel aussehende Dornenkrone.
Komm her, ich kämm dich, sagte Oma. Seht euch diesen Mop

an, so was von widerborstig. Den hast du aber nicht von meiner Seite der Familie. Das ist das nordirische Haar, das hast du vom Vater. Das ist die Art Haar, die man an Presbyterianern sieht. Wenn deine Mutter einen properen, anständigen Limerickmann geheiratet hätte, hättest du jetzt nicht dies strubbelige nordirische Presbyterianerhaar.
Sie spuckte mir zweimal auf den Kopf.
Oma, hörst du bitte auf, mir auf den Kopf zu spucken.
Wenn du was zu sagen hast, halt den Mund. Ein bißchen Spucke bringt dich schon nicht um. Los, wir kommen noch zu spät in die Messe.
Wir rannten zur Kirche. Meine Mutter keuchte hinterher, mit Michael in den Armen. Wir sind gerade noch rechtzeitig in die Kirche gekommen; der letzte Junge verließ eben die Kommunionbank. Der Priester stand mit Kelch und Hostie da und starrte mich feindselig an. Dann legte er mir die Oblate auf die Zunge, den Leib und das Blut Christi. Endlich, endlich.
Sie liegt auf meiner Zunge. Ich ziehe die Zunge ein.
Sie klebte fest.
Ich hatte Gott am Gaumen kleben. Ich konnte die Stimme des Lehrers hören, kommt bloß nicht mit der Hostie gegen die Zähne, denn wenn ihr Gott entzweibeißt, werdet ihr in Ewigkeit in der Hölle rösten.
Ich versuchte, Gott mit der Zunge abzukriegen, aber der Priester fauchte mich an, hör auf zu schnalzen und geh zurück an deinen Platz.
Gott war gut zu mir. Er schmolz, und ich schluckte ihn hinunter, und jetzt, endlich, war ich ein Mitglied der alleinseligmachenden Kirche, ein offizieller Sünder.
Als die Messe zu Ende war, standen sie an der Kirchentür, meine Mutter mit Michael auf den Armen, meine Großmutter. Alle umarmten mich und drückten mich an ihren Busen. Sie sagten mir alle noch mal, daß dies der schönste Tag meines Lebens ist. Sie weinten mir alle auf den Kopf, und nach dem Beitrag meiner Großmutter heute morgen war mein Kopf ein Morast.

Mam, darf ich jetzt weg und die Kollekte machen?
Sie sagte, zuerst gibt es ein kleines Frühstück.
Nein, sagte Oma. Du machst keinerlei Kollekte, bevor du nicht bei mir zu Hause ein anständiges Erstkommunionsfrühstück bekommen hast. Los.
Wir folgten ihr. Sie dröhnte und schepperte mit Töpfen und Pfannen und beschwerte sich, daß die ganze Welt von ihr erwartet, daß sie, Oma, nach ihrer, der Welt, Pfeife tanzt. Ich aß das Ei, ich aß das Würstchen, und als ich mir mehr Zucker für meinen Tee nehmen wollte, haute sie mir die Hand weg.
Sachte mit dem Zucker. Hältst du mich für eine Millionärin? Eine Amerikanerin? Glaubst du, ich bin über und über mit glitzernden Juwelen geschmückt? Bis zum Ersticken in modische Pelze gehüllt?
Das Essen in meinem Bauch strebte nach oben. Ich würgte. Ich rannte in ihren Hinterhof und brach alles aus. Sie kam mir nach.
Seht euch an, was er gemacht hat. Sein Erstkommunionsfrühstück erbrochen. Leib und Blut Jesu Christi erbrochen. Ich habe Gott auf dem Hinterhof. Was soll ich bloß tun? Ich werd ihn mit zu den Jesuiten nehmen, denn die wissen noch mehr als der Papst.
Sie zerrte mich durch die Straßen von Limerick. Sie berichtete den Nachbarn und fremden Passanten von Gott auf ihrem Hinterhof. Sie stieß mich in den Beichtstuhl.
Im Namen des Vaters, des Sohnes und des Heiligen Geistes. Segnen Sie mich, Vater, denn ich habe gesündigt. Meine letzte Beichte liegt einen Tag zurück.
Einen Tag? Und welche Sünden hast du an einem Tag begangen, mein Kind?
Ich habe verschlafen. Ich habe beinahe meine Erstkommunion verpaßt. Meine Großmutter sagt, ich habe widerborstiges, nordirisches Presbyterianerhaar. Ich habe mein Erstkommunionsfrühstück erbrochen. Jetzt sagt Oma, sie hat Gott auf dem Hinterhof, und was soll sie jetzt tun.
Der Priester ist genau wie der Erstkommunionspriester. Das gleiche schwere Atmen und die Erstickungsgeräusche.

Äh ... äh ... Sag deiner Großmutter, sie soll Gott mit Wasser abwaschen, und als Buße sprichst du ein Ave-Maria und ein Vaterunser. Sprich für mich auch noch ein Gebet, und Gott segne dich, mein Kind.
Oma und Mam warteten in der Nähe des Beichtstuhls. Oma sagte, hast du diesem Priester im Beichtstuhl Witze erzählt? Wenn ich je erfahre, daß du Jesuiten Witze erzählt hast, reiße ich dir deine Nieren aus dem Leibe, bei Gott. Also, was hat er über Gott auf meinem Hinterhof gesagt?
Er hat gesagt, du sollst Ihn mit Wasser abwaschen, Oma.
Weihwasser oder normales?
Hat er nicht gesagt, Oma.
Dann geh zurück und frag ihn.
Aber, Oma ...
Sie stieß mich wieder in den Beichtstuhl.
Segnen Sie mich, Vater, denn ich habe gesündigt. Meine letzte Beichte liegt eine Minute zurück.
Eine Minute! Bist du der Junge, der gerade da war?
Ja, Herr Pfarrer.
Worum geht es denn diesmal?
Meine Oma sagt, Weihwasser oder normales?
Normales Wasser, und sag deiner Oma, sie soll mich in Frieden lassen.
Ich sagte ihr, normales Wasser, Oma, und er hat gesagt, du sollst ihn in Frieden lassen.
Ihn in Frieden lassen. Dieser ignorante Torftölpel.
Ich fragte Mam, kann ich jetzt los und die Kollekte machen? Ich will James Cagney sehen.
Oma sagte, die Kollekte und James Cagney kannst du vergessen, denn so, wie du Gott auf der Erde hinterlassen hast, bist du gar kein echter Katholik. Los, geh nach Hause.
Mam sagte, Augenblick mal. Das ist mein Sohn. Das ist mein Sohn am Tage seiner heiligen Erstkommunion. Er wird James Cagney sehen.
Nein, wird er nicht.
Doch, wird er doch.
Oma sagte, dann nimm ihn mit zu James Cagney und sieh

selber, ob das seine presbyterianische, amerikanische Seele aus dem Norden von Irland retten wird. Nur zu.
Sie zog ihren Umhang zurecht und ging weg.
Mam sagte, Gott, es wird ein bißchen spät für die Kollekte, und du kriegst James Cagney nie zu sehen. Wir gehen zum Lyric Cinema und sehen, ob sie dich mit deinem Kommunionsanzug auch so reinlassen.
In der Barrington Street trafen wir Mikey Molloy. Er fragte, ob ich ins Lyric wollte, und ich sagte, ich versuch's jedenfalls.
Du versuchst es? sagte er. Hast du kein Geld?
Ich schämte mich, nein zu sagen, ich mußte aber, und er sagte, das macht nichts. Ich krieg dich mit rein. Mit Hilfe eines Ablenkungsmanövers.
Was ist ein Ablenkungsmanöver?
Ich hab das Geld für das Kino, und wenn ich hineingehe, tue ich so, als hätte ich den Anfall, und der Eintrittskartenmann wird durchdrehen, und du kannst dich hineinmogeln, wenn ich den großen Schrei rauslasse. Ich behalte die Tür im Auge, und sobald du drin bist, bin ich auf wundersame Weise geheilt. Das ist ein Ablenkungsmanöver. Das ist das, was ich immer mache, um meine Brüder ins Kino zu kriegen.
Mam sagte, na, ich weiß nicht, Mikey, ich weiß nicht. Wäre das nicht eine Sünde, und du möchtest doch sicher nicht, daß Frank am Tage seiner heiligen Erstkommunion eine Sünde begeht.
Mikey sagte, wenn es eine Sünde sein sollte, würde sie seine Seele beflecken, er sei aber kein richtiger Katholik, und deshalb sei es eh wurscht. Er ließ seinen Schrei raus, und ich mogelte mich hinein und setzte mich neben Quigley-den-Fragensteller, und der Eintrittskartenmann Frank Goggin war so besorgt wegen Mikey, daß er gar nichts bemerkte. Es war ein spannender Film, aber traurig am Schluß, weil James Cagney ein Staatsfeind war, und als sie ihn erschossen hatten, haben sie ihn in Bandagen gewickelt und vor die Haustür geworfen und seine arme alte irische Mutter verschreckt, und so ging der Tag meiner hl. Erstkommunion zu Ende.

5

Oma spricht nicht mehr mit Mam, weil ich das mit Gott auf ihrem Hinterhof gemacht habe. Mam spricht nicht mit ihrer Schwester, Tante Aggie, und nicht mit ihrem Bruder, Onkel Tom. Dad spricht mit niemandem in Mams Familie, und sie sprechen nicht mit ihm, weil er aus dem Norden kommt und weil er diese komische Art hat. Niemand spricht mit der Frau von Onkel Tom, Jane, weil sie aus Galway kommt und so spanisch aussieht. Jeder spricht mit Mams Bruder, Onkel Pat, weil er auf den Kopf gefallen ist, weil er ein einfacher Mensch ist und weil er Zeitungen verkauft. Alle nennen ihn Abt oder Ab Sheehan, und keiner weiß, warum. Alle sprechen mit Onkel Pa Keating, weil er im Krieg Gas abgekriegt und Tante Aggie geheiratet hat, und wenn sie nicht mit ihm sprächen, würde ihn das sowieso keinen feuchten Fiedlerfurz kümmern.
So wäre ich auch gern auf der Welt: Nichts kümmert mich einen feuchten Fiedlerfurz, und das sage ich auch dem Engel auf der siebten Stufe, aber dann fällt mir ein, daß man in Gegenwart eines Engels nicht Furz sagt.
Onkel Tom und Galway-Jane haben Kinder, aber mit denen sollen wir nicht sprechen, weil unsere Eltern nicht miteinander sprechen. Mam schreit uns an, wenn wir mit Gerry und Peggy Sheehan sprechen, aber wir wissen nicht, wie man das

macht, daß man nicht mit seinem Cousin und seiner Cousine spricht.
Die Menschen in den Familien in unserem Stadtteil wissen, wie man nicht miteinander spricht, und das erfordert jahrelange Übung. Es gibt welche, die nicht miteinander sprechen, weil ihre Väter im Bürgerkrieg von neunzehnhundertzweiundzwanzig auf verschiedenen Seiten standen. Wenn ein Mann in die englische Armee eintritt, kann seine Familie gleich in einen anderen Stadtteil von Limerick ziehen, wo Familien wohnen, die Männer in der englischen Armee haben. Wenn man jemanden in der Familie hat, der in den letzten siebenhundert Jahren auch nur ein bißchen nett zu den Engländern war, wird das ausgegraben und einem um die Ohren gehauen, und dann kann man auch gleich nach Dublin ziehen, wo das den Leuten wurscht ist. Es gibt Familien, die sich schämen, weil ihre Vorfahren ihre Religion wegen eines Tellers protestantischer Suppe während der Großen Kartoffelhungersnot aufgaben, und diese Familien sind für alle Zeiten als Suppenseelen bekannt. Es ist schrecklich, eine Suppenseele zu sein, weil man auf ewig in den Suppenseelenteil der Hölle verbannt ist, aber noch schlimmer ist es, ein Informant zu sein. Der Lehrer in der Schule hat gesagt, daß jedesmal, wenn die Iren die Engländer gerade in einem fairen Kampf vernichten wollten, ein dreckiger Informant sie betrogen hat. Ein Mann, von dem sich herausstellt, daß er ein Informant ist, verdient, gehängt zu werden oder, noch schlimmer, daß niemand mit ihm spricht.
In jeder Gasse gibt es immer jemanden, der nicht mit jemandem spricht, oder alle sprechen mit jemandem nicht, oder jemand spricht mit allen nicht. Wenn Leute nicht miteinander sprechen, merkt man das immer daran, wie sie aneinander vorbeigehen. Die Frauen klappen die Nase hoch, machen den Mund klein und wenden sich ab. Wenn die Frau einen Umhang trägt, nimmt sie eine Ecke des Umhangs und wirft ihn sich über die Schulter, als wollte sie sagen, ein Wort oder Blick von dir, du schafsgesichtige Zicke, und ich reiß dir das Antlitz vorne vom Kopf ab.

Es ist schlimm, wenn Oma nicht mit uns spricht, denn dann können wir nicht zu ihr rennen, wenn wir Zucker oder Tee oder Milch ausborgen müssen. Zu Tante Aggie braucht man gar nicht erst zu gehen. Sie beißt einem nur den Kopf ab. Geht nach Hause, sagt sie, und sagt euerm Vater, er soll mal seinen nördlichen Arsch lüften und sich Arbeit suchen wie die anständigen Männer von Limerick.
Es heißt, sie ist immer so wütend, weil sie so rote Haare hat, oder sie hat so rote Haare, weil sie immer so wütend ist.
Mam ist nett zu Bridey Hannon, die nebenan bei ihren Eltern wohnt.
Mam und Bridey sprechen die ganze Zeit miteinander. Wenn mein Vater seinen langen Spaziergang macht, kommt Bridey, und sie und Mam sitzen beim Feuer und trinken Tee und rauchen Zigaretten. Wenn Mam nichts im Hause hat, bringt Bridey Tee, Zucker und Milch mit. Manchmal verwenden sie dieselben Teeblätter immer wieder, und dann sagt Mam, der Tee ist suppig, matschig und dick wie Teer.
Mam und Bridey sitzen so nah am Feuer, daß ihre Schienbeine rot und lila und blau werden. Sie reden stundenlang, und sie flüstern und lachen über geheime Dinge. Die geheimen Dinge sollen wir nicht hören, also sagt sie uns, wir sollen vor die Tür gehen und spielen. Draußen kann es in Strömen regnen, aber Mam sagt, sich regen bringt Segen, und dann sagt sie noch, wenn ihr euern Vater kommen seht, lauft nach Haus und sagt Bescheid.
Mam sagt zu Bridey, hast du jemals das Gedicht gehört, das jemand über ihn und mich erfunden haben muß?
Welches Gedicht, Angela?
Es heißt Der Mann aus dem Norden. Ich habe das Gedicht von Minnie McAdorey in Amerika.
Ich habe das Gedicht noch nie gehört. Sag's mir auf.
Mam sagt das Gedicht auf, aber sie lacht von vorn bis hinten, und ich weiß nicht, warum:

> Er kam schweigend von Norden, und er war
> hier noch neu,

Doch die Stimme war freundlich, und das Herz
war getreu.
Aus den Augen blickte nicht Arg, doch Verstand,
Und so nahm ich den Mann aus dem nördlichen Land.

In Garryowen man fröhlicher feiern kann
Als vom Lough Neagh mein friedlicher Mann,
Und ich weiß, daß die Sonne mehr Strahlen ergießt
Auf den Fluß, der durch meine Heimatstadt fließt.

Doch es gibt keinen – und das sage ich
freudigen Sinns –
Beßren Mann in der ganzen Munster-Provinz,
Und keine Frau ist in Limerick froher geworden
Als ich mit meinem Mann aus dem Norden.

Ach, wüßte in Limerick doch jedes Kind,
Wie lieb und freundlich die Nachbarn hier sind –
Der Haß wär' vorbei, es währte der Frieden
Zwischen dem nördlichen Land und dem Süden.

Sie wiederholt immer die dritte Strophe und lacht dabei so heftig, daß sie weint, und ich weiß nicht, warum. Sie wird völlig hysterisch, wenn sie sagt,

Und keine Frau ist in Limerick froher geworden
Als ich mit meinem Mann aus dem Norden.

Wenn er früher nach Hause kommt und Bridey in der Küche sieht, sagt der Mann aus dem Norden, Tratsch, Tratsch, Tratsch, und bleibt mit der Mütze auf dem Kopf so lange stehen, bis sie geht.

Brideys Mutter und andere Leute aus unserer Gasse und auch noch aus anderen Gassen kommen an die Tür und fragen, ob Dad ihnen einen Brief an die Regierung oder an einen Verwandten an einem weit entfernten Ort schreiben will. Er sitzt am Tisch mit seinem Federhalter und seinem Tintenfaß, und wenn die Leute ihm sagen, was er schreiben soll, sagt er, *och,* das wollt ihr aber doch gar nicht sagen, und dann schreibt er, was er für richtig hält. Die Leute sagen ihm, das war genau das, was sie eigentlich sagen wollten, daß er großartig mit der englischen Sprache umgehen kann und daß er keine Klaue beim Schreiben hat. Sie bieten ihm Sixpence für seine Mühe an, aber er winkt ab, und sie geben Mam das Geld, weil es unter seiner Würde ist, Sixpence anzunehmen. Wenn die Leute weg sind, nimmt er die Sixpence und schickt mich zu Kathleen O'Connell zum Zigarettenholen.

Oma schläft im ersten Stock in einem großen Bett mit einem Bild des Allerheiligsten Herzens Jesu über ihrem Kopf und einer Statue des Allerheiligsten Herzens auf dem Kaminsims. Eines Tages will sie von Gaslicht auf elektrisches Licht umsteigen, damit sie ewig ein rotes Lämpchen unter der Statue hat. Die Verehrung, die sie für das Allerheiligste Herz hegt, ist die Gasse rauf und runter sowie in den angrenzenden Gassen bekannt.

Onkel Pat schläft in einem kleinen Bett in einer Ecke desselben Zimmers, wo Oma überprüfen kann, daß er zu einer angemessenen Zeit nach Hause kommt und sich beim Bett hinkniet, um seine Gebete zu sprechen. Er mag zwar vielleicht auf den Kopf gefallen sein, er mag zwar nicht lesen und schreiben können, er mag zwar gelegentlich eine Pint zuviel trinken, aber es gibt keine Entschuldigung dafür, daß er vor dem Schlafengehen seine Gebete nicht spricht.

Onkel Pat sagt Oma, er hat einen Mann kennengelernt, der etwas sucht, wo er wohnen kann, wo er sich morgens und abends waschen kann und zwei Mahlzeiten am Tag kriegt, Mittagessen und Abendbrot. Er heißt Bill Galvin, und er hat einen guten Job im Kalkofen. Er ist ständig mit weißem Kalkstaub bedeckt, aber das ist auf jeden Fall besser als Kohlenstaub.

Oma wird ihr Bett aufgeben und in das kleine Zimmer zie-

hen müssen. Sie wird das Bild mit dem Allerheiligsten Herzen mitnehmen und die Statue dalassen, damit sie über die beiden Männer wacht. Außerdem hat sie in ihrem kleinen Zimmer keinen Platz für die Statue.
Bill Galvin kommt nach der Arbeit, um sich das Zimmer anzusehen. Er ist klein, ganz weiß, und er schnüffelt wie ein Hund. Er fragt Oma, ob es ihr was ausmacht, die Statue da herunterzunehmen, weil er Protestant ist und sonst nicht einschlafen kann. Oma kläfft Onkel Pat an, was ihm einfällt, ihr einen Protestanten ins Haus zu schleppen. Jesus, sagt sie, die Gasse rauf und runter sowie in den angrenzenden Gassen wird es Getratsche geben.
Onkel Pat sagt, er wußte nicht, daß Bill Galvin Protestant ist. Das sieht man doch nicht durch bloßes Ankucken, wo er noch dazu überall mit Kalk bedeckt ist. Er sieht aus wie ein ganz gewöhnlicher Katholik, und woher soll man denn wissen, daß ein Protestant Kalk schippt.
Bill Galvin sagt, seine arme Frau, die gerade gestorben ist, war katholisch, und bei ihr waren die Wände mit Bildern des Allerheiligsten Herzens und der Jungfrau Maria bedeckt, die ebenfalls ihr Herz vorzeigte. Er hat gar nichts gegen das Allerheiligste Herz als solches, aber der Anblick der Statue wird ihn an seine arme Frau erinnern, und dann wird das Herz ihm schwer.
Oma sagt, na, Gott helfe uns, warum haben Sie mir das nicht gleich gesagt. Klar kann ich die Statue auf das Fensterbrett in meinem Fenster stellen, dann wird Ihr Herz nicht durch ihren Anblick gepeinigt.
Jeden Vormittag kocht Oma Mittagessen für Bill und bringt es ihm dann zum Kalkofen. Mam will wissen, warum er es nicht morgens mitnehmen kann, und Oma sagt, soll ich etwa im Morgengrauen aufstehen, um dem hohen Herrn Kohl mit Schweinsfüßen zu kochen, damit er das Gericht im Henkelmann mitnehmen kann?
Mam sagt ihr, in einer Woche sind Ferien, und wenn du Frank Sixpence pro Woche gibst, bringt er bestimmt mit Freuden Bill Galvin sein Mittagessen.

Ich will nicht jeden Tag zu Oma müssen. Ich will Bill Galvin nicht den ganzen Weg die Dock Road entlang sein Mittagessen bringen, aber Mam sagt, die Sixpence können wir gut gebrauchen, und wenn ich das nicht tue, brauche ich mir gar nichts anderes mehr vorzunehmen.
Du bleibst im Haus, sagt sie. Und gehst nicht mit deinen Kumpels spielen.
Oma warnt mich, ich soll den Henkelmann schnurstracks hinbringen und keine Umwege machen und nicht nach links und rechts schauen und nicht mit Dosen Fußball spielen und mir damit vorne die Schuhe ruinieren. Das Mittagessen ist heiß, und genauso will Bill Galvin es auch kriegen.
Aus dem Henkelmann kommt ein herrlicher Geruch, gekochter Speck und Kohl und zwei große, mehlige, weiße Kartoffeln. Das merkt er bestimmt nicht, wenn ich eine halbe Kartoffel probiere. Bei Oma beschwert er sich sowieso nicht, weil er, außer daß er ein- bis zweimal schnüffelt, kaum etwas sagt.
Es ist besser, wenn ich die andere Hälfte der Kartoffel auch esse, damit er nicht fragt, warum er nur eine halbe Kartoffel bekommen hat. Den Speck und den Kohl könnte ich genausogut auch mal probieren, und wenn ich die andere Kartoffel esse, glaubt er bestimmt, sie hätte gar keine Kartoffeln geschickt.
Die zweite Kartoffel schmilzt in meinem Mund, und ich muß noch ein bißchen von dem Kohl probieren und noch ein ganz kleines bißchen von dem Speck. Jetzt ist nicht mehr viel übrig, und das wird ihm sehr verdächtig vorkommen, und deshalb kann ich den Rest auch gleich aufessen.
Was soll ich nun tun? Oma wird mich umbringen, Mam wird mich ein Jahr lang einsperren. Bill Galvin wird mich in ungelöschtem Kalk begraben. Ich werde ihm sagen, auf der Dock Road hat mich ein Hund angefallen, und der hat das ganze Mittagessen aufgefressen, und ich habe noch Glück gehabt, daß ich entkommen bin, ohne ebenfalls gefressen zu werden.
Ach, tatsächlich? sagt Bill Galvin. Und was ist mit dem

Stückchen Kohl, das dir da von der Nase baumelt? Hat der Hund dich mit seiner Kohlschnauze abgeleckt? Geh nach Hause und sag deiner Großmutter, daß du mein ganzes Mittagessen aufgegessen hast, und ich falle hier vor Hunger beim Kalkofen um.
Sie wird mich umbringen.
Sag ihr, sie soll dich nicht umbringen, bevor sie mir irgendeine Sorte von Mittagessen geschickt hat, und wenn du jetzt nicht losgehst und mir ein Mittagessen holst, bringe ich dich um und werfe deine Leiche da hinten in den Kalk, und dann wird von dir nicht viel übrigbleiben, worüber deine Mutter trauern kann.
Oma sagt, wozu schleppst du den Henkelmann an? Den hätte er doch selbst wieder herbringen können.
Er will Nachschlag.
Was meinst du mit Nachschlag? Jesus in der Höhe, hat der Mann ein Loch im Bein?
Er fällt vor Hunger beim Kalkofen um.
Machst du dich über mich lustig?
Er sagt, du sollst ihm irgendeine Sorte von Mittagessen schicken.
Ich werde mich hüten. Ich habe ihm bereits sein Mittagessen geschickt.
Er hat's nicht gekriegt.
Nein? Warum nicht?
Ich hab's aufgegessen.
Was?
Ich hatte Hunger und hab's probiert und konnte nicht mehr aufhören.
Jesus, Maria und heiliger Joseph.
Sie haut mir auf den Kopf, daß mir die Tränen in die Augen schießen. Sie kreischt mich an wie eine Todesfee und springt in der Küche herum und droht, sie schleppt mich zum Priester, zum Bischof, zum Papst persönlich, wenn er um die Ecke wohnte. Sie schneidet Brot und fuchtelt mit dem Messer vor meiner Nase herum und macht belegte Brote mit Sülze und kalten Kartoffeln drauf.

Nimm diese Klappstullen mit zu Bill Galvin, und wenn du sie auch nur verstohlen musterst, ziehe ich dir das Fell ab.
Natürlich rennt sie zu Mam, und die beiden sind sich einig, daß ich meine schreckliche Sünde nur büßen kann, indem ich Bill Galvin sein Mittagessen vierzehn Tage lang gebührenfrei anliefere. Ich muß den Henkelmann jeden Tag wieder zurückbringen, und das bedeutet, daß ich da sitzen muß und zusehen, wie er sich das Essen ins Maul stopft, und er gehört nicht zu der Sorte, die einen jemals fragen würde, ob man zufällig einen Mund im Kopf hat.
Jeden Tag läßt Oma mich, wenn ich den Henkelmann zurückbringe, vor der Statue des Allerheiligsten Herzens Jesu niederknien und Ihm sagen, daß es mir leid tut, und das alles wegen Bill Galvin, wegen eines Protestanten.

Mam sagt, die Kippen sind ein Martyrium für mich und für deinen Vater ebenfalls.
Es mag im Hause Mangel an Tee oder Brot sein, aber Mam und Dad schaffen es immer, sich Kippen zu kaufen, die Wild Woodbines. Die Woodbines brauchen sie, und zwar morgens und jedesmal, wenn sie tagsüber Tee trinken. Jeden Tag sagen sie uns, wir sollen nie mit Rauchen anfangen, es ist schlecht für die Lunge, es ist schlecht für die Brust, es hemmt das Wachstum, aber sie selbst sitzen am Feuer und paffen, daß es eine Art hat. Mam sagt, wenn ich dich jemals mit einer Kippe im Maul erwische, breche ich dir das Gesicht. Sie sagen uns, von Zigaretten kriegt man schlechte Zähne, und man kann sehen, daß sie nicht lügen. In ihrem Kopf werden die Zähne erst braun, dann schwarz, und dann fallen sie nacheinander aus. Dad sagt, er hat Löcher in den Zähnen, groß genug, daß ein Spatz eine Familie drin gründen kann. Er hat noch ein paar übrig, aber er läßt sie sich in der Klinik ziehen und beantragt ein Gebiß. Als er mit den neuen Zähnen nach Hause kommt, zeigt er sein großes neues weißes Lächeln, mit dem er aussieht wie ein Amerikaner, und immer, wenn er uns am Feuer eine Gespenstergeschichte erzählt, drückt er die unte-

ren Zähne über die Lippe bis unter die Nase nach oben und gruselt uns zu Tode. Mams Zähne sind so schlecht, daß sie in Barrington's Hospital muß, um sich alle gleichzeitig ziehen zu lassen, und als sie nach Hause kommt, schießt ihr das Blut aus den Wunden, und sie hält sich einen Lappen vors Gesicht, der strahlendrot von Blut ist. Sie muß die ganze Nacht aufrecht vorm Kamin sitzen, denn wenn einem das Blut aus dem Zahnfleisch schießt, kann man sich nicht hinlegen, weil man sonst im Schlaf erstickt. Sie sagt, sie gewöhnt sich das Rauchen ganz ab, wenn nur endlich das Geblute aufhört, aber jetzt braucht sie erst mal einen Zug an der Kippe, das ist ihr einziger Trost. Sie sagt Malachy, er soll in Kathleen O'Connells Laden gehen und sie fragen, ob sie ihm wohl fünf Woodbines überläßt, bis Dad am Donnerstag sein Stempelgeld kriegt. Wenn jemand Kathleen die Kippen entlocken kann, dann Malachy. Er hat den Charme, und dich brauche ich gar nicht erst loszuschicken, sagt sie zu mir, mit deinem langen Gesicht und dieser komischen Art, die du von deinem Vater hast.

Als das Geblute aufhört und Mams Zahnfleisch heilt, geht sie wegen ihrer falschen Zähne in die Klinik. Sie sagt, sie gewöhnt sich das Rauchen ab, sobald sie die neuen Zähne trägt, aber das macht sie nie. Die neuen Zähne reiben sich an ihrem Zahnfleisch, und es wird wund, und der Rauch von den Woodbines lindert den Schmerz. Sie sitzt mit Dad am Feuer, wenn wir eins haben, und sie rauchen ihre Zigaretten, und wenn sie reden, klackern ihre Zähne. Sie versuchen, das Klackern zu verhindern, indem sie die Kinnlade vorwärts und rückwärts schieben, aber das macht es noch schlimmer, und sie verfluchen die Zahnärzte und die Leute da oben in Dublin, die die Zähne gemacht haben, und während sie fluchen, klackern sie. Dad behauptet, diese Zähne seien für reiche Leute in Dublin gemacht worden und hätten nicht gepaßt und wären deshalb an die Armen von Limerick weitergereicht worden, denen es nichts ausmacht, denn wenn man arm ist, hat man sowieso nicht viel zu kauen, und man ist dankbar, wenn man überhaupt irgendeine Sorte von Zähnen im Kopf hat. Wenn sie zu lange reden, wird das Zahnfleisch wund, und die Zähne müssen raus. Dann sitzen sie mit eingeschnurrten Gesichtern am Feuer. Jede Nacht lassen sie die Zähne in Marmeladengläsern voller Wasser in der Küche stehen. Malachy will wissen, warum, und Dad sagt ihm, dadurch werden sie sauber. Mam sagt, nein, man kann die Zähne nicht im Kopf haben, wenn man schläft, denn dann verrutschen sie, und dann erstickt man endgültig und stirbt. Die Zähne sind der Grund dafür, daß Malachy in Barrington's Hospital geschafft werden und ich mich operieren lassen muß. Malachy flüstert mir mitten in der Nacht zu, wollen wir mal nach unten und sehen, ob wir die Zähne tragen können?

Die Zähne sind so groß, daß wir Schwierigkeiten haben, sie in den Mund zu bekommen, aber Malachy gibt nicht auf. Er zwingt sich Dads obere Zähne in den Mund und kriegt sie nicht wieder heraus. Seine Lippen sind nach hinten gezogen, und die Zähne grinsen breit. Er sieht aus wie ein Filmmonster, und ich muß lachen, aber er zerrt an ihnen und grunzt, ugk, ugk, und er hat Tränen in den Augen. Je mehr er ugk, ugk macht, desto mehr muß ich lachen, bis Dad von oben ruft, was macht ihr Bengels denn da unten? Malachy rennt von mir weg, die Treppe hoch, und jetzt höre ich, wie Dad und Mam lachen, bis sie merken, daß er an den Zähnen ersticken kann. Sie stecken ihm beide die Finger in den Mund, um die Zähne herauszuziehen, aber Malachy kriegt Angst und macht verzweifelte Ukg-ugk-Geräusche. Mam sagt, wir müssen ihn ins Krankenhaus bringen, und Dad sagt, er geht. Ich muß mit, falls der Arzt Fragen hat, weil ich älter bin als Malachy, und das bedeutet, daß ich damit angefangen haben muß.

Dad rast mit Malachy in den Armen durch die Straßen, und ich versuche Schritt zu halten. Mir tut Malachy da oben mit seinem Gesicht auf Dads Schulter leid, Tränen auf den Backen, und die Backen dick und rund von Dads Zähnen. Der Arzt in Barrington's Hospital sagt, gar nicht schlimm. Er gießt Malachy Öl in den Mund und hat die Zähne in Null

Komma nix draußen. Dann sieht er mich an und sagt zu Dad, warum steht das Kind da so mit sperrangelweit offenem Mund herum?
Dad sagt, das ist eine Angewohnheit von ihm, daß er mit offenem Mund herumsteht.
Der Arzt sagt, komm mal her zu mir. Er sieht mir in die Nase, in die Ohren, in den Rachen und betastet meinen Hals.
Die Mandeln, sagt er. Die Polypen. Die müssen raus. Je früher, desto besser, sonst sieht er aus wie ein Idiot, wenn er groß wird, und sein Maul klafft offen wie ein Schuh.
Am nächsten Tag kriegt Malachy ein großes Karamelbonbon zur Belohnung, weil er sich Zähne in den Mund gestopft hat, die er nicht wieder rauskriegt, und ich muß ins Krankenhaus und mich operieren lassen, damit ich den Mund zumache.

Eines Samstagmorgens trinkt Mam ihren Tee aus und sagt, du wirst tanzen.
Tanzen? Warum?
Du bist sieben Jahre alt, du hast deine Erstkommunion, und jetzt wird es Zeit fürs Tanzen. Ich nehme dich mit in die Catherine Street in Mrs. O'Connors Irische Volkstanzkurse. Da gehst du jeden Samstagvormittag hin, und das wird dich von der Straße fernhalten. Das wird dich davon abhalten, mit jugendlichen Rabauken durch Limerick zu stromern.
Sie sagt mir, ich soll mir das Gesicht waschen und Ohren und Hals nicht vergessen, Haare kämmen, Nase putzen, nicht so kucken, wie kucken? egal, jedenfalls nicht so, Strümpfe und Erstkommunionsschuhe anziehen, die, sagt sie, sowieso schon kaputt sind, weil ich an keiner Dose und an keinem Stein vorbeigehen kann, ohne dagegenzutreten. Ihr steht es bis hier, immer bei der Gesellschaft vom Hl. Vincent de Paul Schlange zu stehen und um Schuhe für mich und Malachy zu betteln, damit wir die Schuhe dann mit unserem Gekicke ruinieren. Dein Vater sagt, es ist nie zu spät, die Lieder und Tänze deiner Vorfahren zu erlernen.
Was sindn Vorfahren?

Egal, sagt sie, du wirst tanzen.
Ich frage mich, wie ich für Irland sterben kann, wenn ich auch noch für Irland singen und tanzen soll. Ich frage mich, warum sie nie sagen, man soll für Irland Bonbons essen und Schule schwänzen und schwimmen gehen.
Mam sagt, sei nicht so vorlaut, sonst mach ich dir ein warmes Ohr.
Cyril Benson tanzt. Ihm hängen die Medaillen von den Schultern bis zu den Kniescheiben. In ganz Irland gewinnt er Tanzwettbewerbe, und er sieht wunderschön aus in seinem safrangelben Kilt. Er macht seiner Mutter Ehre, und ständig ist sein Name in der Zeitung, und ganz bestimmt bringt er das eine oder andere zusätzliche Pfund nach Hause. Man sieht ihn nie durch die Straßen streunen und gegen alles treten, was in Sicht kommt, bis ihm die Zehen vorne aus den Schuhen hängen, aber nein, er ist ein guter Junge, der für seine arme Mutter tanzt.
Mam macht ein altes Handtuch naß und schrubbt mir das Gesicht, bis es brennt, sie wickelt sich das Handtuch um den Finger und steckt ihn mir in die Ohren und behauptet, da sei ja genug Ohrenschmalz drin, um Kartoffeln anzubauen, sie macht mir das Haar naß, damit es besser anliegt, sie sagt mir, ich soll den Mund halten und mit dem Gewimmer aufhören, diese Tanzstunden kosten sie jeden Samstag Sixpence, die ich verdienen hätte können, wenn ich Bill Galvin sein Mittagessen gebracht hätte, und Gott weiß, daß sie sich die Sixpence kaum leisten kann. Ich versuche zu sagen, weißt du, Mam, du brauchst mich doch wirklich nicht zur Tanzstunde zu schicken, wenn du statt dessen eine schöne Woodbine rauchen und ein Täßchen Tee dazu trinken könntest, aber sie sagt, na, bist du aber schlau. Du gehst zur Tanzstunde, und wenn ich dafür ewig auf die Kippen verzichten muß.
Wenn meine Kumpels meine Mutter sehen, wie sie mich durch die Straßen zum Irischen Volkstanz zerrt, werde ich vollends entehrt sein. Sie finden, es geht in Ordnung, wenn man tanzt und so tut, als wäre man Fred Astaire, weil man dann mit Ginger Rogers über die ganze Leinwand springen

kann. Beim Irischen Volkstanz gibt es keine Ginger Rogers, und groß herumspringen kann man auch nicht. Man stellt sich stocksteif hin, behält die Arme am Leib, trampelt mal gerade und mal krumm und lächelt nie. Mein Onkel Pa Keating sagt, Irischer Volkstanz sieht aus, als hätten die Tänzer eine Stahlstange im Arsch, aber das kann ich Mam nicht sagen, dann bringt sie mich um.
Bei Mrs. O'Connor gibt es ein Grammophon, das spielt eine Jig oder einen Reel, und Jungen und Mädchen tanzen herum, indem sie die Beine vom Leib schmeißen und dabei die Hände an der Hosennaht lassen. Mrs. O'Connor ist eine große, dicke Frau, und wenn sie die Schallplatte anhält, um uns die Schritte zu zeigen, wabbelt ihr ganzes Fett vom Kinn bis zu den Fußknöcheln, und ich frage mich, warum sie ausgerechnet Tanzlehrerin geworden ist. Sie geht durch den Saal zu meiner Mutter und sagt, das ist also der kleine Frankie? Ich glaube, hier haben wir jemanden, der zum Tänzer taugt. Buben und Mädchen, wen haben wir hier?
Jemanden, der zum Tänzer taugt, Mrs. O'Connor.
Mam sagt, die Sixpence habe ich dabei, Mrs. O'Connor.
Ah ja, Mrs. McCourt, einen Augenblick bitte.
Sie watschelt zu einem Tisch und kommt mit dem Kopf eines schwarzen Jungen zurück, der welliges Haar, große Augen, breite, rote Lippen und einen offenen Mund hat. Sie sagt mir, ich soll die Sixpence in den Mund stecken und die Hand zurückziehen, bevor der schwarze Junge mich beißt. Alle Buben und Mädchen sehen zu und lächeln verhalten. Ich werfe die Sixpence hinein und ziehe die Hand zurück, bevor der Mund zuschnappt. Alle lachen, und ich weiß, daß sie sehen wollten, wie meine Hand im Mund steckenbleibt. Mrs O'Connor keucht und lacht und sagt zu meiner Mutter, na, ist das nicht zum Brüllen komisch? Mam sagt, es ist zum Brüllen komisch. Sie sagt mir, ich soll mich benehmen und tanzend nach Hause kommen.
Ich will da nicht bleiben, wo Mrs. O'Connor die Sixpence nicht selbst entgegennehmen kann, sondern wo ich beinahe die Hand im Mund des schwarzen Jungen einbüße. Ich will

da nicht bleiben, wo man mit Buben und Mädchen in Reih und Glied stehen muß und den Rücken gerade machen, Hände an die Hosennaht, Augen geradeaus, nicht nach unten kucken, die Füße bewegen, die Füße bewegen, seht euch Cyril an, seht euch Cyril an, und da tanzt Cyril, aufgedonnert mit seinem safrangelben Kilt, und die Medaillen klimpern, Medaillen für dies und Medaillen für jenes, und die Mädchen lieben Cyril, und Mrs. O'Connor liebt Cyril, denn hat er nicht zu ihrem guten Ruf beigetragen, und hat sie ihm etwa nicht jeden Schritt beigebracht, den er jetzt beherrscht, oh, tanze, Cyril, tanze, ach Jesus, wie er durch den Raum schwebt, ein leibhaftiger Engel, und zieh nicht so ein finsteres Gesicht, Frankie McCourt, sonst kriegst du eine Schnute wie ein Pfund Kutteln, tanze, Frankie, tanze, hoch mit den Füßen um der Liebe Jesu willen, einszweidreivierfünfsechssieben einszweidrei und die einszweidrei, Maura, hilf doch bitte mal Frankie McCourt, bevor sich seine Beine endgültig unterm Po verheddern, hilf ihm, Maura.
Maura ist schon groß und etwa zehn. Sie tanzt mit ihren weißen Zähnen in ihrem Tanzkleid auf mich zu, auf dem lauter goldene und gelbe und grüne Figuren sind, die angeblich aus den alten Zeiten stammen, und sie sagt, gib mir die Hand, kleiner Junge, und sie wirbelt mich durch den Saal, bis ich schwindlig werde und mich zum kompletten Blödmann mache und rot werde und dumm im Kopf, bis ich nur noch weinen möchte, aber ich werde dann doch gerettet, als die Schallplatte aufhört und das Grammophon huusch huusch macht.
Mrs. O'Connor sagt, vielen Dank, Maura, und nächste Woche, Cyril, kannst du Frankie ein paar von den Schritten zeigen, die dich berühmt gemacht haben. Nächste Woche, Buben und Mädchen, und vergeßt nicht die Sixpence für den kleinen schwarzen Jungen.
Die Buben und Mädchen gehen zusammen weg. Ich gehe alleine die Treppe hinunter und zur Tür hinaus und hoffe, daß meine Kumpels mich nicht mit Jungens sehen, die Kilts tragen, und mit Mädchen, die weiße Zähne und modische Kleider aus alten Zeiten haben.

Mam trinkt Tee mit Bridey Hannon, ihrer Freundin von nebenan. Mam sagt, was hast du gelernt? und ich muß durch die Küche tanzen, einszweidreivierfünfsechssieben einszweidrei und die einszweidrei. Sie lacht sich mit Bridey ordentlich kaputt. Gar nicht übel fürs erste Mal. In einem Monat bist du ein regelrechter Cyril Benson.
Ich will nicht Cyril Benson sein. Ich will Fred Astaire sein.
Sie drehen vollends durch vor Lachen, Tee spritzt ihnen aus dem Mund. Wie ist er doch gottvoll, sagt Bridey. Und die hohe Meinung, die er von sich hat. Wie geht's denn, Fred Astaire?
Mam sagt, Fred Astaire ist jeden Samstag zum Unterricht gegangen und hat nicht ständig gekickt, bis ihm die Zehen vorne aus den Schuhen hingen, und wenn ich so sein wollte wie er, müßte ich jede Woche zu Mrs. O'Connor gehen.
Am vierten Samstagvormittag klopft Billy Campbell gegen unsere Tür. Mrs. McCourt, kann Frankie zum Spielen raus? Mam sagt zu ihm, nein, Billy. Frankie geht in seine Tanzstunde.
Unten am Barrack Hill wartet er auf mich. Er will wissen, warum ich tanze, wo doch jeder weiß, daß Tanzen was für Waschlappen ist, und ich werde noch enden wie Cyril Benson und einen Kilt mit Medaillen tragen und in einem fort mit Mädchen tanzen. Er sagt, als nächstes sitze ich in der Küche und stricke Socken. Er sagt, das Tanzen wird mich zugrunde richten, und ich werde nicht mehr in der Lage sein, irgendeine Art von Fußball zu spielen – Football, Fußball, Rugby und gälischen Fußball schon gar nicht –, weil man sich durch Tanzen den Laufstil versaut, und dann läuft man wie ein Waschlappen, und alle lachen.
Ich sage ihm, mit dem Tanzen bin ich fertig, in der Tasche habe ich noch Sixpence für Mrs. O'Connor, die eigentlich in den Mund des schwarzen Jungen gehören, und ich gehe jetzt statt dessen ins Lyric Cinema. Mit den Sixpence kommen wir beide rein und haben noch zwei Pence für zwei Vierecke Cleeves' Karamel übrig, so daß wir uns mit Genuß Fuzzy, der Schrecken von Texas ansehen können.

Dad sitzt mit Mam vor dem Kamin, und sie wollen wissen, welche Schritte ich heute gelernt habe und wie sie heißen. Ich habe immer Die Belagerung von Ennis und Die Mauern von Limerick vorgemacht, und das sind richtige Tänze. Jetzt muß ich Namen und Tänze erfinden. Mam sagt, von Der Belagerung von Dingle hat sie noch nie gehört, aber wenn ich den gelernt habe, nur zu, mach vor, und ich tanze mit den Händen an der Hosennaht durch die Küche und mache meine eigene Musik, tüdelü ü die ü die ü tudelu u wie du wie du, und Dad und Mam klatschen im Takt zu meinen Füßen in die Hände. Dad sagt, *och,* das ist ein schöner Tanz, und du wirst ein kraftvoller irischer Volkstänzer werden und den Männern, die für ihr Vaterland starben, Ehre machen. Mam sagt, für Sixpence war das aber nicht viel.
In der nächsten Woche ist es ein Film mit George Raft und in der Woche danach ein Cowboyfilm mit George O'Brien. Dann ist es James Cagney, und ich kann Billy nicht mitnehmen, weil ich zu meinem Cleeves' Karamel gern noch eine kleine Tafel Schokolade hätte, und der Film ist ein Hochgenuß, bis ich plötzlich einen gräßlichen Schmerz im Kiefer spüre, und ein Zahn steckt im Karamel fest, und der Schmerz bringt mich um. Das Karamelbonbon kann ich aber trotzdem nicht vergeuden, also ziehe ich mir den Zahn und stecke ihn in die Tasche und kaue das Karamelbonbon auf der anderen Seite des Mundes, mit Blut und allem Drum und Dran. Auf der einen Seite ist der Schmerz und köstliches Karamel auf der anderen, und mir fällt ein, was mein Onkel Pa Keating sagen würde: Manchmal weiß man nicht – muß man nötiger scheißen, oder wird man doch lieber blind.
Jetzt muß ich nach Hause und mir Sorgen machen, denn man kann nicht mit einem Zahn weniger durch die Welt gehen, ohne daß es die Mutter merkt. Mütter merken immer alles, und sie blicken einem ständig in den Mund, um herauszufinden, ob dort irgendeine Sorte von Krankheit nistet. Sie sitzt da am Kamin, und Dad ist auch da, und sie stellen mir die gleichen alten Fragen, Tanz sowie Name des Tanzes. Ich sage ihnen, ich habe Die Mauern von Cork gelernt, und tanze in

der Küche umher und versuche, eine erfundene Melodie zu summen, und sterbe vor Zahnschmerz. Mam sagt, Die Mauern von Cork, ich glaub es wohl, so einen Tanz gibt es gar nicht, und Dad sagt, komm her zu mir. Stell dich hierhin. Sag uns die Wahrheit: Bist du heute in deinen Tanzunterricht gegangen?

Ich kann nicht weiterlügen, weil mein Kiefer mich umbringt und mein Mund voll Blut ist. Außerdem weiß ich, daß sie alles wissen, und das sagen sie mir nun. Irgendeine falsche Schlange von einem Buben aus der Tanzschule hat gesehen, wie ich ins Lyric Cinema gegangen bin, und hat gepetzt, und Mrs. O'Connor hat eine Nachricht geschickt, sie hätte mich seit einer Ewigkeit nicht gesehen, und ob ich wohlauf sei, weil ich nämlich vielversprechende Anlagen zeigte und in die Fußstapfen des großen Cyril Benson treten könnte.

Dad sind mein Zahn und alles andere ganz egal. Er sagt, ich muß zur Beichte, und er zerrt mich zur Erlöserkirche, weil Samstag ist und den ganzen Tag Beichte. Er sagt mir, ich bin ein böser Junge, er schämt sich für mich, weil ich ins Kino gegangen bin, anstatt Irlands nationale Tänze zu erlernen, die Jig, den Reel, die Tänze, für die Männer und Frauen all die traurigen Jahrhunderte hindurch gekämpft haben und gestorben sind. Er sagt, so mancher junge Mann wurde gehängt und verwest nun in einer Kalkgrube, der froh wäre, wenn er sich erheben und die irischen Tänze tanzen könnte.

Der Priester ist schon alt, und ich muß ihm meine Sünden ins Ohr brüllen, und er sagt mir, ich bin ein Rabauke, weil ich ins Kino gehe und nicht in meine Tanzstunde, obwohl er persönlich findet, daß Tanzen fast so gefährlich ist wie die Filme, daß es zu Gedanken aufstachelt, die als solche sündig sind, aber so verabscheuungswürdig der Tanz auch sein mag, so habe ich doch gesündigt, indem ich die Sixpence meiner Mutter nahm und gelogen habe, und für meinesgleichen ist eine heiße Stelle in der Hölle reserviert, bete ein Gesätz und bitte Gott um Vergebung, denn du tanzt bereits vor den Toren der Hölle, mein Kind.

Ich bin sieben, acht, neun, und Dad hat immer noch keine Arbeit. Er trinkt morgens seinen Tee, unterschreibt für sein Stempelgeld auf dem Arbeitsamt, liest die Zeitungen in der Carnegie-Bücherei, macht seine langen Spaziergänge über Land. Wenn er in der Limerick-Zementfabrik oder in Rank's Getreidemühle Arbeit kriegt, verliert er sie in der dritten Woche wieder. Er verliert sie, weil er am dritten Freitag seines Arbeitsverhältnisses in die Kneipen geht, seinen ganzen Lohn vertrinkt und den halben Arbeitstag am Samstagvormittag versäumt.

Mam sagt, warum kann er nicht sein wie die anderen Männer aus diesem Viertel? Vor dem Angelusläuten um sechs sind sie zu Hause, geben ihren Lohn ab, wechseln das Hemd, trinken ihren Tee, kriegen ein paar Shilling von der Frau, und dann ab in die Kneipe für ein bis zwei Pints.

Mam sagt zu Bridey Hannon, daß Dad nicht so sein kann und nie so sein wird. Sie sagt, er ist ein gottverdammter Narr, wie er in die Kneipen geht und anderen Männern Pints ausgibt, während seinen eigenen Kindern zu Hause der Magen an der Wirbelsäule klebt, weil sie kein anständiges Abendessen kriegen. Er wird der Welt vorprahlen, daß er seinen Beitrag für Irland geleistet hat, als das weder populär noch profitabel war, daß er mit Freuden für Irland sterben wird, wenn der Ruf ergeht, daß er bedauert, nur ein Leben zu haben, welches er seinem armen unglückseligen Land opfern kann, und wenn jemand anderer Meinung ist, dann soll er doch bitte schön mit nach draußen kommen, dann klären wir das ein für allemal.

Aber nein, sagt Mam, keiner ist anderer Meinung, und keiner kommt mit nach draußen, dieser Trupp von Kesselflickern und Abdeckern und Geizhälsen, die sich in den Kneipen herumtreiben. Sie sagen ihm, er ist ein ganz toller Hecht, obwohl er aus dem Norden stammt, und es wäre eine Ehre, von einem solchen Patrioten eine Pint spendiert zu bekommen.

Mam sagt zu Bridey, ich weiß nicht unter Gott und weit und breit, was ich tun soll. Das Stempelgeld beträgt pro Woche

neunzehn Shilling Sixpence, die Miete kostet sechs-sechs, und davon bleiben dreizehn Shilling, um fünf Menschen zu ernähren und zu kleiden und uns im Winter warm zu halten. Bridey zieht an ihrer Woodbine, trinkt ihren Tee und verkündet, daß Gott gut ist. Mam sagt, sie ist sicher, daß Gott irgendwo zu irgendwem gut ist, aber in diesem Viertel von Limerick hat Er sich in letzter Zeit nicht blicken lassen.
Bridey lacht. Mensch, Angela, für so was kannst du in die Hölle kommen, und Mam sagt, bin ich da nicht schon, Bridey? Und sie lachen und trinken ihren Tee und rauchen ihre Woodbines, und eine sagt zur anderen, ist doch unser einziger Trost, stimmt's?
Stimmt.

Quigley-der-Fragensteller sagt mir, ich soll am Freitag in die Erlöserkirche gehen und Mitglied in der Knabenabteilung der Bruderschaft werden. Das muß man. Da kann man nicht nein sagen. Alle Jungens, die in den Gassen und Gängen wohnen und Väter haben, die Arbeitslosenunterstützung kriegen oder Gelegenheitsarbeiter sind, müssen da Mitglied werden.
Frage sagt, dein Vater ist ein Ausländer aus dem Norden, und um ihn ist es sowieso wurscht, aber du mußt Mitglied werden.
Jeder weiß, daß Limerick die heiligste Stadt von ganz Irland ist, denn hier befindet sich die Erzbruderschaft der Heiligen Familie, die größte karitative Bruderschaft der Welt. Jede Stadt kann eine Bruderschaft haben, nur Limerick hat die Erz.
Unsere Bruderschaft füllt die Erlöserkirche fünfmal pro Woche, dreimal die Männer, einmal die Frauen, einmal die Knaben. Es gibt Benedictio und Hymnensingen auf englisch, irisch und lateinisch und als Allerbestes die große, kraftvolle Rede, für welche die Erlösungspriester berühmt sind. Die Rede ist es, die Chinesen und andere Heiden davor bewahrt, bei den Protestanten in der Hölle zu enden.

Frage sagt, man muß Mitglied in der Bruderschaft werden, damit die Mutter das bei der Gesellschaft vom Hl. Vincent de Paul erzählen kann, und dann wissen sie, daß man ein guter Katholik ist. Er sagt, sein Vater ist da loyales Mitglied und hat auf diese Weise einen guten Job mit Pensionsanspruch als Klomann auf dem Bahnhof gekriegt, und wenn er selbst mal erwachsen wird, kriegt er auch einen guten Job, es sei denn, er reißt aus und geht zur Royal Canadian Mounted Police, so daß er I'll Be Calling You-ooo-ooo-ooo singen kann, genau wie Nelson Eddy, der das Jeanette MacDonald vorsingt, während sie schwindsüchtig und in den letzten Zügen da auf dem Sofa liegt. Wenn er mich der Bruderschaft zuführt, wird der Mann im Büro seinen Namen in ein großes Buch eintragen, und eines Tages wird er vielleicht zum Sektionspräfekt befördert, was, gleich nach dem Tragen einer Mountie-Uniform, sein zweitgrößter Wunsch im Leben ist.
Der Präfekt steht einer Sektion vor, und das sind dreißig Jungens aus denselben Gassen und Straßen. Jede Sektion hat den Namen eines Heiligen, der auf einen Wappenschild gemalt ist. Der Schild steckt oben auf einem Pfahl hinter dem Platz des Präfekten in der Kirchenbank. Der Präfekt und sein Assistent überprüfen die Anwesenheit und behalten uns im Auge, damit sie uns auf den Kopf hauen können, falls wir während der Benedictio lachen oder anderen Frevel begehen. Wenn man einen Abend fehlt, will der Mann im Büro wissen, warum, will wissen, ob man beginnt, der Bruderschaft zu entgleiten, oder er sagt vielleicht zu dem anderen Mann in dem Büro, ich glaube, unser kleiner Freund hier hat von der Suppe genossen. Das ist das Schlimmste, was man zu einem Katholiken in Limerick oder Irland überhaupt sagen kann, wegen dem, was damals während der Großen Kartoffelhungersnot passiert ist. Wenn man zweimal fehlt, schickt einem der Mann im Büro eine gelbe Vorladung, daß man erscheinen und sich rechtfertigen soll, und wenn man dreimal fehlt, schickt er das Aufgebot, welches aus fünf bis sechs großen Jungens aus derselben Sektion besteht, welche die Straßen absuchen, um sicherzugehen, daß man sich nicht amüsiert,

während man doch eigentlich mit der Bruderschaft auf den Knien für die Chinesen und andere verlorene Seelen beten sollte. Das Aufgebot geht bis zu einem nach Hause und sagt der Mutter, daß deine unsterbliche Seele in Gefahr ist. Manche Mütter machen sich dann Sorgen, aber andere sagen, verschwindet von meiner Schwelle, oder ich komm raus und trete jedem von euch gesondert in den Arsch. Das sind keine guten Bruderschaftsmütter, und dann sagt der Direktor, wir sollen für sie beten, damit sie einsehen, wie fehlgeleitet sie sind.

Das Allerschlimmste ist ein Besuch vom Direktor der Bruderschaft persönlich, von Pater Gorey. Der steht dann am Anfang der Gasse und röhrt mit der Stimme, welche die chinesischen Millionen bekehrt hat, wo ist das Haus von Frank McCourt? Er röhrt, obwohl er die Adresse in seiner Tasche hat und sehr wohl weiß, wo man wohnt. Er röhrt, damit die ganze Welt erfährt, daß man der Bruderschaft entgleitet und seine unsterbliche Seele in Gefahr bringt. Dann sind die Mütter verängstigt, und die Väter flüstern, ich bin nicht da, ich bin nicht da, und danach passen sie auf, daß man von nun an immer zur Bruderschaft geht, damit nicht vollends die Schmach und die Schande über sie kommen und die Nachbarn hinter vorgehaltener Hand tuscheln.

Frage nimmt mich mit zur Sektion St. Finbarr, und der Präfekt sagt zu mir, setz dich da hin und halt den Mund. Er heißt Declan Collopy, er ist vierzehn, und er hat klumpige Pickel auf der Stirn, die aussehen wie Hörner. Er hat dicke kupferrote Augenbrauen, die in der Mitte zusammenstoßen und ihm über die Augen hängen, und seine Arme hängen ihm bis auf die Kniescheiben hinunter. Er sagt mir, er versucht, die beste Sektion in der ganzen Bruderschaft auf die Beine zu stellen, und wenn ich jemals fehlen sollte, reißt er mir den Arsch auf und schickt meiner Mutter die Fetzen. Für Fehlen gibt es keine Entschuldigung, denn in einer anderen Sektion lag ein Junge im Sterben, und sie haben ihn auf der Tragbahre hergeschafft. Wenn du jemals fehlst, dann höchstens wegen eines Todesfalls, und zwar nicht wegen eines Todes-

falls in der Familie, sondern wegen deines eigenen Todesfalls. Hast du das kapiert?
Ja, Declan.
Jungens aus meiner Sektion sagen mir, daß die Präfekten Belohnungen kriegen, wenn sie hundertprozentige Anwesenheit vorweisen können. Declan will so schnell wie möglich von der Schule abgehen und in dem großen Laden von Cannock in der Patrick Street Linoleum verkaufen. Sein Onkel Foncey hat dort jahrelang Linoleum verkauft und genug Geld verdient, um seinen eigenen Laden in Dublin aufzumachen, wo seine drei Söhne jetzt Linoleum verkaufen. Pater Gorey, der Direktor, kann Declan leicht einen Job bei Cannock verschaffen, wenn er ein guter Präfekt ist und in seiner Sektion hundertprozentige Anwesenheit hat, und deshalb wird Declan uns vernichten, wenn wir fehlen. Er sagt zu uns, niemand stellt sich zwischen mich und das Linoleum.
Declan mag Quigley-den-Fragensteller und gibt ihm manchmal einen Freitagabend frei, weil Frage gesagt hat, Declan, wenn ich groß bin und heirate, lege ich mein Haus komplett mit Linoleum aus, und das kaufe ich alles bei dir.
Andere Jungens in der Sektion versuchen es ebenfalls bei Declan mit diesem Trick, aber zu denen sagt er, sehts bloß zu, daß ihr weiterkommts, ihr könnts von Glück sagen, wenn ihr einen Pißpott habts, in den ihr pissen könnts, und Linoleum drunter könnts ihr euch eh nicht leisten.

Dad sagt, als er in Toome in meinem Alter war, hat er jahrelang als Meßdiener gewirkt, und für mich wird es nun auch Zeit. Mam sagt, wozu denn? Das Kind hat nicht mal anständige Anziehsachen für die Schule, geschweige für den Altar. Dad sagt, das Meßdienergewand wird die Anziehsachen verdecken, und sie sagt, wir haben nicht das Geld für Meßgewänder und die Wäsche, die sie jede Woche brauchen.
Er sagt, der Herr wird's schon geben, und ich muß auf dem Küchenfußboden niederknien. Er übernimmt die Rolle des Priesters, denn er hat die gesamte Messe im Kopf, und ich

muß die Antworten wissen. Er sagt, introibo ad altarem Dei, und ich muß sagen, ad Deum qui laetificat iuventutem meam.
Jeden Abend nach dem Abendessen muß ich wegen des Lateins niederknien und darf mich nicht bewegen, bevor ich es perfekt beherrsche. Mam sagt, er könnte sich wenigstens hinsetzen, aber er sagt, Latein ist heilig und muß auf den Knien gelernt und aufgesagt werden. Den Papst sieht man ja auch nie im Sitzen und mit einem Täßchen Tee, während er das Latein spricht.
Das Latein ist schwer, und meine Knie sind wund und verschorft, und ich wäre lieber draußen auf der Gasse beim Spielen, obwohl ich trotzdem gern Meßdiener werden würde, der dem Priester in der Sakristei beim Ankleiden hilft, und oben hinter dem Altar, von oben bis unten in meine weißen und roten Gewänder gehüllt wie mein Kumpel, Jimmy Clark, dem Priester auf lateinisch antworten und das große Buch von einem Ende des Tabernakels zum anderen tragen und Wasser und Wein in den Kelch gießen und dem Priester Wasser über die Hände und bei der Wandlung mit dem Glöckchen klingeln und knien und sich verbeugen und das Räuchergefäß schwenken und dann ganz ernst mit den Handflächen auf den Knien seitlich beim Altar sitzen, während er seine Predigt hält, und alle in der Kirche vom hl. Joseph sehen mich an und bewundern meine ganze Art.
Vierzehn Tage später habe ich die Messe im Kopf, und es wird Zeit, in die Josephskirche zu gehen, um mit dem Sakristan, Stephen Carey, zu sprechen, der für die Meßdiener zuständig ist. Dad poliert meine Schuhe. Mam stopft meine Socken und wirft extra Kohle ins Feuer, um das Bügeleisen für mein Hemd heiß zu machen. Sie kocht Wasser, um mir Kopf, Hals, Hände und Knie und jeden Zollbreit sichtbare Haut zu schrubben. Sie schrubbt, bis mir die Haut brennt, und sagt Dad, das gönnt sie der Welt nicht, daß es heißt, ihr Sohn wäre schmutzig vor den Altar gestiegen. Sie wünschte sich bloß, daß meine Knie nicht so verschorft wären, weil ich immer Dosen durch die Gegend kicken und hinfallen muß und so

tun, als wäre ich Fußballweltmeister. Sie wünschte sich außerdem bloß, daß wir ein Tröpfchen Haaröl im Hause hätten, aber Wasser und Spucke tun es auch, damit mir die Haare nicht vom Kopf abstehen wie schwarzes Stroh aus einer kaputten Matratze. Sie warnt mich, ich soll bloß deutlich sprechen, wenn ich in die Josephskirche gehe, und weder auf lateinisch noch auf englisch nuscheln. Sie sagt, es ist zu schade, daß du aus deinem Erstkommunionsanzug herausgewachsen bist, aber es gibt nichts, wessen du dich schämen müßtest, denn du kommst aus gutem Geblüt, von den McCourts, den Sheehans oder meiner Familie mütterlicherseits, den Guilfoyles, die in der Grafschaft Limerick Hektar um Hektar Land besaßen, bevor es die Engländer wegnahmen und an Straßenräuber aus London verteilten.
Dad hält mich an der Hand, während wir durch die Straßen gehen, und die Leute sehen uns an, weil wir vorwärts und rückwärts lateinisch reden. Er klopft an die Tür der Sakristei und sagt zu Stephen Carey, dies ist mein Sohn, Frank, der das Lateinische kann und bereit ist, Meßdiener zu werden.
Stephen Carey sieht erst ihn an und dann mich. Er sagt, wir haben keinen Platz für ihn, und macht die Tür wieder zu.
Dad hält mich immer noch an der Hand, und er drückt sie, bis sie weh tut und ich laut weinen möchte. Auf dem Nachhauseweg sagt er nichts. Er nimmt die Mütze ab, setzt sich ans Feuer und steckt sich eine Woodbine an. Mam raucht ebenfalls. Und? sagt sie. Wird er nun Meßdiener?
Sie haben keinen Platz für ihn.
Oh. Sie pafft an ihrer Woodbine. Ich werde dir sagen, woran es liegt, sagt sie. Es liegt am Klassenunterschied. Sie wollen keine Jungs aus dem Gassenviertel hinter dem Altar. Sie wollen keine mit verschorften Knien und abstehenden Haaren. O nein, sie wollen die netten Jungs mit Haaröl und neuen Schuhen, die Väter mit Anzug und Schlips und geregeltem Einkommen haben. Daran liegt es, und es ist schwer, am Glauben festzuhalten, wenn man sieht, welcher Dünkel damit verbunden ist.
Och, aye.

Ach, *och aye* am Arsch. Was anderes fällt dir nie ein. Du könntest doch zum Priester gehen und ihm sagen, daß du einen Sohn mit einem Kopf hast, der mit Latein vollgestopft ist, und warum er kein Meßdiener werden kann und was er mit diesem ganzen Latein anfangen soll?
Och, er könnte ja später mal Priester werden.
Ich frage ihn, ob ich vor die Tür und spielen gehen darf. Ja, sagt er, geh vor die Tür und spiel.
Mam sagt, ja, warum eigentlich nicht.

6

Mr. O'Neill ist der Lehrer in der vierten Klasse. Wir nennen ihn Dotty, Pünktchen, weil er so klein ist wie ein Punkt. Er unterrichtet in dem einen Klassenzimmer, das vorne eine Plattform hat, damit er über uns stehen und uns mit seinem Eschenstock drohen und seinen Apfel so schälen kann, daß wir es alle sehen. Am ersten Schultag im September schreibt er drei Wörter an die Tafel, die das ganze Jahr dort stehenbleiben sollen, Euklid, Geometrie, Idiot. Er sagt, wenn er einen Knaben dabei erwischt, daß er sich an diesen Wörtern zu schaffen macht, dann wird dieser Knabe sein weiteres Leben mit nur einer Hand zubringen müssen. Er sagt, jeder, der die Theoreme des Euklid nicht versteht, ist ein Idiot. Jetzt wiederholt, was ich gesagt habe, jeder, der die Theoreme des Euklid nicht versteht, ist ein Idiot. Natürlich wissen wir alle, was ein Idiot ist, denn daß wir welche sind, sagen uns die Lehrer ständig.

Brendan Quigley hebt die Hand. Sir, was ist ein Theorem und was ist ein Euklid?

Wir erwarten, daß Dotty Brendan abkanzelt, wie alle Lehrer, wenn man ihnen eine Frage stellt, aber er blickt Brendan mit leichtem Lächeln an. Aha, hier haben wir einen Knaben, der nicht eine Frage hat, sondern deren zwei. Wie heißt du, Knabe?

Brendan Quigley, Sir.
Dies ist ein Knabe, der es noch weit bringen wird. Wohin wird er es bringen, ihr Knaben?
Noch weit, Sir.
Allerdings, das wird er auch. Der Knabe, der etwas über die Anmut, Eleganz und Schönheit von Euklid erfahren will, der kann gar nicht anders, der wird seinen Weg machen. Was kann er gar nicht anders, und was wird er machen, ihr Knaben?
Seinen Weg, Sir.
Ohne Euklid wäre die Mathematik hinfällig und bresthaft. Ohne Euklid könnten wir uns nicht von hier nach da begeben. Ohne Euklid könnte das Flugzeug nicht die Wolken reiten. Ohne Euklid hätte das Fahrrad kein Rad. Ohne Euklid hätte der heilige Joseph nicht Zimmermann sein können, denn das Zimmerhandwerk ist Geometrie, und Geometrie ist Zimmerhandwerk. Ohne Euklid hätte diese Schule nicht gebaut werden können.
Paddy Clohessy brummelt hinter mir, Scheiß-Euklid.
Dotty blafft ihn an. Du, Knabe, wie heißt du?
Clohessy, Sir.
Ah, der Knabe fliegt mit einem Flügel. Wie lautet dein Vorname?
Paddy.
Paddy, was?
Paddy, Sir.
Und was, Paddy, hast du zu McCourt gesagt?
Ich habe gesagt, wir sollten niederknien und Gott auf unseren zwei Knien für Euklid danken.
Davon bin ich überzeugt, Clohessy. Ich sehe, wie die Lüge zwischen deinen Zähnen schwärt. Was sehe ich, ihr Knaben?
Die Lüge, Sir.
Und was macht die Lüge, ihr Knaben?
Sie schwärt, Sir.
Wo? Nun? Wo?
Zwischen seinen Zähnen, Sir.
Euklid war Grieche. Was, Clohessy, ist ein Grieche?

Irgendeine Sorte von Ausländer, Sir.
Clohessy, du bist ein Schwachkopf. Nun, Brendan, du weißt doch sicherlich, was ein Grieche ist?
Ja, Sir. Euklid war ein Grieche.
Dotty hat wieder dies leichte Lächeln. Er sagt Clohessy, er soll sich Quigley zum Vorbild nehmen, denn der weiß, was ein Grieche ist. Er zeichnet zwei Striche nebeneinander und sagt uns, das seien parallele Geraden, und das Zaubrische und Geheimnisvolle daran sei, daß sie sich nie schnitten, nicht, wenn sie bis in die Unendlichkeit ausgedehnt würden, nicht, wenn sie bis zu den Schultern Gottes ausgedehnt würden, und das, ihr Knaben, ist ein weiter Weg, obwohl es da jetzt einen deutschen Juden gibt, der die ganze Welt mit seinen Ideen zu den Parallelen in Aufregung versetzt.
Wir hören Dotty zu und fragen uns, was das alles mit dem gegenwärtigen Zustand der Welt zu tun haben soll, mit den Deutschen, die überall einmarschieren und alles bombardieren, was steht. Selber können wir ihn nicht fragen, aber wir können Brendan Quigley dazu bringen, daß er ihn fragt. Jeder kann sehen, daß Brendan Dottys Lieblingsschüler ist, und das bedeutet, er kann ihn fragen, was er will. Nach der Schule sagen wir Brendan, morgen muß er folgende Frage stellen: Wozu sind Euklid und diese ganzen Striche gut, die immer länger werden, wenn die Deutschen Bomben auf alles schmeißen? Brendan sagt, er will gar kein Lieblingsschüler sein, er hat gar nicht darum gebeten, und er will die Frage nicht stellen. Er hat Angst, wenn er die Frage stellt, macht Dotty ihn zur Sau. Wir sagen ihm, wenn er die Frage nicht stellt, machen wir ihn zur Sau.
Am nächsten Tag hebt Brendan die Hand. Dotty schenkt ihm dies leichte Lächeln. Sir, wozu sind Euklid und diese ganzen Striche gut, wenn die Deutschen Bomben auf alles schmeißen, was steht?
Das leichte Lächeln ist weg. Ach, Brendan. Ach, Quigley. Ach, ihr Knaben. Ach, ihr Knaben.
Er legt seinen Stock aufs Pult und steht mit geschlossenen Augen auf der Plattform. Wozu ist Euklid gut? sagt er. Gut

wozu? Ohne Euklid hätte die Messerschmitt sich nie in den Himmel aufschwingen können. Ohne Euklid könnte die Spitfire nicht von Wolke zu Wolke flitzen. Euklid bringt uns Anmut und Schönheit und Eleganz. Was bringt er uns, ihr Knaben?
Anmut, Sir.
Und?
Schönheit, Sir.
Und?
Eleganz, Sir.
Euklid ist in sich vollkommen und in der Anwendung göttlich. Versteht ihr das, ihr Knaben?
Ja, Sir.
Das bezweifle ich, ihr Knaben, das bezweifle ich. Euklid lieben heißt allein sein auf dieser Welt.
Er öffnet die Augen und seufzt, und man kann sehen, daß die Augen ein bißchen wäßrig sind.

Als Paddy Clohessy an dem Tag aus der Schule kommt, hält Mr. O'Dea, der die fünfte Klasse unterrichtet, ihn fest. Mr. O'Dea sagt, du, wie heißt du?
Clohessy, Sir.
In welche Klasse gehst du?
Vierte Klasse, Sir.
Nun sage mir, Clohessy, spricht euer Lehrer mit euch über Euklid?
Ja, Sir.
Und was sagt er?
Er sagt, er ist Grieche.
Natürlich ist er Grieche, du schlotternder Omadhaun. Und weiter?
Er sagt, ohne Euklid gäbe es keine Schule.
Aha. Und zeichnet er irgendwas an die Tafel?
Er zeichnet Striche nebeneinander, die sich nie treffen, nicht mal, wenn sie auf Gottes Schultern landen.
Heilige Muttergottes.

Nein, Sir. Gottes Schultern.
Ich weiß, du Idiot. Geh nach Hause.
Am nächsten Tag ist lauter Lärm vor unserer Klassenzimmertür, und Mr. O'Dea schreit, kommen Sie heraus, O'Neill, Sie Defraudant, Sie gleisnerischer, feiger Wicht. Weil die Scheibe über der Tür kaputt ist, können wir alles genau verstehen.
Der neue Schulleiter, Mr. O'Halloran, sagt, na na, Mr. O'Dea. Mäßigen Sie sich. Keinen Streit in Gegenwart unserer Schüler.
Dann sagen Sie ihm auch bitte, Mr. Halloran, daß er aufhören soll, die Geometrie zu unterrichten. Die Geometrie ist für die fünfte Klasse, nicht die vierte. Die Geometrie gehört mir. Sagen Sie ihm, er soll die schriftliche Division unterrichten und Euklid mir überlassen. Schöne lange schriftliche Divisionsaufgaben werden auch seinen Intellekt wachsen lassen, klein, wie er ist, möge Gott uns helfen. Ich möchte nicht, daß der Geist dieser jungen Menschen von so einem Hochstapler zerstört wird, der auf seiner Plattform steht, Apfelschalen verteilt und links und rechts Diarrhöe verursacht. Sagen Sie ihm, daß Euklid mir gehört, Mr. O'Halloran, oder ich werde seinem Amoklauf ein Ende bereiten.
Mr. O'Halloran sagt Mr. O'Dea, er soll zurück in seine Klasse gehen, und bittet Mr. O'Neill auf den Flur. Mr. O'Halloran sagt, aber aber, Mr. O'Neill, ich habe Sie doch bereits darum gebeten, sich von Euklid fernzuhalten.
Das haben Sie, Mr. O'Halloran, aber Sie könnten mich genausogut bitten, daß ich meinen täglichen Apfel nicht mehr esse.
Ich muß darauf bestehen, Mr. O'Neill. Keinerlei Euklid mehr.
Mr. O'Neill kommt zurück in die Klasse, und wieder sind seine Augen wäßrig. Er sagt, seit den Griechen hat sich wenig geändert, denn die Barbaren sind mitten unter uns, und ihre Zahl ist Legion. Was hat sich seit den Griechen geändert, ihr Knaben?
Wenig, Sir.

Und wen finden wir mitten unter uns vor?
Die Barbaren, Sir.
Und worauf beläuft sich ihre Zahl?
Legion, Sir.

Es ist eine Qual, Mr. O'Neill jeden Tag dabei zu beobachten, wie er den Apfel schält, in voller Länge, rot oder grün, und wenn man vorne sitzt, kriegt man den frischen Duft des Apfels in die Nase. Wenn man an dem Tag der Musterschüler ist und die Fragen beantwortet, die er einem stellt, gibt er einem die Schale, und man darf sie in Ruhe in seiner Bank aufessen, und niemand kann sie einem streitig machen, was in der Pause auf dem Hof schon passieren würde. Dann würden sie einen peinigen, gib mir was ab, gib mir was ab, und man könnte von Glück sagen, wenn man noch ein Fitzelchen für sich selbst übrigbehielte.
Es gibt Tage, an denen die Fragen zu schwer sind, und dann quält er uns, indem er die Apfelschale in den Papierkorb fallen läßt. Dann borgt er sich einen Schüler aus einer anderen Klasse aus, der den Papierkorb in den Heizungskeller tragen soll, um Papier und Apfelschale zu verbrennen, oder er läßt die Schale für die Putzfrau da, Nellie Ahearn, damit sie alles zusammen in ihrem großen Leinensack wegschleppt. Wir würden Nellie gern bitten, daß sie uns die Schale herauslegt, bevor die Ratten sie kriegen, aber sie ist erschöpft, weil sie die ganze Schule alleine saubermachen muß, und schnauzt uns an, ich hab noch andere Dinge mit meinem Leben vor, als mit anzusehen, wie eine räudige Horde nach der Haut eines Apfels wühlt. Machts bloß, daß ihr verschwindets.
Langsam schält er den Apfel. Er sieht sich mit dem leichten Lächeln in der Klasse um. Er foppt uns, was meint ihr Knaben, soll ich dies den Tauben auf dem Fenstersims überlassen? Wir sagen, nein, Sir, Tauben essen keine Äpfel. Paddy Clohessy ruft, davon kriegen sie Dünnpfiff, Sir, und wir kriegen es dann in der Pause draußen auf den Kopf.

Clohessy, du bist ein Omadhaun. Weißt du, was ein Omadhaun ist?
Nein, Sir.
Das ist Irisch, Clohessy, deine Muttersprache, Clohessy. Ein Omadhaun ist ein Tölpel, Clohessy. Du bist ein Omadhaun. Was ist er, ihr Knaben?
Ein Omadhaun, Sir.
Clohessy sagt, so hat mich Mr. O'Dea genannt, Sir, einen schlotternden Omadhaun.
Er hält mit seinem Schälen inne, um uns Fragen über alles zu stellen, was es gibt auf der Welt, und der Junge mit den besten Antworten gewinnt. Hoch die Hände, sagt er, wer ist der Präsident der Vereinigten Staaten von Amerika?
Jede Hand in der Klasse geht nach oben, und wir sind alle angewidert, wenn er eine Frage stellt, die jeder Omadhaun beantworten kann. Wir rufen, Roosevelt.
Dann sagt er, du, Mulcahy, wer stand am Fuße des Kreuzes, als unser Herr gekreuzigt wurde?
Mulcahy ist langsam. Die zwölf Apostel, Sir.
Mulcahy, wie lautet das irische Wort für Tölpel?
Omadhaun, Sir.
Und was bist du, Mulcahy?
Ein Omadhaun, Sir.
Fintan Slattery hebt die Hand. Ich weiß, wer am Fuße des Kreuzes stand, Sir.
Natürlich weiß Fintan, wer am Fuße des Kreuzes stand. Wie denn auch nicht? Ständig rennt er in die Messe mit seiner Mutter, die für ihre Heiligkeit bekannt ist. Sie ist so heilig, daß ihr Mann nach Kanada weggelaufen ist, um Bäume zu fällen, froh, daß er weg war, und man nie wieder etwas von ihm hörte. Sie und Fintan sprechen jeden Abend den Rosenkranz auf den Knien in der Küche und lesen alle möglichen religiösen Zeitschriften: Den Kleinen Boten vom Allerheiligsten Herzen, Die Laterne, Den Fernen Osten sowie jedes Buch, das die Katholische Wahrheitsgesellschaft druckt. Sie gehen bei jedem Wetter in die Messe und zur Kommunion, und jeden Samstag beichten sie bei den Jesuiten, die bekannt

für ihr Interesse an intelligenten Sünden sind, nicht an den üblichen Sünden, die man von den Leuten hört, welche in den Gassen wohnen und dafür bekannt sind, daß sie sich betrinken und manchmal freitags Fleisch essen, bevor es schlecht wird, und obendrein noch fluchen. Fintan und seine Mutter wohnen in der Catherine Street, und Mrs. Slatterys Nachbarn nennen sie Mrs. Bringedar, denn egal, was passiert, ein Beinbruch, eine verschüttete Tasse Tee, ein verschwundener Ehemann, sie sagt, je nun, ich bringe es dar, ein weiterer kleiner Genuß, der mich, da er mir entgangen, in den Himmel bringen wird. Fintan ist genauso schlimm. Wenn man ihn auf dem Schulhof schubst oder blöder Hund nennt, lächelt er und sagt einem, er wird für einen beten, und das Gebet bringt er seiner und deiner Seele dar. Die Jungens in Leamy's wollen nicht, daß er für sie betet, und sie drohen, er kriegt einen ordentlichen Tritt in den Arsch, wenn sie ihn dabei erwischen, daß er für sie betet. Er sagt, wenn er groß ist, will er Heiliger werden, was lachhaft ist, weil man nicht Heiliger werden kann, bevor man tot ist. Er sagt, unsere Enkel werden zu seinem Bilde beten. Ein großer Junge sagt, meine Enkel werden auf dein Bild pissen, und Fintan lächelt nur. Seine Schwester ist nach England abgehauen, als sie siebzehn war, und jeder weiß, daß er zu Hause ihre Bluse anhat und sich jeden Samstag mit einer heißen Eisenzange Locken in die Haare dreht, damit er am Sonntag in der Messe hinreißend aussieht. Wenn er einen auf dem Weg zur Messe trifft, sagt er, ist mein Haar nicht hinreißend, Frankie? Er liebt das Wort hinreißend, und kein anderer Junge wird es jemals verwenden.

Natürlich weiß er, wer am Fuße des Kreuzes stand. Er weiß wahrscheinlich auch, was die anhatten und was es zum Frühstück gab, und jetzt sagt er Dotty O'Neill, daß es die drei Marien waren.

Dotty sagt, komm nach vorn, Fintan, und hol dir deine Belohnung ab.

Er läßt sich Zeit mit dem Weg bis zur Plattform, und wir trauen unseren Augen nicht, als er ein Taschenmesser her-

vorholt, um die Apfelschale in kleine Stücke zu schneiden, damit er sie nach und nach essen kann und sie sich nicht auf einen Happs ins Maul stopft wie wir anderen, wenn wir gewinnen. Er hebt die Hand, Sir, ich würde gern etwas von meinem Apfel abgeben.
Von deinem Apfel, Fintan? Daß ich nicht lache. Du hast den Apfel nicht, Fintan. Du hast die Schale, die schiere Schale. Weder hast du ihn, noch wirst du je so schwindelerregende Höhen erklimmen, dich am Apfel als solchem zu laben. Nicht an meinem Apfel, Fintan. Hörte ich dich gerade sagen, du wolltest etwas von deiner Belohnung abgeben?
Richtig, Sir. Ich möchte gern drei Stücke abgeben, und zwar an Quigley, Clohessy und McCourt.
Warum, Fintan?
Sie sind meine Freunde.
In der ganzen Klasse grinsen die Jungens und stupsen sich an, und ich schäme mich, weil sie sagen werden, ich mache mir Locken in die Haare, und auf dem Schulhof werden sie mich quälen, und warum glaubt er eigentlich, daß ich sein Freund bin? Wenn sie sagen, ich trage die Bluse meiner Schwester, hat es gar keinen Sinn, ihnen zu sagen, daß ich keine Schwester habe, denn dann sagen sie, wenn du aber eine hättest, würdest du dir ihre Bluse anziehen. Auf dem Schulhof hat es gar keinen Sinn, irgendwas zu sagen, denn einer hat immer eine Antwort, und man kann gar nichts machen, außer ihnen auf die Nase zu boxen, und wenn man jedem auf die Nase boxen wollte, der eine Antwort hat, würde man morgens, mittags und abends nur noch boxen.
Quigley nimmt sein Stück Apfelschale von Fintan entgegen. Danke, Fintan.
Die ganze Klasse sieht Clohessy an, denn er ist der Größte und der Stärkste, und wenn er danke sagt, sage ich auch danke. Er sagt, vielen Dank, Fintan, und wird rot, und ich sage, vielen Dank, Fintan, und versuche, nicht rot zu werden, aber es gelingt mir nicht, und wieder grinsen alle Jungens spöttisch, und ich würde sie gern hauen.
Nach der Schule rufen die Jungens Fintan zu, he, Fintan,

gehst du jetzt nach Hause, um dir Locken in deine hinreißenden Haare zu drehen? Fintan lächelt und geht die Schulhoftreppe hinauf. Ein großer Junge aus der siebten Klasse sagt zu Paddy Clohessy, du würdest dir doch bestimmt auch Locken drehen, wenn du kein kahlrasierter Glatzkopf wärst. Paddy sagt, halts Maul, und der Junge sagt, und wenn nicht, was machst du dann? Paddy versucht, einen Boxhieb anzubringen, aber der große Junge haut ihm auf die Nase, daß Blut fließt. Ich versuche den großen Jungen zu hauen, aber er packt mich bei der Kehle und knallt meinen Kopf gegen die Mauer, bis ich Lichter und schwarze Punkte sehe. Paddy geht weg, hält sich die Nase und weint, und der große Junge schubst mich hinter ihm her. Fintan ist draußen auf der Straße, und er sagt, o Francis, Francis, o Patrick, Patrick, was ist denn los? Warum weinst du denn, Patrick? und Paddy sagt, ich hab Hunger. Ich kann mich mit keinem schlagen, weil ich am Hunger sterbe und hinfalle, und ich schäme mich.
Fintan sagt, komm mit, Patrick. Meine Mutter wird uns etwas geben, und Paddy sagt, nein, nein, ich hab Nasenbluten. Mach dir keine Sorgen. Sie wird dir etwas auf die Nase tun oder einen Schlüssel auf den Nacken legen. Francis, du mußt auch kommen. Du siehst immer hungrig aus.
Lieber nicht, Fintan.
Ach doch, Francis.
Na gut, Fintan.
Fintans Wohnung ist wie eine Kapelle. Es gibt zwei große Bilder, das Allerheiligste Herz Jesu und das Unbefleckte Herz Mariens. Jesus zeigt sein Herz mit der Dornenkrone, dem Feuer, dem Blut. Sein Kopf ist nach links geneigt, damit man seinen großen Kummer sieht. Die Jungfrau Maria zeigt ebenfalls ihr Herz, und es wäre ein gutaussehendes Herz, wenn die Dornenkrone nicht wäre. Ihr Kopf ist nach rechts geneigt, damit man ihren Kummer sieht, denn sie weiß, daß es mit ihrem Sohn ein trauriges Ende nehmen wird.
An einer anderen Wand hängt ein Bild mit einem Mann, der ein braunes Gewand trägt, und überall auf ihm drauf sitzen

Vögel. Fintan sagt, weißt du, wer das ist, Francis? Nein? Das ist dein Schutzheiliger, der heilige Franziskus von Assisi, und weißt du, was heute für ein Tag ist?
Der vierte Oktober.
Das stimmt, und heute ist sein Festtag und deiner ebenfalls, denn heute kannst du den heiligen Franziskus um alles bitten, und es wird in Erfüllung gehen. Deshalb wollte ich, daß du heute hierherkommst. Setz dich doch, Patrick, setz dich doch, Francis.
Mrs. Slattery kommt herein und hat ihren Rosenkranz in der Hand. Sie freut sich, Fintans neue Freunde kennenzulernen, und ob wir wohl ein Käsesandwich mögen? Und sieh mal deine arme Nase, Patrick. Sie berührt seine Nase mit dem Kreuz ihres Rosenkranzes und spricht ein kleines Gebet. Sie sagt uns, dieser Rosenkranz ist vom Papst persönlich gesegnet worden und könnte dem Fließen eines Flusses Einhalt gebieten, von Patricks armer Nase ganz zu schweigen.
Fintan sagt, er möchte lieber kein Sandwich, weil er für den Jungen, der Paddy und mich geschlagen hat, fastet und betet. Mrs. Slattery gibt ihm einen Kuß auf die Stirn und sagt ihm, er ist ein Heiliger direkt aus dem Himmel, und fragt, ob wir Senf auf unsere Sandwiches haben wollen, und ich sage, von Käse mit Senf habe ich ja noch nie gehört, danke, sehr gern sogar. Paddy sagt, ich weiß nicht. Ich hab im Leben noch nie ein Sengwitsch gegessen, und wir lachen alle, und ich frage mich, wie man es schafft, wie Paddy zehn Jahre alt zu werden und noch nie ein Sandwich gegessen zu haben. Paddy lacht auch, und man kann sehen, daß er weiß-schwarz-grüne Zähne hat.
Wir essen das Sandwich und trinken Tee, und Paddy möchte wissen, wo das Klo ist. Fintan nimmt ihn mit durch das Schlafzimmer in den Hinterhof, und als sie zurückkommen, sagt Paddy, ich muß nach Hause. Meine Mutter bringt mich um. Ich warte draußen auf dich, Frankie.
Jetzt muß ich aufs Klo, und Fintan führt mich auf den Hinterhof. Er sagt, ich muß auch mal, und als ich meinen Hosenschlitz aufknöpfe, kann ich nicht pinkeln, weil er mich

ansieht, und er sagt, du wolltest mich zum Narren halten. Du mußt gar nicht. Ich sehe dich gern an, Francis. Das ist alles. Ich würde keinerlei Sorte von Sünde mit dir begehen wollen, wo wir doch nächstes Jahr Firmung haben.
Paddy und ich gehen zusammen weg. Ich platze fast und renne hinter eine Garage, um zu pinkeln. Paddy wartet auf mich, und als wir durch die Hartstonge Street gehen, sagt er, das war ein kraftvolles Sengwitsch, Frankie, und er und seine Mutter, die sind beide sehr heilig, aber ich möchte nie wieder in Fintans Wohnung gehen, weil er nämlich sehr merkwürdig ist, stimmt's, Frankie?
Stimmt, Paddy.
Wie er ihn ansieht, wenn man ihn rausholt, das ist doch merkwürdig, stimmt's, Frankie?
Stimmt, Paddy.
Ein paar Tage später flüstert Paddy, Fintan Slattery hat gesagt, wir könnten zum Mittagessen zu ihm in die Wohnung kommen. Seine Mutter ist nicht da, und sie hat ihm Mittagessen hingestellt. Vielleicht gibt er uns auch was, und er hat ganz prima Milch. Gehen wir hin?
Fintan sitzt zwei Reihen von uns entfernt. Er weiß, was Paddy zu mir sagt, und er bewegt die Augenbrauen auf und ab, als wollte er sagen, werdet ihr kommen? Ich flüstere zu Paddy, ja, und er nickt Fintan zu, und der Lehrer blafft uns an, wir sollen aufhören, mit den Augenbrauen und den Lippen zu wackeln, sonst wird die Esche ihr Lied auf unserem Hintern singen.
Auf dem Schulhof sehen Jungens uns drei weggehen und machen Bemerkungen. Ach Gottchen, seht euch Fintan und seine warmen Brüder an. Paddy sagt, Fintan, was heißt das? und Fintan sagt, nur ein altes Wort für gute Freunde. Er sagt uns, wir sollen uns an den Tisch in seiner Küche setzen, und wir können seine Comics lesen, wenn wir mögen, Film Fun, den Beano, den Dandy oder die religiösen Zeitschriften oder die Romanhefte seiner Mutter, Miracle und Oracle, in denen immer Geschichten über arme, aber bildschöne Mädchen stehen, die in der Fabrik arbeiten und die Söhne von Grafen

lieben und umgekehrt, und das Fabrikmädchen wirft sich zum Schluß aus lauter Hoffnungslosigkeit in die Themse, wird aber von einem des Weges kommenden Zimmermann gerettet, der arm, aber ehrlich ist und der das Fabrikmädchen für das lieben wird, was sie bescheidenerweise ist, obwohl sich herausstellt, daß der des Weges kommende Zimmermann in Wirklichkeit der Sohn eines Herzogs ist, was viel feiner ist als ein Graf, so daß das arme Fabrikmädchen jetzt eine Herzogin ist und auf den Grafen herabblicken kann, der sie einst verschmähte, denn jetzt pflegt sie fröhlich ihre Rosen auf dem Abertausende von Hektar umfassenden Anwesen in Shropshire und ist nett zu ihrer armen, alten Mutter, die ihre bescheidene kleine Hütte für alles Geld dieser Welt nicht verlassen möchte.

Paddy sagt, ich will nichts lesen, ist doch alles Schwindel, die ganzen Geschichten. Fintan entfernt das Tuch, welches über sein Sandwich und sein Glas Milch gebreitet ist. Die Milch sieht sahnig und kühl und köstlich aus, und das Brot vom Sandwich ist fast genauso weiß. Paddy sagt, ist das ein Schinkensengwitsch? und Fintan sagt ja. Paddy sagt, das Sengwitsch sieht ja wirklich wunderschön aus, und ist da wieder Senf drauf? Fintan nickt und schneidet das Sandwich in zwei Teile. Senf sickert heraus. Er leckt ihn sich von den Fingern und trinkt einen tüchtigen Mundvoll Milch. Wieder schneidet er das Sandwich, in Viertel, in Achtel, in Sechzehntel, nimmt den Kleinen Boten vom Allerheiligsten Herzen vom Zeitschriftenstapel und liest, während er seine Stullenstückchen ißt und seine Milch trinkt, und Paddy und ich sehen ihn an, und ich weiß, daß Paddy sich fragt, was wir hier überhaupt sollen, wir hier, denn das frage ich mich ebenfalls und hoffe, daß Fintan mal den Teller zu uns herüberschiebt, aber das tut er nicht, er trinkt die Milch aus, läßt ein paar Sandwichstückchen auf dem Teller, breitet das Tuch drüber, wischt sich mit einer anmutigen Handbewegung die Lippen, senkt den Kopf, bekreuzigt sich und spricht das Tischgebet für nach den Mahlzeiten und, Gott, wir kommen noch zu spät zur Schule, bekreuzigt sich auf dem Weg nach draußen

noch einmal mit Weihwasser aus dem kleinen Porzellantaufstein, der neben der Tür unter dem kleinen Bild der Jungfrau Maria hängt, die ihr Herz zeigt und mit zwei Fingern drauf deutet, als wüßten wir sonst nicht, wo es ist.
Für Paddy und mich ist es zu spät, um zu Nellie Ahearn zu rennen und das Brötchen und die Milch zu holen, und ich weiß nicht, wie ich das von jetzt bis nachher durchstehen soll, wenn ich endlich nach Hause kann und ein Stück Brot kriege.
Paddy bleibt vor dem Schultor stehen. Er sagt, ich geh da nicht rein, ich hab doch so 'n Hunger, ich schlaf vor Hunger ein, und dann bringt Dotty mich um.
Fintan ist besorgt. Los, los, wir kommen zu spät. Komm schon, Francis, beeil dich.
Ich geh da auch nicht rein, Fintan. Du hast dein Mittagessen gehabt. Wir nicht.
Paddy explodiert. Du bist ein Scheißschummler, Fintan. Das bist du nämlich, und ein Scheißgierhals mit deinem Scheißsengwitsch und deinem Scheiß-Allerheiligsten-Herzen-Jesu an der Wand und deinem Scheißweihwasser. Du kannst mich mal am Arsch lecken, Fintan.
Aber, Patrick.
Scheiß-Aberpatrick, Fintan. Komm mit, Frankie.
Fintan rennt in die Schule, und Paddy und ich wandern nach Ballinacurra zu einem Obstgarten. Wir klettern über eine Mauer, und ein böser Hund fällt uns an, bis Paddy mit ihm spricht und ihm sagt, er ist ein lieber Hund, und wir haben Hunger, und er soll schön nach Haus zu seiner Mutter gehen. Der Hund leckt Paddy das Gesicht ab und trabt schwanzwedelnd davon, und Paddy ist sehr zufrieden mit sich. Wir stopfen uns Äpfel ins Hemd, bis wir kaum noch über die Mauer zurückklettern können, um schnell auf ein großes Feld zu laufen, wo wir uns unter eine Hecke setzen und die Äpfel essen, bis wir keinen Bissen mehr runterkriegen, und dann tunken wir das Gesicht in einen Bach und trinken das köstliche kalte Wasser. Dann rennen wir zu einem Graben, Paddy hockt sich an das eine Ufer, ich mich ans andere, und scheißen und wischen uns den Arsch mit

Gras und dicken Blättern ab. Paddy hockt und sagt, es geht auf der Welt doch nichts über ordentlich Äpfel futtern, ordentlich Wasser trinken und ordentlich scheißen, ist doch besser als jedes Käsesengwitsch mit Senf, und Dotty O'Neill kann sich seinen Apfel in den Arsch stecken, aber jederzeit.
Auf einem Feld stehen drei Kühe, die den Kopf über ein Mäuerchen stecken und muh zu uns sagen. Paddy sagt, Jesusnochmal, Zeit zum Melken, und rüber über die Mauer und sich unter eine Kuh gelegt, und ihr dickes Euter hängt ihm direkt ins Gesicht. Er zieht an einer Zitze und spritzt sich Milch in den Mund. Er hört auf zu spritzen und sagt, los, Frankie, frische Milch. Lecker. Schnapp dir die andere Kuh da, die wollen alle gemolken werden.
Ich lege mich unter eine Kuh und ziehe an einer Zitze, aber sie tritt und bewegt sich, und ich bin sicher, daß sie mich umbringen wird. Paddy kommt herüber und zeigt mir, wie es geht, feste und gerade ziehen, und dann kommt die Milch in kraftvollem Strahl. Wir legen uns beide unter die eine Kuh und füllen uns gepflegt mit Milch ab, als plötzlich Gebrüll ertönt und ein Mann mit einem Stock quer über das Feld herangestürmt kommt. Wir schwingen uns über die Mauer, und er kann uns nicht nach, weil er mit seinen Gummistiefeln abrutscht. Er steht an seiner Mauer und schwingt seinen Stock und ruft, wenn er uns je erwischt, tritt er uns mit seinem Gummistiefel bis zum Schaft in den Arsch, und wir lachen, weil wir in Sicherheit sind, und ich frage mich, warum irgend jemand in einer Welt voller Milch und Äpfel Hunger leiden sollte.
Für Paddy ist das völlig in Ordnung, wenn er sagt, Dotty kann sich den Apfel in den Arsch stecken, aber ich will nicht immer nur Obstplantagen ausrauben und Kühe melken gehen, und ich werde immer versuchen, Dottys Apfelschale zu gewinnen, damit ich danach zu Hause Dad berichten kann, wie ich die schweren Fragen beantwortet habe.
Wir gehen durch Ballinacurra zurück. Es regnet und blitzt, und wir rennen, aber für mich ist es schwierig, weil meine Schuhsohle schlappt und ich immer fast stolpere. Paddy kann

mit seinen langen nackten Füßen rennen, wie er's braucht, und man hört sie auf das Pflaster patschen. Meine Schuhe und Strümpfe sind pitschnaß, und sie machen ihr eigenes Geräusch, plitsch, plitsch. Paddy bemerkt das, und wir machen ein Lied aus unseren zwei Geräuschen, patsch patsch, plitsch plitsch, patsch plitsch, plitsch patsch. Wir lachen so sehr über unser Lied, daß wir uns aneinander festhalten müssen. Der Regen wird schlimmer, und wir wissen, daß wir uns nicht unter einem Baum unterstellen können, weil wir dann komplett gebraten werden, also stellen wir uns in einen Hauseingang, und sofort wird die Tür von einem dicken Dienstmädchen mit einer weißen Haube und einem schwarzen Kleid mit einer kleinen weißen Schürze geöffnet, die uns sagt, wir sollen machen, daß wir von der Tür wegkommen, wir sind ein Schandfleck. Wir rennen weg, und Paddy ruft ihr zu, Färse aus Mullingar, saftig, fett und wunderbar, und er lacht, bis er fast erstickt und sich vor Schwäche gegen eine Mauer lehnen muß. Es hat keinen Sinn mehr, sich unterzustellen, wir sind sowieso bis auf die Haut durchnäßt, also gehen wir gemächlich die O'Connell Avenue entlang. Paddy sagt, er hat das mit der Färse aus Mullingar von seinem Onkel Peter gelernt, von dem, der mit der englischen Armee in Indien war, und sie haben ein Foto von ihm, auf dem er mit einem Trupp Soldaten samt Helmen und Gewehren und Patronengurten um die Brust herumsteht, und außerdem stehen da noch dunkle Männer in Uniform, und das sind Inder, die dem König treu ergeben sind. Onkel Peter hat sich da, an einem Ort namens Kaschmir, glänzend amüsiert, und da ist es viel schöner als in Killarney, mit dem sie immer angeben und über das sie immer singen. Paddy sagt, er will abhauen und später mal in Indien in einem silbernen Zelt mit dem Mädchen wohnen, das den roten Punkt auf der Stirn hat, und dann gibt es Curry und Feigen, und ich kriege schon wieder Hunger, obwohl ich mich doch mit Äpfeln und Milch vollgestopft habe.

Der Regen läßt nach, und über uns tuten Vögel. Paddy sagt, das sind Enten oder Gänse oder so was auf dem Weg nach

Afrika, wo es schön ist und warm. Die Vögel haben mehr Verstand als die Iren. Sie kommen in den Ferien an den Shannon, und dann geht es wieder dahin zurück, wo es warm ist, vielleicht sogar nach Indien. Er sagt, er schreibt mir einen Brief, wenn er drüben ist, und ich kann nach Indien kommen und mein eigenes Mädchen mit einem roten Punkt haben.
Wozu ist der rote Punkt gut, Paddy?
Er zeigt, daß sie Klasse haben, die Qualität.
Aber, Paddy, würde die Qualität in Indien mit dir reden, wenn sie wüßten, daß du aus einer Gasse in Limerick kommst und keine Schuhe hast?
'türlich würden sie das, nur die englische Qualität nicht. Die englische Qualität würde dich nicht mal am Dampf ihrer Pisse riechen lassen.
Am Dampf ihrer Pisse? Gott, Paddy, hast du dir das selbst ausgedacht?
Nö, nö, das sagt mein Vater unten im Bett, wenn er Klumpen hustet und den Engländern für alles die Schuld in die Schuhe schiebt.
Und ich denke, der Dampf ihrer Pisse. Das werde ich für mich behalten. Ich werde durch Limerick gehen und es leise vor mich hin sagen, Dampf ihrer Pisse, Dampf ihrer Pisse, und wenn ich eines Tages nach Amerika gehe, werde ich der einzige sein, der das kennt.
Quigley-der-Fragensteller wackelt mit einem großen Damenfahrrad auf uns zu und ruft mir zu, he, Frank McCourt, du wirst gleich umgebracht. Dotty O'Neill hat eine Benachrichtigung zu dir nach Hause geschickt, daß du nach dem Mittagessen nicht wieder in die Schule gegangen bist, daß du mit Paddy Clohessy geschwänzt hast. Deine Mutter bringt dich um. Dein Vater sucht dich schon, und der bringt dich auch um.
O Gott, ich fühle mich kalt und leer und wäre gern in Indien, wo es schön ist und warm, und es gibt dort keine Schule, und mein Vater würde mich nie finden, um mich umzubringen.
Paddy sagt zu Frage, er hat gar nicht geschwänzt, und ich hab auch nicht geschwänzt. Fintan Slattery hat uns ausgehun-

gert, und wir wären fast gestorben, und dann war es zu spät für das Brötchen und die Milch. Dann sagt Paddy zu mir, laß dir von denen keine Angst machen, ist doch alles Schwindel. Uns schicken sie auch immer Benachrichtigungen nach Hause, und wir wischen uns den Arsch damit ab.

Meine Mutter und mein Vater würden sich nie den Arsch mit einer Benachrichtigung vom Lehrer abwischen, und jetzt habe ich Angst, nach Hause zu gehen. Frage fährt auf dem Fahrrad davon und lacht, und ich weiß nicht, warum, schließlich ist er mal von zu Hause weggelaufen und hat in einem Graben mit vier Ziegen geschlafen, und das finde ich jederzeit schlimmer als einen halben Tag Schule schwänzen.

Ich könnte jetzt in die Barrack Road einbiegen und nach Hause gehen und meinen Eltern sagen, es tut mir leid, daß ich Schule geschwänzt habe, und ich habe es aus Hunger getan, aber Paddy sagt, komm, wir gehen noch in die Dock Road und schmeißen Steine in den Shannon.

Wir schmeißen Steine in den Fluß, und wir schaukeln auf den Eisenketten am Ufer. Es wird dunkel, und ich weiß nicht, wo ich schlafen werde. Vielleicht muß ich hier am Shannon bleiben oder in einem Hauseingang, oder vielleicht muß ich wieder raus aufs Land und wie Brendan Quigley einen Graben mit vier Ziegen finden. Paddy sagt, ich kann mit ihm nach Hause kommen, ich kann auf dem Fußboden schlafen und trocknen.

Paddy wohnt in einem der großen Häuser am Arthur's Quay mit Blick auf den Fluß. Jedermann in Limerick weiß, daß diese Häuser alt sind und jede Minute einstürzen können. Mam sagt oft, ich will nicht, daß einer von euch zum Arthur's Quay geht, und wenn ich euch da finde, zerschmetter ich euch das Gesicht. Die Leute da unten sind wild, und leicht könntet ihr da beraubt und umgebracht werden.

Es regnet wieder, und kleine Kinder spielen auf dem Flur und in den oberen Stockwerken. Paddy sagt, paß auf, denn einige Stufen fehlen, und auf denen, die noch da sind, ist Scheiße. Er sagt, das liegt daran, daß es nur einen Abort gibt, und der ist auf dem Hinterhof, und die Kinder schaffen es nicht

rechtzeitig die Treppen hinunter, um ihren kleinen Arsch auf die Schüssel zu kriegen, möge Gott uns helfen.
Im vierten Stock sitzt eine Frau mit einem Umhang und raucht eine Zigarette. Sie sagt, bist du das, Paddy?
Ja, Mammy.
Ich bin völlig geschlaucht, Paddy. Diese Stufen bringen mich um. Hast du zu Abend gegessen?
Nein.
Ich weiß nicht, ob noch Brot da ist. Geh rauf und sieh nach.
Paddys Familie wohnt in einem einzigen großen Raum mit hoher Zimmerdecke und einem kleinen Herd. Es gibt zwei kleine Fenster, und man kann auf den Shannon hinaussehen. Sein Vater ist in einem Bett in der Ecke, er stöhnt und spuckt in einen Eimer. Paddys Brüder und Schwestern sind auf Matratzen auf dem Fußboden, sie schlafen, reden oder starren die Decke an. Ein nacktes Baby kriecht zum Eimer von Paddys Vater, und Paddy zieht es vom Eimer weg. Seine Mutter kommt herein und keucht wegen der Treppe. Jesus, ich bin tot, sagt sie.
Sie findet etwas Brot und macht schwachen Tee für Paddy und mich. Ich weiß nicht, was ich machen soll. Sie sagen gar nichts. Sie sagen nicht, was machst du hier oder geh nach Hause oder irgendwas, bis Mr. Clohessy sagt, wer ist das? und Paddy ihm sagt, das ist Frankie McCourt.
Mr. Clohessy sagt, McCourt? Was für eine Klasse von Name ist das?
Mein Vater ist aus dem Norden, Mr. Clohessy.
Und wie heißt deine Mutter?
Angela, Mr. Clohessy.
Ach, Jesusnochmal, nicht zufällig Angela Sheehan?
Doch, Mr. Clohessy.
Ach, Jesusnochmal, sagt er und kriegt einen Hustenanfall, der alle Sorten von Zeug aus seinem Innersten zutage fördert, und er hat erst mal mit dem Eimer zu tun. Als der Anfall vorüber ist, fällt er aufs Kissen zurück. Ach, Frankie, ich habe deine Mutter gut gekannt. Habe mit ihr getanzt, heilige Muttergottes, ich sterbe im Innern, mit ihr getanzt

unten in der Wembley Hall, und eine meisterhafte Tänzerin war sie obendrein.
Wieder hängt er über dem Eimer. Er schnappt nach Luft und streckt die Arme aus, um sie einzufangen. Er leidet, hört aber nicht auf zu reden.
Meisterhafte Tänzerin, Frankie. Nicht dünn, o nein, aber eine Feder in meinen Armen, und es gab manch einen betrübten Mann, als sie Limerick verließ. Kannst du tanzen, Frankie?
Aber nein, Mr. Clohessy.
Paddy sagt, kann er doch, Dada. Er hat die Stunden bei Mrs. O'Connor und Cyril Benson genommen.
Na, dann tanze, Frankie. Im Haus herum und Vorsicht bei der Kommode, Frankie. Hoch mit dem Fuß, Bursche.
Ich kann nicht, Mr. Clohessy. Ich bin nicht gut.
Nicht gut? Angela Sheehans Sohn? Tanze, Frankie, oder ich werde mich von diesem Bett erheben und dich im Hause herumwirbeln.
Mein Schuh ist defekt, Mr. Clohessy.
Frankie, Frankie, du bringst mich ins Husten. Willst du jetzt bitte um der Liebe Jesu willen tanzen, damit ich mich meiner Jugend mit deiner Mutter in der Wembley Hall entsinne. Zieh den Scheißschuh aus, Frankie, und tanze.
Ich muß Tänze und die dazu passenden Melodien erfinden, wie vor langer Zeit, als ich noch jung war. Ich tanze mit einem Schuh durch das Zimmer, weil ich vergessen habe, ihn auszuziehen. Ich versuche, einen Text zu erfinden, oh, die Mauern von Limerick, sie fallen, sie fallen, sie fallen um, die Mauern von Limerick fallen um, und der böse Shannon, er bringt uns alle um.
Mr. Clohessy lacht in seinem Bett. Ach, Jesusnochmal, dergleichen habe ich ja noch nie gehört, weder zu Lande noch auf See. Das ist ein hervorragendes Bein zum Tanzen, was du da am Leibe hast, Frankie. Jesusnochmal. Er hustet, und es kommen Stränge aus grünem und gelbem Kram hoch. Mir wird schlecht, wenn ich das sehe, und ich frage mich, ob ich nicht doch lieber all diese Krankheit und den Eimer verlassen

und nach Hause gehen und mich von meinen Eltern umbringen lassen soll, wenn sie wollen.
Paddy legt sich auf eine Matratze beim Fenster, und ich lege mich neben ihn. Ich lasse wie alle anderen meine Sachen an und vergesse sogar, meinen anderen Schuh auszuziehen, der naß und klitschig und stinkig ist. Paddy schläft sofort ein, und ich betrachte seine Mutter, die vor dem restlichen Herdfeuer sitzt und noch eine Zigarette raucht. Paddys Vater stöhnt und hustet und spuckt in den Eimer. Er sagt, Scheißblut, und sie sagt, früher oder später mußt du ins Sanatorium.
Will ich aber nicht. Der Tag, an dem sie einen da reinschaffen, ist das Ende.
Du könntest die Kinder mit deiner Schwindsucht anstecken. Ich könnte die Polizei rufen, damit sie dich abholen, eine solche Gefahr bist du für die Kinder.
Wenn sie es kriegen sollten, hätten sie es längst.
Das Feuer stirbt ab, und Mrs. Clohessy klettert über ihn hinüber ins Bett. Eine Minute später ist sie eingeschlafen, obwohl er immer noch hustet und über die Zeiten lacht, als er mit Angela Sheehan, leicht wie eine Feder, in der Wembley Hall zu tanzen pflegte.
Es ist kalt in dem Zimmer, und ich bibbere in meinen nassen Sachen. Paddy bibbert auch, aber er schläft und weiß nicht, daß ihm kalt ist. Ich weiß nicht, ob ich hierbleiben oder aufstehen und nach Hause gehen soll, aber wer will schon durch die Straßen wandern, wenn ein Polizist kommen und einen fragen könnte, was man um die Zeit draußen treibt. Ich bin zum erstenmal von meiner Familie weg, und ich weiß, ich wäre lieber in meinem eigenen Haus mit dem stinkigen Klo und dem Stall gleich nebenan. Es ist schlimm, wenn unsere Küche ein See ist und wir nach Italien rauf müssen, aber bei den Clohessys ist es noch schlimmer, wo man vier Stockwerke tief aufs Klo muß und auf dem ganzen Weg nach unten auf Scheiße ausrutscht. Da ist man ja mit vier Ziegen in einem Graben besser dran.
Ich schlafe halb ein und wache mehrmals wieder halb auf, aber dann muß ich endgültig aufwachen, als Mrs. Clohessy

die Runde macht und an ihrer Familie zerrt, um sie zu wecken. Sie sind alle angezogen ins Bett gegangen, deshalb brauchen sie sich nicht anzuziehen, und es gibt keinen Streit. Sie murren und rennen zur Tür hinaus, um schnell unten und auf dem Hinterhofklo zu sein. Ich muß auch mal, und ich renne mit Paddy hinunter, aber seine Schwester Peggy sitzt schon drauf, und wir müssen gegen eine Mauer pissen. Sie sagt, ich sag Ma, was ihr gemacht habts, und Paddy sagt, Schnauze, oder ich stopf dich in das Scheißklo. Sie springt vom Topf, zieht sich die Unterhose hoch, rennt die Treppe hinauf und schreit, das sag ich, das sag ich, und als wir zurück ins Zimmer kommen, gibt Mrs. Clohessy Paddy für das, was er seiner armen kleinen Schwester angetan hat, eine Kopfnuß. Paddy sagt nichts, denn Mrs. Clohessy löffelt Haferbrei in Tassen und Marmeladengläser und einen tiefen Teller und sagt uns, aufessen und ab in die Schule. Sie sitzt am Tisch und ißt ihren Haferschleim. Ihr Haar ist grauschwarz und schmutzig. Es baumelt in den tiefen Teller, Haferschleim und Milchtropfen bleiben dran kleben. Die Kinder schlürfen den Haferschleim und beklagen sich, sie hätten nicht genug gekriegt, sie stürben vor Hunger. Sie haben rotzige Nasen und entzündete Augen und schorfige Knie. Mr. Clohessy hustet und windet sich auf dem Bett und spuckt große Blutklumpen, und ich renne aus dem Zimmer und kotze auf die Treppe, wo eine Stufe fehlt, und einen Stock tiefer regnet es Haferschleim und Apfelstückchen auf die Leute, die auf das Hofklo gehen oder vom Hofklo kommen. Paddy kommt mir nach und sagt, ist nicht weiter schlimm. Auf der Treppe wird jedem mal übel, oder er scheißt gleich drauf, und das ganze Scheißhaus stürzt sowieso ein.

Ich weiß nicht, was ich jetzt tun soll. Wenn ich wieder in die Schule gehe, werde ich umgebracht, und warum soll ich in die Schule oder nach Hause, um mich umbringen zu lassen, wenn mir die Landstraße offensteht und ich mich für den Rest meines Lebens von Milch und Äpfeln ernähren kann, bis ich nach Amerika gehe. Paddy sagt, na komm. Schule ist sowieso Schwindel, und die Lehrer sind alles arme Irre.

Es wird an die Tür der Clohessys geklopft, und da ist Mam, mit meinem kleinen Bruder Michael an der Hand und *gárda* Dennehy, der für die Schulpflicht zuständig ist. Mam sieht mich und sagt, was machst du denn mit dem einen Schuh? und *gárda* Dennehy sagt, na, Missis, eine wichtigere Frage wäre wohl, was machst du denn ohne den anderen Schuh, haha.
Michael läuft zu mir. Mammy hat geweint. Mammy hat um dich geweint, Frankie.
Sie sagt, wo warst du die ganze Nacht?
Ich war hier.
Ich war außer mir vor Sorge. Dein Vater hat jede Straße in Limerick nach dir abgesucht.
Mr. Clohessy sagt, wer ist das an der Tür?
Es ist meine Mutter, Mr. Clohessy.
Gott im Himmel, ist das Angela?
Ja, Mr. Clohessy.
Er rappelt sich auf und stützt sich auf die Ellenbogen. Ja, um der Liebe Gottes willen, kommst du wohl herein, Angela. Kennst du mich nicht mehr?
Mam sieht verwirrt aus. Es ist dunkel in dem Zimmer, und sie versucht auszumachen, wer in dem Bett ist. Er sagt, ich bin's, Dennis Clohessy, Angela.
Nein.
Doch, Angela.
Nein.
Ich weiß, Angela. Ich hab mich verändert. Der Husten bringt mich um. Aber ich habe die Nächte in der Wembley Hall nicht vergessen. Jesusnochmal, du warst eine großartige Tänzerin. Nächte in der Wembley Hall, Angela, und hinterher Fisch mit Fritten. Ach ach, ach ach, ach Angela.
Meiner Mutter laufen Tränen über die Wangen. Sie sagt, du warst ebenfalls ein großartiger Tänzer, Dennis Clohessy.
Wir hätten Turniere gewinnen können, Angela. Fred und Ginger hätten aufpassen müssen, aber du mußtest ja nach Amerika durchbrennen, Jesusnochmal.
Er kriegt einen weiteren Hustenanfall, und wir müssen da-

beistehen und zusehen, wie er wieder über dem Eimer hängt und den üblen Kram aus seinem Inneren herauswürgt. *Gárda* Dennehy sagt, ich glaube, Missis, wir haben den Jungen gefunden, und ich gehe dann mal lieber. Zu mir sagt er, wenn du jemals wieder die Schule schwänzt, stecken wir dich ins Gefängnis, Junge. Hörst du mir überhaupt zu, Junge?
Ja, Herr Wachtmeister.
Quäle deine Mutter nicht, Junge. Das ist etwas, womit sich die *gárdaí* nie abfinden werden, das Quälen von Müttern.
Bestimmt nicht, Herr Wachtmeister. Ich werde sie nicht quälen.
Er geht, und Mam geht zu dem Bett, um Mr. Clohessys Hand zu nehmen. Sein Gesicht ist um die Augen herum ganz eingefallen, und sein Haar glänzt schwarz von dem Schweiß, der ihm die Stirn herunterrinnt. Seine Kinder stehen um das Bett herum und sehen ihn an und sehen Mam an. Mrs. Clohessy sitzt vor dem Herd, rattert mit dem Schürhaken im Feuerloch und schubst das Baby weg, damit es sich nicht verbrennt. Sie sagt, er ist verdammtnochmal selbst schuld, wenn er nicht ins Krankenhaus will, ist aber doch wahr.
Mr. Clohessy keucht, mir wäre ja schon geholfen, wenn ich an einem trockenen Ort leben könnte. Angela, ist Amerika ein trockener Ort?
Ja, Dennis.
Der Doktor hat mir gesagt, ich soll nach Arizona gehen. Ein komischer Mann, dieser Doktor. Arizona, wie geht's. Ich hab nicht mal das Geld für eine Pint um die Ecke.
Mam sagt, du kommst schon wieder auf den Damm, Dennis. Ich werde eine Kerze für dich anzünden.
Spar dein Geld, Angela. Für mich sind die Tage des Tanzes vorüber.
Ich muß jetzt gehen, Dennis. Mein Sohn muß in die Schule.
Bevor du gehst, Angela, wirst du mir noch einen Gefallen tun?
Gern, Dennis, wenn es in meiner Macht liegt.
Würdest du uns wohl eine Strophe dieses Liedes schenken, das du an dem Abend gesungen hast, bevor du nach Amerika gegangen bist?

Das ist ein schweres Lied, Dennis. Dafür fehlt es mir bestimmt an Atem.
Ach, komm schon, Angela. Nie mehr höre ich ein Lied. Es gibt kein Lied in diesem Hause. Die Frau da hat keine einzige Note im Kopf und keinen einzigen Tanzschritt im Fuß.
Mam sagt, na gut. Ich werd's versuchen.

> Oh, die Nächte des Tanzes in Kerry,
> oh, des Pfeifers Melodie –
> Was gäb' für eine Stunde des Glücks ich,
> dahin, ach, wie unsre Jugend, zu früh.
> Als die Buben beisammen kamen
> in der Schlucht einer Sommernacht
> Und die Weise des Pfeifers von Kerry
> die Tollheit in uns hat entfacht.

Sie hört auf und preßt die Hand gegen die Brust. Ach Gott, ich krieg keine Luft mehr. Hilf mir, Frank, mit dem Lied. Und ich singe mit ihr zusammen.

> Oh, daran zu denken, oh, davon zu träumen;
> mein Herz mit Tränen sich füllt.
> Oh, die Nächte des Tanzes in Kerry,
> oh, des Pfeifers Melodie –
> Was gäb' für eine Stunde des Glücks ich,
> dahin, ach, wie unsre Jugend, zu früh.

Mr. Clohessy versucht, mit uns zu singen, dahin, ach, wie unsre Jugend, zu früh, aber davon muß er husten. Er schüttelt den Kopf und weint, du hast ja so recht, Angela. Plötzlich ist alles wieder da. Gott segne dich.
Gott segne dich ebenfalls, Dennis, und haben Sie vielen Dank, Mrs. Clohessy, daß Sie sich um Frankie gekümmert haben und er von der Straße weg war.
Keine Ursache, Mrs. McCourt. Er ist ja eher still.
Eher still, sagt Mr. Clohessy, aber er ist nicht der Tänzer, den man bei einer solchen Mutter erwarten sollte.

Mam sagt, es ist nicht leicht, mit einem Schuh zu tanzen, Dennis.
Ich weiß, Angela. Aber man fragt sich doch, warum er ihn nicht ausgezogen hat. Ist er vielleicht ein bißchen komisch?
Ach, manchmal hat er diese komische Art wie sein Vater.
Ah ja. Der Vater ist aus dem Norden, Angela, und das würde einiges erklären. Mit einem Schuh tanzen? Im Norden finden sie das ganz normal.
Wir gehen die Patrick Street und die O'Connell Street entlang, Paddy Clohessy und Mam und Michael und ich, und Mam schluchzt den ganzen Weg. Michael sagt, weine nicht, Mammy. Frankie läuft nicht weg.
Sie hebt ihn hoch und umarmt ihn. Nein, Michael, ich weine doch nicht wegen Frankie. Es ist wegen Dennis Clohessy und wegen den durchtanzten Nächten in der Wembley Hall und wegen dem Fisch mit Fritten hinterher.
Sie kommt mit uns in die Schule. Mr. O'Neill sieht ungehalten aus und sagt uns, setzt euch hin, er kommt gleich. Vor der Tür spricht er lange mit meiner Mutter, und als sie gegangen ist, geht er durch die Reihen und tätschelt Paddy Clohessy den Kopf.
Es tut mir ja alles sehr leid mit den Clohessys und wie schlecht es ihnen geht, aber ich glaube, sie haben mir Ärger mit meiner Mutter erspart.